感受繁华

中华文化史考

◎丁俜群 著

线装书局

图书在版编目（CIP）数据

感受繁华 ：中华文化史考 / 丁倬群著. -- 北京 ：
线装书局, 2025. 1. -- ISBN 978-7-5120-6359-4

Ⅰ. K203

中国国家版本馆 CIP 数据核字第 2025K83C22 号

感受繁华——中华文化史考

GANSHOU FANHUA —— ZHONGHUA WENHUASHI KAO

作　　者：丁倬群

责任编辑：崔　巍

出版发行：线装书局

　　　　　地　　址：北京市东城区建国门内大街 18 号恒基中心办公楼二座 12 层

经　　销：新华书店

印　　制：郑州宁昌印务有限公司

开　　本：710mm×1000mm　1/16

印　　张：14

字　　数：150 千字

版　　次：2025 年 1 月第 1 版第 1 次印刷

定　　价：68.00 元

线装书局官方微信

历史睡了,时间醒着;世界睡了,你们醒着。

——洛夫

目　录

导　言

一

对于文化的最早感受是滋养。小时候喜欢读书、听戏、看电影，参加各种民俗活动，从中感受到生活因为文化而变得多姿多彩，觉得文化之于人，犹如大气层之于地球，生于地球上的生命，时刻不可或缺。后来学了外语，读了一些外国书籍，对文化的又一感受就是差异。世界很大，有不同的人种、不同的族群，他们都创造了属于自己的文化，这些文化各有特色，也都有各自的灿烂辉煌。也许是因为有一颗中国心的缘故，对于中华文化成就则更为景仰。

综观世界，文化有两大高地，即东方文化和西方文化。近百年来，学术界对东西方文化的比较研究一直没有间断，从思维方式、价值观念、宗教信仰、民族性格等方面对东西方文化的差异进行了深入剖析，还有一些学者从东西方文化发展历史去深掘东西方不同的文化精神。我觉得都很有道理，不过那些理性的思考很重要，但也很复杂，无论是把复杂问题简单化，还是把简单问题复杂化，都是不可取的。因为文化的价值是服务，是滋养人类更好的生存和生活。有人说，东西方文化的本质差异在于东方文化更利于生活，西方文化更利于生存。我觉得这是偏见，利于人类生存和生活是所有文化的共有属性，没有孰长孰短的问题。对诸如此类问题的深究，远不如感性地走进文化，享受文化。

中国位于世界东方，中国人始终生活于也习惯于东方文化的土壤与氛围。中华文化是东方文化中最具代表性的文化系统。中华文化又称华夏文化、汉文化，这种文化是以中原文化为基础的，以华夏族也即后来的汉族为主体创造的，同时吸收周边各文化系统而不断演化、发展最终形成的独特文化形态。文明与文化是两个相关又不相同的概念。文化的产生是早于文明的，与人类相伴而行，既是人类智慧的觉醒，也是人与其他动物最具本质意义的区别。

当人类面临生存困境的时候，总是想方设法去克服和超越，这是文化发展的原动力，也是永恒的动力。中华民族在创造中华文化的同时也创造了中华文明。

对中华民族而言，文化不像黑头发黄皮肤那样是与生俱来的，中华文化是中华民族在漫长的历史进程中，运用智慧和行动创造出来的有别于自然生态也有别于其他人类文化形态的物质财富和精神财富，是数千年来中华民族赖以生存发展的外部环境和内心滋养。没有中华民族，就没有中华文化；没有中华文化，就不可能有今天的中华民族。

中华民族在进入人类社会之后，便生活在一个文化的世界里，像享受空气、水和阳光一样享受着自己创造的文化成果。早在180万年前，生活于中华大地的古人类就已开始用火，开启了世界东方的文化发展之旅。到1万多年前的伏羲时代，我们的祖先就已完成基本的文化创造工程，形成了较为完整的社会文化系统。从穿的衣服到吃喝餐饮，从居住的房屋到生产工具，从社会管理到行为规范，从民风民俗到哲学艺术，等等，包罗万象。中华文化成就是辉煌的，在世界文化史上是举足轻重的。早在炎黄时代，中华文化系统就已经很完备了，历经五帝时代再到夏商周，中华文化日臻成熟，成为世界文化高地，并在汉唐之后深刻影响着世界文化发展，为推动人类文明进步做出了伟大贡献。

中华文化博大精深，远不像有些人说的那样，提起中华文化就是算命、看相、玩八卦，就是儒家仁、义、礼、智、信，就是道家阴阳和五行。中华文化有属于自己的特质，也有属于自己的文化形式，涉及社会生活的方方面面。生活在中华文化圈中的人们最直接的感受恐怕就是其特有的形式。如十二生肖，鼠、牛、虎、兔、龙、蛇、马、羊、猴、鸡、狗、猪，人人都有属于自己的属相。又如传统节日，元宵节、寒食节、清明节、端午节、中秋节、重阳节、腊八节、春节，等等。中国人在欢度佳节的同时，也在享受生活，放飞梦想。还有中国人的琴棋书画、汉字汉语、衣冠服饰、民间工艺、饮食厨艺、中华武术、中国建筑、中国戏剧、中国文学、中华医学、传统思想、宗教哲学，等等，无论哪个方面内容都十分丰富，形式多样，在这些文化现象的背后，最为核心的还是熔铸其中的人文精神。如饮食厨艺，中国人在享受美食的同时，也在享受餐饮文化，感受其内在的精神追求。

二

如果走进中华千年文化发展历程，最能激发美妙玄想的当属千年传说。世界任何民族都有自己的传说，传说是由神话演变而来具有一定历史性的故事。传说是历史吗？可以说不是，因为它是传闻。汉代董仲舒在《春秋繁露·楚庄王》中说："《春秋》分十二世以为三等：有见，有闻，有传闻；有见三世，有闻四世，有传闻五世。"虽是正史，其中尚多有传闻，需要考证，何况坊间传说呢？唐朝刘知几在《史通·采撰》中说："讹言难信，传闻多失。"缺乏具体的历史真实，这样的传说怎么能够不加考证地相信呢？换个角度看，传说也可以说是历史，因为许多传说是世代相传的口头历史，是被文学化了的历史，有诸多历史元素跨时空的叠加。传说有不同类别，主要有神话传说和民间传说，对于民族和国家来说都是宝贵的精神财富，都具有丰富的美学价值与历史价值。许多传说与远古人类的生活和历史密切相关，如中华文明史的传说、伏羲女娲的传说、三皇五帝的传说、仓颉造字的传说、杜康造酒的传说，等等，这些传说是研究人类早期社会婚姻家庭制度、原始宗教、风俗习惯等很重要的文献资料。历史需要考证，对于这些传说是否需要考证？当然需要，只是结果未必可信，但它可以帮助我们厘清某些历史发展脉络和基本逻辑思维，尤其重要的是它能够传递我们祖先创造的人文精神，世代滋养子孙，使之具有良好的秉性和操守，并始终激励和指引着后人，在感性的愉悦和理性的抉择中走向未来。

走进中华千年文化发展历程，对文化仰望的核心最终归于国家。早在上古时期，人类祖先就完成了两次"仰望"：一是站在苍茫大地，仰望宇宙，把那个高不可及的地方叫着"天"，以此为起点，有了宇宙观，有了信仰中作为天地万物创造者或主宰者的神和关于神的文化。但这种至高无上的权力需要落地生根，最终为现实社会的统治者所利用，用来证明现实权力和统治秩序的毋庸置疑，"君权神授"表达的就是最基本的权力神化逻辑。因此在天上有个"上帝"，在天下有个"皇帝"，同样的高高在上，不容侵犯。二是站在社会最底层，仰望高高在上的统治者，以此为起点，有了社会观，有了等级、秩序和维系社会存在的规范。两次仰望，我们祖先完成了一次蜕变，找到了"天"，找到了理想和现实的依靠，这是人类早期最大的成就。但不论是哪个天，都需要仰望，都是我们赖以生存的根本。人们对在地上的这个依靠的认识最终超越了权力和秩序本身，逐步演化为一种对于体制和文化身心两方面的认同和接纳，这种认同和接纳回避了冷冰冰的阶级统治，以更富有温情的国家形式出现在民众的生活和情感世界里。国家有兴衰，但无论是兴与衰，都关乎人民福祉，利益攸关。祖国是对国家观念的升华，她不仅是一个地理概念、法理概念，还是一个文化概念，带有丰富的感情色彩。因此，我们要研究国家，研究国家文化，认识其规律，把握其方向，推动其向上、向前、向好发展，国泰则民安，国富则民强，以国家的繁荣发展实现人民的富足安乐。对国家认知和情感的培养不能光靠自发，需要年复一年地教育和引导，这是一个历史性的系统工程，任何朝代、任何时代都不容荒废。

走进中华千年文化发展历程，人们最为依赖的当属社会。人集成群，群聚而成社会。因此，人有自然性，也有社会性，人之基本社会性即其向群性。社会之与人的价值在于具有塑造性，有人言社会是熔炉、是染缸，说的就是这一特性，但其往往会忽视社会的滋养性。社会对于人的塑造，源于文化的力量。人生于天地之间，始终面临两个生存问题，一是在与大自然的抗争中自然地生存，一是在与社会的抗争中社会地生存。前者主要解决的是衣食住行和生老病死诸问题，后者主要解决的则是荣誉、地位、身份、幸福、自我实现等问题。一部社会发展史，也是人类进步史。人在改造自然的同时，也在改造人自身，人在经营自然的同时，也在经营社会。感受繁华，我们能从人与社会两个视野去感受人类前行的脚步和社会发展的轨迹。

走进中华千年文化历程，最不容忽视的当属个人。现存最早的史书《尚书》曰："惟人之万物之灵。"[1] 现存最早的释字书《说文解字》也云："人，天地之性最贵者也。"[2]《礼记》阐释说："故人者，其天地之德，阴阳之交，鬼神之会，五行之秀气也。"[3] 在人类祖先的文化思维里，对人的思考一直有两个出发点，一是人类，一是个人，人之贵在于对人类的认知，人之价值也正在于能够促进人类发展。由个人小思维转向人类大思维，这是人类最伟大

---

①《尚书全鉴》，道纪居士解译，中国纺织出版社 2016 年版，第 132 页。
②《说文解字》，[汉] 许慎撰，中华书局 2013 年版，第 159 页。
③见《礼记·礼运》，百度古诗文网。

之处，也是人类给自己带来的最大福音。固然个人之于社会是极渺小的，之于历史也是微不足道的；而人类之于社会是极宏大的，之于历史也是蔚为壮观的，但我们仰观人类恢宏的历史，依然能够感受到无数个人的光芒，并在与自身的对照中找到镜子，用以照亮现实，也照亮未来。这正是我们研究个人历史的意义。

因此，我们需要从传说、国家、社会、个人四个方面去仰望中华文化，感受中华民族的伟大精神和追求。从祖先战天斗地的传说，感受自强不息的中国追求；从汉字构成、道和阴阳五行学说，感受对世界万物的中国理解；从神奇的易学、中医理论和百家思想，感受对社会自然认识的中国智慧；从文学艺术、酒文化、食文化、服装、民俗等，感受多姿多彩的中国生活。不仅如此，我们还能从中华四渎（长江、黄河、淮河、济水）感受中华民族生生不息的血脉，能从巍峨的泰山、昆仑山感受中华民族千百年来不屈的脊梁，从万里长城感受中国气派，从苏武牧羊感受中国气节，从一部《论语》感受中国人格追求……走进中国文化发展史，感受繁华，能够明白什么是华夏、什么是中华、什么是中国，这对于现时代的中国人特别重要，对于面向世界发展的中国更为重要。中国正在实施文化发展战略，促进中华民族文化复兴，依托传统文化去构建全新的中华文化体系可从中找到启发和路径。

三

20 世纪 90 年代，我的父亲丁少锋先生在给本科生讲授《当代世界经济与政治》课的时候，对世界文化发展作了一些研究，他告诉我，他查到一组数据，显示当时世界文化产品生产，美国、欧盟和日本占到百分之九十几。他很惊讶，在一些马克思主义著作中，资本主义是最具破坏性的，包括对于文化，也就是说资本主义是最不看重文化的，更不用说保护和发展文化了。西方资本主义国家为什么会由过度摧残文化到最重视文化发展呢？这里固然有利益驱使，但更重要的是文化自身问题，其对于人类的价值，任何国家都无法拒绝。由此，他断言，在未来的中国，人们会更看重文化的价值，更重视文化的发展，中国一定会有与这个大国或强国发展相适应的文化政策和发展战略。果然，2011 年 10 月，中央召开了十七届六中全会，通过了《中共中央关于深化文化体制改革、推动社会主义文化大发展大繁荣若干重大问题的决定》，这是我们党指导中国文化改革发展的纲领性文件，提出了努力建设社会主义文化强国的奋斗目标。这是一个极具战略性的英明决定，它不仅会影响中国文化发展进程，也会给世界文化发展带来深远影响。

当然，制定富有远见的文化发展战略固然重要，但我觉得对于现时代的中国而言，增强文化自信尤为重要。习近平指出："我们要坚持道路自信、理论自信、制度自信，最根本的还有一个文化自信。"所谓文化自信，就是一个民族、一个国家以及一个政党对自身文化价值的充分肯定和积极践行，并对其文化生命力持有的坚定信心。回首中华文化发展史，自近代西学东渐以来，中国人日渐远离自己的文化，有关东西文化谁为本、谁为用的问题争论了近百年，争论的结果是国人对自己的文化越来越没有信心，以致到新文化运动，出现了否定传统文化的潮流，特别是陈序经、谭嗣同、陈独秀、胡适等"全盘西化"论者更是全盘否定了我们祖先创造的文化，甚至主张连汉字汉语一并抛弃。受他们的影响，中国社会曾多次掀起反传统文化运动，包括"文革"的"破四旧"，它们最直接的结果是全社会远离传统，转而崇尚西方资本主义文化或苏联社会主义文化、革命文化，将中华传统文化的精华不假思索地与文化糟粕一并丢掉了。试想，连本都不要了，哪来的文化自信呢？

党的十八大以来，习近平曾在多个场合提到文化自信，传递出他的文化理念和文化观。在2014年2月24日的中央政治局第十三次集体学习中，习近平提出要"增强文化自信和价值观自信"。之后的两年间，他又对此有过多次论述："增强文化自觉和文化自信，是坚定道路自信、理论自信、制度自信的题中应有之义。""中国有坚定的道路自信、理论自信、制度自信，其本质是建立在5000多年文明传承基础上的文化自信。"2016年5月和6月，习近平又连续两次对"文化自信"加以强调，指出"我们要坚定中国特色社会主义道路自信、理论自信、制度自信，说到底是要坚持文化自信"；要引导党员特别是领导干部"坚定中国特色社会主义道路自信、理论自信、制度自信、文化自信"。在庆祝中国共产党成立95周年大会的讲话中，习近平对文化自信特别加以阐释，指出"文化自信，是更基础、更广泛、更深厚的自信"。其语境更为庄严，观点更为鲜明，态度更为坚决，传递出这种自信既是文化理念又是指导思想。于是，文化自信成为继道路自信、理论自信和制度自信之后，中国特色社会主义的"第四个自信"。

为什么我们在"三个自信"之外还需要"文化自信"呢？为何习近平如此重视文化的作用呢？对此，习近平早已给出了答案。因为"文明特别是思想文化是一个国家、一个民族的灵魂。无论哪一个国家、哪一个民族，如果不珍惜自己的思想文化，丢掉了思想文化这个灵魂，这个国家、这个民族是立不起来的"；因为中国优秀传统文化，"可以为治国理政提供有益启示，也可以为道德建设提供有益启发"，"我国今天的国家治理体系，是在我国历史传承、文化传统、经济社会发展的基础上长期发展、渐进改进、内生性演化的结果"；更因为"只有坚持从历史走向未来，从延续民族文化血脉中开拓前进，我们才能做好今天的事业"，"没有文明的继承和发展，没有文化的弘扬和繁荣，就没有'中国梦'的实现"。

增强"文化自信"，关键是走进中国文化，了解和认同中国文化，深刻认识和领会中国人的文化精神和追求，取其精华，去其糟粕，从而构建符合中国未来发展的新的文化生态。我们要探索好的形式，引导民族成员通过读经典、看戏剧、听音乐、赏国粹、过年节、乐民俗、品美食……感受中华文化的魅力，领会传统文化精神。如我们祖先倡导的"自强不息"的奋斗精神，"精忠报国"的爱国情怀，"天下兴亡，匹夫有责"的担当意识，"舍生取义"的牺牲精神，"革故鼎新"的创新思想，"扶危济困"的公德意识，"国而忘家，公而忘私"的价值理念等。还有"天人合一""天下为公"的社会理想，"以人为本""民为邦本"的治国理念，"载舟覆舟""居安思危"的忧患意识，"止戈为武""协和万邦"的和平思想，"与人为善""己所不欲，勿施于人"的处世之道，"儒法并用""德刑相辅"的治理思想，"和为贵""和而不同"的东方智慧。这些千百年传承的理念，已浸润于每个国人心中，成为日用而不觉的价值观，构成中国人的独特精神世界。正如习近平所说，中国传统思想文化"体现着中华民族世世代代在生产生活中形成和传承的世界观、人生观、价值观、审美观等，其中最核心的内容已经成为中华民族最基本的文化基因。这些最基本的文化基因，是中华民族和中国人民在修齐治平、尊时守位、知常达变、开物成务、建功立业过程中逐渐形成的有别于其他民族的独特标识"。

中华民族从来是注重文化输出的。文以化人、文以载道，我们要让中华民族的文化理念走出国门，让文化自身说话，使其成为不同语种、不同地域、不同国家和平交流沟通的媒介。在展现中华文化风采的同时，更重要的是呈现中国和平发展、和平崛起的理念，阐明"中华民族的血液中没有侵略他人、称霸世界的基因，中国人民不接受'国强必霸'的逻辑，愿意同世界各国人民和睦相处、和谐发展，共谋和平、共护和平、共享和平"，从而为中国的发展营造良好的国际氛围。

我常想，在当今这个伟大的时代，我们应该做些什么？我觉得最为重要的是研究祖先留给我们的文化遗产，让大众和世界更多地了解和认识中国传统文化，认同其文化精神，实现文化基因中合理要素的普世价值，服务于中国发展的社会理想，造福于世界人民，建立一个更为和谐、更为昌明的世界。因此，我出版了这本著作，本意不在照搬和复制，而在于考证与解读，有些地方有创意，但有些地方难免附会，有些研究浅尝辄止，有些地方相当粗糙，但笔者本意是想作一种尝试，希望能给文化界一些启迪，并借此唤起更多的同胞热爱传统文化，传播传统文化，弘扬优秀文化精神。

感受中华文化之国家篇

　　早在上古时期，人类祖先就完成了两次"仰望"：一是站在苍茫大地，仰望宇宙，把那个高不可及的地方叫着"天"，以此为起点，有了宇宙观，有了信仰中的"神"和关于"神"的文化。二是站在社会最下层，仰望高高在上的统治者，以此为起点，有了社会观，有了等级、秩序和维系社会存在的规范。两次仰望，我们祖先完成了一次蜕变，找到了"天"，找到了理想的和现实的依靠，这是人类早期最大的成就。但不论是哪个天，都需要仰望，都是我们赖以生存的根本。在地上的这个依靠最直观的存在形式就是国家。国家有兴衰，但无论是兴是衰，都关乎人民福祉。因此，我们要研究其规律，把握其方向，推动其向上、向前、向好，用全部身心去热爱、去呵护。

中华文明史到底有多长

我们对中国历史源头的表述是：在中国，迄今发现的人类活动历史为160万—80万年，而有传说的历史仅为1万多年，有文字记载的历史则更短，约为5000年。我们姑且相信这是对的，可问题是从180万年到有传说记录的1万多年前，在这170多万年里，我们的祖先都在干什么？难道他们也像其他动物一样，过着低级的捕食生活，一过就是100多万年吗？难道170多万年的进化还没有5000年进化快吗？这肯定是令人难以信服的。

可在这100多万年里，中华大地究竟是什么样子？到底发生了什么？有谁深入思考过、考证过吗？事实上很少有人这样做。对于远古历史的研究，国外学者比我们做得好，他们不仅考察了人类的起源、发展过程，还考察了人类不同时期的生活状态和文明进步的轨迹等。对于中华文明史的考证，我们至少可以做两个方面的努力：一是厘清中华民族最早的祖先序列，从他们那里找到中华文明发展的轨迹；二是从社会文化学进行考证，推断中华文明发展可能达到的高度。

对于中华民族最早祖先序列的考证，我们只能依据典籍。现有典籍通常奉黄帝为中华民族的始祖。据《史记·五帝本纪》记载："黄帝者，少典之子，姓公孙，名轩辕。"[①]《史记索引》引晋朝史学家皇甫谧的话说："黄帝……居轩辕之丘……"相传公元前4856年前，在今河南新郑的轩辕丘有个龙图腾的国家，君主名字叫少典，他是伏羲和女娲直系第七十八帝。

那么，伏羲和女娲又是何许人呢？皇甫谧在《帝王世纪》中说："太皞帝庖牺氏，风姓也，母曰华胥。燧人之世，有大人之迹出于雷泽之中，华胥履之，生庖牺于成纪。"[②]庖牺氏即伏羲，最早记载伏羲的是战国中晚期的《庄子》。《史记》从黄帝记起，不为伏羲作传，所记伏羲有两处，均系引前人所

---

① 《史记全本导读词典》，周啸天，尤其主编，四川辞书出版社1997年版，第1页。
② 《帝王世纪·山海经·逸周书》，辽宁教育出版社1997年版，第2页。

言。东汉的班固在《汉书》中突破《史记》的界限，将上古帝王从黄帝推至伏羲，至此，伏羲开始登上官定正史。《汉书·古今人表》中首叙伏羲，次列炎、黄，以伏羲为历史源头，认为伏羲氏"继天而王"，因而他是百王之先，炎、黄诸帝继伏羲而王。按照史书记载，伏羲所处时代约为新石器时代早期，相传与其妹女娲成婚，生儿育女，成为人类始祖。

既然黄帝是伏羲和女娲直系的第七十八帝，那么从伏羲到黄帝之间又经历了怎样的帝王更替呢？据《帝王世纪》《遁甲开山图》《通鉴外记》的说法，伏羲之后有天下的是 15 个部落联盟，都继承了伏羲称号。《易纬·稽览图》说从伏羲氏由甲寅伏羲氏到 15 部盟最后一帝无怀氏，共 57882 年。

另一个传说人物是盘古。盘古最早见于三国时徐整所著《三五历纪》，按该书的说法，盘古睡了一万八千年，又活了一万八千年，前后也仅有三万六千年，从盘古到伏羲再到今天，中华民族的历史也不过 10 万年。而从元谋人到盘古尚有 160 多万年的空间。

对于中华民族起源的传说，我觉得前者更可信，可信在于它更符合社会发展实际。从社会文化学考察人类文化史，应首先考察人类的生活方式，最基本的是衣、食、住、行。对于衣，问题涉及知不知道穿衣服、穿什么衣服、衣服从哪里来。对于食，问题涉及吃什么、如何吃、如何获得食物。对于住，问题涉及住在哪、住在山洞里还是房子里、住什么样的房子。行就是人类的行为方式，靠伦理规范和生活方式等。

按照人类社会发展规律，人类早期发展至少经历三个时代：部落群居时代、家庭族群时代、国家分治时代。部落群居时代又经历三个时代：穴居时代、房居时代、分居时代。在穴居时代，人类顺天然生活，住天然洞穴或人工洞穴。后因人口增多，加之对建筑技术的掌握，人类才开始建筑房屋居住，有了房屋，人类抗御自然灾害的能力就增强了。最初是建筑房屋群居，后来便以家为单位分居。家庭族群时代大致经历两个阶段，即部落时代和部族时代。部落以群而生，部族以族而生，族群的分离以有姓氏为标志，有多少个姓氏便会有多少个部族。有了族群就有了利益分割，有利益追逐就会有暴力和战争，有战争就必须有平息战争的机器，国家与统治者随之产生，从此人类社会进入国家分治时代。最早的国家并非暴力统治的工具，更主要的是平衡利益的机器，因此赋予统治者更多的是责任，而不是权力。那时的统治者都是德高望重者，他们品行高尚、处事公正，维护统治主要是靠规范约束。上古传说有关华夏先民社会状况的描述与此基本是一致的。

从部落群居时代到家庭族群时代，再到国家分治时代，经历了一个漫长的历史过程，这一过程早在 15 部盟时代就完成了。对于这一过程，无论是史书还是传说，都没有具体的记录。人类的记忆是有限的，短期的传说可能真实和完整，但在经历了千万年之后，一切都难再真实，加上先民神化、圣化的描述，一切都不再是它本来的面目。成吉思汗离我们并不遥远，而关于他的许多事迹却只能靠传说流传，因此也不全真实，何况是上万年的传说呢？

关于上古文明史，人们最想知道的莫过于文明有没有断续。导致文明断续的最大可能就是洪水灭绝人类，东西方都有关于洪水差点灭掉人类的传说，最近一次大洪水发生在伏羲时代。据说，当时华夏大地遭遇洪水，人烟断绝，仅存伏羲和女娲，他们本为兄妹，为了延续人类，结为夫妇。伏羲和女娲的传说至少传递出如下信息：在伏羲、女娲之前，中华大地上不仅有了人类，而且有了相当高的文明。有部落，说明有了基本社会结构，过游牧生活，说明当时已经有了伦理规范。这个传说同时也告诉我们，史前许多文明可能随着先祖的灭绝而灭绝，伏羲和女娲的功绩只不过是对前人文明成果的传承发展而已。伏羲与女娲未必是他们所处的那个时代最有智慧的人，纵然是，他们也不可能精通百业，面对人类的空前大灭绝，他们能做什么？恐怕更多的是从头再来。所以在伏羲与女娲之前的 100 多万年里，中华大地上的人类可能经历了多次生灭，伏羲和女娲不过是对最后一次文明的延续。

伏羲与女娲未必是真人，但有可能是上古人类的缩影。史书记载伏羲的功绩，我们可以理解为对上古先民文明成果的总结。伏羲的文化功绩主要体现在七个方面：一是教民结网渔猎，大大提高了当时人类的生产能力，同时教民驯养野兽，这就是家畜的由来；二是改革婚姻习俗，倡导男聘女嫁的婚俗礼节，使血缘婚改为族外婚，结束了长期以来子女只知其母而不知其父的原始群婚状态；三是始造书契，用于记事，取代了以往结绳记事的落后形式；四是发明陶埙、琴瑟等乐器，创作乐曲歌谣，将音乐带入人们的生活，帮助人们"修身理性，反其天真"；五是将其统治地域分而治之，而且任命官员进行社会管理，为后代治理社会提供借鉴；六是创制古代历法；七是创立了八卦。

按照历史记载的说法，在伏羲时代，社会秩序已定，有家庭，有姓氏，懂历法，知术数，用文字记事，靠渔猎与家养生活，聚会时能演奏陶埙、琴瑟等乐器。社会有最高统治者，他们任命官员进行社会管理，统治地域分而治之。这说明当时已有了"国"，具有较为完整的社会管理体系，社会形态已相当成熟。这样的社会形态是什么时候形成的，传续了多少年？如果很长，就应该有暴力和战争的记述。如果很短，社会根本不会发展得如此成熟。之所以会有这样的记述，只有三种可能，一是后人附会，把想象变成了历史传说。二是文明断代。也许真如传说那样，洪水灭绝了人类（甚至多次灭绝），让历史前进后再倒退。这样就存在不为传续的史前文明，经过几万年、十几万年、几十万年，甚至上百万年的沧海桑田，连一点遗迹都找不到了，永远地消失在历史的长河中。三是文字流传导致的人类失忆。我们能见到的最早的书籍多是春秋战国时期的，此前的夏、商、周时代的书却很少见。相传伏羲时就曾封泰山，大的政治活动必有记事，既然当时已"造书契"，可后来为何没有了这些"书"呢？我想有三种可能：第一种可能是当时虽然有了文字，但真正习文者很少，存"书"不多，一旦遇到"焚书"事件，许多旧书被毁，文人又畏惧政治，不敢著述，许多"旧事"因此不得而知，只成了只言片语的传说。第二种可能是灭史，就是后朝推翻前朝统治，连它的历史一并毁掉。如商汤灭夏桀，为了消除人们对先朝开明时代的留恋，将夏朝历代君主的功业隐匿，只歌颂商汤和他的先民，而关于夏则不许传扬。久而久之，关于夏的记述几乎成了空白，留下的只有帝王传续谱系和对夏桀暴戾挞伐之类书籍。如此，代代传袭，历史记载不断被抹掉，最终我们忘记了许多历史，包括上古的历史，甚至伏羲之前的历史。第三种可能就是祖先们用于记事的工具真的无法保存，最终都烂掉了。

这三种可能性都有，但会不会是真如上古传说，一场洪水淹没了华夏大地，不仅灭绝了人类，还毁掉了华夏文明的记录？这不能说没有可能。但不管怎样，有一点是可以确信的，那就是中华大地人类社会发展史绝不是从伏羲（假设真有其人）开始的。

中华文明源自哪里

关于中华文明起源的说法有多种，有外源说，也有本土说，我倾向于本土说。本土说又有两种倾向，一是北方起源说，一是南方起源说，我倾向于南方起源说。因为对于中华文明起源的考证，有一个最不容忽视的生态学证据，那就是最利于人类生存的南方的文明史却出奇的短，这从某种意义上是否能印证洪水曾灭绝人类传说的真实性，也从另一个角度说明我们的祖先最早来自南方呢？

就中华地貌特征而言，东南低而西北高，南方属于亚热带，多雨水，也多洪灾，但南方自然物种丰富，更利于早期人类生存，而为什么华夏早期的祖先多生活在北方呢？在华夏始祖序列里，伏羲、炎帝、黄帝、尧、舜等帝和他们的部族都生活在北方，只有一人生活在南方，他便是蚩尤。中华文明来自南方最有力的证据有三个：一是在南方考古发现了生活在160万—180万年的古人类活动遗迹。二是被打败的九黎人拥有相当高的文明。三是从生态学考虑，南方更有利于人类的生存和发展：第一，南方物种丰富，有利于生产力低下时代人类的生存；第二，南方地处亚热带，物种进化与温带、寒带比相对更快。第三，南方自然环境与人的生存需求，更能促进渔业、农业、建筑业等的发展。但为什么中华民族的始祖都生于北方而不是南方呢？我认为有三个可能：一是洪水泛滥或瘟疫灭绝了拥有高度文明的南方人类，从而凸显了北方文明；二是南方人类北移得以幸存，北方文明也有对南方文明的传续；三是南方文明发展滞后，若干年后就不及北方了。

有关中华文明来自南方还有一种重要证据，那就是伏羲的祖先很有可能是南方部族之北徙者，证据主要有三个：一是伏羲帝最早见于苗族关于始祖的传说，苗族生于南方。二是有关他最早的形象记载是"人首蛇身"，伏羲帝因此被说成"龙的传人"。有学者指出，伏羲出生于蛇系氏族，并且以蛇为尊，身上穿的树叶或鹿皮，形犹蛇之鳞身或花纹，这正是蛇系氏族的族徽或图腾标志。南方多蛇，南方人崇拜蛇的可能性最大，伏羲部落以"蛇"为图腾，那他很有可能就源自南方部落。不仅伏羲部落如此，其他北方部落也多崇拜龙（蛇），也有可能与他们"根"在南方有关。三是考古发现了新证据。在距今 8200 年前的大地湾一期文化中发现人工种植的十字花科的"油菜籽"，距今 7300 年左右大地湾二期文化出土了饰以鱼纹为主的彩陶器，主要有圜底钵、蒜头细颈壶、葫芦口尖底瓶、侈口尖底瓶、卷沿盆等，表现形式为各种数量不同的鱼形及变形鱼等，其年代之久、内容之丰富，都要胜过半坡文化。这说明半坡文化时期以前，先民们的生活带有南方的某些方式，甚至对鱼的热衷超过了半坡时期的先民。如果我们的先民真的来自南方，那么中华文明史的长短恐怕就难以计算了。

伏羲部落与山顶洞人有没有血缘关系

1929 年 12 月，我国考古工作者在位于北京房山区周口店村龙骨山上的北京猿人遗址发现了第一个北京人的头盖骨化石，后来又发现了 5 个比较完整的头盖骨和 200 多块骨化石，此外还发现了大量打制石器、动物化石和灰烬遗迹。后来在龙骨山上还陆续发现一些猿人使用的石器和用火遗址。通过对这些考古资料的研究，专家们推断北京猿人距今约 69 万年，属直立人种，他们过着以狩猎为主的洞穴生活，能够制造和使用粗糙的石制工具，并已学会使用火取暖和制作熟食。对文化沉积物的研究表明，北京人生活在距今 70 万年至 20 万年之间。1930 年，在龙骨山顶部发掘出生活于距今 2 万年左右的古人类化石，并将其命名为"山顶洞人"。

山顶洞人无疑是"北京人"的后裔，但是不是唯一的传人呢？他们与中华文明是什么关系？如果中华文明源自南方则已，如果源自北方，那么他们之间是否有血缘关系？从 70 万年的"北京人"到 2 万年的山顶洞人，人类进化那么慢，生活在 2 万年前的"山顶洞人"在此后的 1 万年里能够发展到伏羲（约前 1 万年）时代的文明程度吗？如果是这样，那么处于同等水平的元谋人在经历 170 万年的发展后又应该达到怎样的水平呢？我们的祖先来自南方的可能性恐怕会更大些。当然不排除不同地域人类共同进化，并最终走到一起的可能。但不管怎样，我觉得至少伏羲时代，华夏先祖与山顶洞人应该没有血缘关系。

六次大洪水对华夏文明的深远影响

对华夏民族来说，洪水如汶川地震一样是充满伤痛的记忆，但多难兴邦，洪水成为华夏民族文明发展的动力，对华夏早期乃至后来的文明都产生了深远的影响。

一、上古时期的六次洪水

据历史记载，在禹之前，曾发生过五次特大洪水。第一次是距今 1.1 万年我国境内冰川消融发生第一次大洪水。第二次是公元前 7700 年，正是伏羲时代。第三次和第四次是在公元前 5700 年和 5400 年，三百多年内，发生了两次特大洪水、特大海浸。当时海水上升，倒灌于华北平原，海平面比现在高出 10 米左右，海岸直抵太行山东麓。第五次洪水和特大海浸发生在公元前 3500 年的颛顼时代，海平面比现在高出 5 米，华北平原一片汪洋。第六次发生在公元前 2477 前后，正是帝尧时代，中原洪水为灾，百姓愁苦不堪。鲧受命治理水患，用了九年时间，洪水未平，最后在羽山被处死。

二、洪水对华夏文明的影响

上古时期六次洪水对华夏文明的影响体现在三个方面：一是洪水导致民族大迁徙，促进了南北文明的融合。许多考古发现伏羲时期的文化遗存带有明显的南方渔猎文化特色，证明伏羲祖先原自南方。少昊、颛顼、灌兜及东夷各族，在大洪水到来的时候，都不得不向西边的高地逃生，退迁到太行山及其西部，有的则向北逃从幽燕进入东北大平原，成为东北九夷。尧、舜时代，中原百姓也不得不一路北行。

二是洪水推动了文明发展。不仅体现在生存技能方面，更主要的是促进了人们对自然的思考，从而形成了别具特色的生态自然观和天命观，成为天人合一等思想的源头。女娲补天的传说和大禹治水的努力，成为华夏精神的重要支柱，天地人的认知体系、道的理论、人定胜天思想、自强不息的人格追求、和谐共生理念等，都是因洪水洗礼而诱发产生的文化思想，至少都有洪水印记。

三是洪水促进了华夏秩序的确立。经历了洪水特别是大禹治水之后，人们认识到秩序的重要性，大禹治水的一个重要思想就是引导和秩序化，确定了中华大地山川的走向，中原主要江河都滚滚向东，顺势而流，支脉各有秩序，经年往复，洪水之祸成为五谷丰登的保障，也成为滋养华夏的生命之源。受此启发，人们开始给天地人神制定秩序，天神、自然神等都各得其位，社会也建有秩序，特别是儒家思想，用一种超然的人伦秩序，把人们带入一种自制的理想化的轨道，统御了中国几千年。

如今，上古洪水传说早已远离我们这个时代，但由远古伤痛而产生的东方文化至今还在影响我们，特别是许多思想文化元素，比如战胜苦难的精神、人与自然和谐共生的思想、秩序观念等，成为我们现代文明建设的重要内涵。

华夏解释谬传了几千年

华夏是汉族的古称。"华"意为"荣"，"夏"意为"中国之人"，即中原之人。春秋以后，又称诸夏。古人将华夏与蛮夷后裔对称，以文化和族类作为区分的标准。远古时期中国境内分布许多氏族部落。距今四五千年时西北部的黄帝联合炎帝打败蚩尤，进入中原。黄帝及其后代尧、舜、禹统一了百越等许多氏族部落，在黄河中游两岸繁衍。公元前2100—前770年黄河中下游黄帝的后裔夏族、商族、周族先后建立了夏朝、商朝、周朝。公元前221年秦朝结束了自春秋战国以来群雄割据的局面。从汉朝开始逐渐以汉族代替了诸夏、华夏等旧称。

有关我们为什么叫华夏，古今主要有三种解释：第一种解释是古人以服饰华彩之美为华，以疆界广阔与文化繁荣、文明道德兴盛为夏。"华夏"一词最早见于《尚书·周书·武成》"华夏蛮貊罔不率俾"。①《春秋左传正义·定公十年》曰："中国有礼仪之大，故称夏，有服章之美，谓之华。"《书经》曰："冕服采装曰华，大国曰夏。"《尚书正义》注："冕服华章曰华，大国曰夏。"据此，华夏解释似乎无可争议了。

第二种解释为由夏水华山而来。近代人章太炎以为华山固在汉族基地陕西境内，但不合民族自称。商周建都在今河南、陕西，不在夏水流域，命名由于夏水，联系不上，且无所对待，也不是民族自称命名的由来。到了汉代，汉族不称夏、华或华夏而称为汉。章太炎又谓由于汉水得名。按"汉"字，古文之形，义为国中大水，国中大水是黄河、长江，不是汉水，国名由水，既无对待又非自称命名之义。笔者认为汉人称汉，是对匈奴为"胡"而言的。朝代之最大为汉，民族亦称为汉。汉代匈奴冒顿单于给汉帝书中说"南有大汉，北有强'胡'，'胡'者，天之骄子也"。匈奴别部的乌桓、鲜卑，《后汉书》中乌桓、鲜卑传都说他们因住乌桓山、鲜卑山得名。殊不知乌桓是聪明之称，鲜卑是瑞兽皮带之名，与山无关，也为汉族命名不以山川之旁证。

第三种解释是因黄帝得名。《中国大百科全书·中国历史》释黄帝："中国古史传说时期最早的宗祖神，华夏族形成后被公认为全族的始祖。"至于华夏一词的来历，有考古学家认为"华"即花，原为我国中原地区仰韶文化玫瑰花的"一种标志"，后来和燕山脚下的"龙"图腾标志的部族形成中华文化的共同体，所以有"华山玫瑰燕山龙"演变发展为"夏商周及晋文公"之说。"夏"即历史上夏朝的先人之称，《大百科全书》说是"黄帝族后裔中的一支进入今山西南部，创造了夏文化"，称为夏族，"建立了中国第一个王朝夏代"。在商朝末期，周人联合流亡的夏人、炎帝系统的姜姓诸族，以及迁徙到南方的楚人等起兵，进而推翻商朝的统治，建立了周朝，周人自称为华，也称黄帝的后裔，所以也自称"华""夏"，后又将周王朝分封出去的诸侯国称作"诸夏"或"诸华"。大约从春秋时代起，我国古籍上开始将"华"与"夏"连用，合称"华夏"族。《左传》襄公二十六年有"楚失华夏"之说。经过春秋时期的诸侯争霸，以及战国时期的强邦吞并弱邦，更有秦始皇的统一中原，终于使华夏族这一庞大族群第一次完全得以统一。经过强大汉朝，

---

①《尚书全鉴》，道纪居士解译，中国纺织出版社2016年版，第150页。

族名华夏转变为汉，华夏人就成为汉人。

第四种解释源于伏羲。相传伏羲的母亲华胥氏外出，在雷泽无意中看到一个特大脚印，用脚丈量后受孕，怀胎十二年生伏羲。晋朝皇甫谧在《帝王世纪》中说："太皞帝庖牺氏，风姓也，母曰华胥。燧人之世，有大人之迹出于雷泽之中，华胥履之，生庖牺于成纪。"① 清朝人梁玉绳《汉书人表考》卷二引《春秋世谱》称："华胥生男为伏羲，女子为女娲。"有人认为，这就是中国人以"华"自称的原因。有人从字形字源探索原因，认为"华"代表一切美丽（繁盛）的事物，古作"光华"解，花果瓜菜有艳丽的"光华"，故又以"华"称瓜果，如树华，甲骨文的"华"字就是一棵挂着果实的花树，后因避免"光华"和"花华"混淆，才创造了"花"字。需要说明的是，甲骨文中尚没有辨识出"华"或"花"字。后一种解释很有道理，由于显得很抽象，难以令人完全信服，不过它说明一个事实，在春秋战国以前，"华""花"两字不分，是一个字。持这种观点的人认为，伏羲就是"匏析"，匏就是葫芦，"匏析"就是"析匏为瓢"的意思，代表着一个在陶器出现之前，用葫芦作为饮水用具的时代。"花"这一概念来源于葫芦，是从葫芦花的认识中形成了"花"的概念。葫芦花白色，花瓣长约一寸半，宽约一寸，花冠直径近三寸，非常显眼。稍用心观察，伏羲氏时代的先民们就会注意到，在葫芦花还没有败落之前，小葫芦就顶着萎蔫的花瓣出现了。在先民朦胧的意识中，会认为葫芦由葫芦花的生命力化生而成，称之为"化为葫芦的东西"，久而久之，简化为"花"。生活在采集渔猎时代的先人们，一般不会注意那些对自身生存没有太大价值的东西。世间的花千万种，一般植物的花虽然美丽，但对先民生存没有太大价值，所以不会引起先民的注意，只有到了伏羲氏时代的葫芦花才对先民有了意义。需要说明的是，伏羲氏时代，"化"字的意义不是"转化"之化，而是"化生"之化，是指潜在的某种能力显现发挥作用的意思，在《易》一书中所用的"化"字基本上都是这个含义。"化"字来源于"比画"之画，那个时候语言相对贫乏，交谈时需要用手比画着以增加表达能力，"比画"的"画"字就相当于"话"字，就是把心中所想的东西表现出来的意思。同样的道理，葫芦花化生为葫芦就是指葫芦花中隐伏的葫

①《帝王世纪·山海经·逸周书》，辽宁教育出版社1997年版，帝王世纪卷，第2页。

芦显现出来的过程。由于可以合理设想，华胥氏孕生伏羲故事的原型，其实就是葫芦花化生葫芦的自然现象。伏羲氏时代的人们之所以自称"花人"也即"华人"，其实质意义在于以"能使用葫芦的人"自诩自豪，比起那些仍然使用兽皮、牛角、贝壳、龟甲、颅骨之类饮水的人们要高明得多。

笔者认为以上观点要么是望文生义，要么是以今推古、合理想象，甚至将错就错。对此，我觉得应置身上古实际，既不能过于简单，也不能太过复杂。我认为先有华夏认识，然后才有"华夏"一词。以字解释、以地名解释，甚至以姓氏解释都是不对的。在早期的先祖眼里，他们专注的是食物，绝不是花，也不是"夏"，因为他们的情商还没有达到欣赏风花雪月的地步，他们虽有活动空间争夺的概念，但没有领土疆域意识，况且用"夏"指疆域辽阔，也是后来的事。"华夏"一词应该来自先民对世界的看法，母系氏族甚至更早时期，人们有了东西方位思想和春秋时间观念，但这种观念一直延续到夏朝之前。在先祖看来，一天有早晚，一年有两季，这是最早的时间概念，但这已经是人类的巨大进步了。他们对春秋的最浅显的认识就是"春华秋实"，春是起点也是终点，是热的起点，是冷的终点。热极为"夏"，冷极为"冬"，热天防暑，冬天防冻，这在人类学上是人对自然的最直接的认识，符合人类心理学的发展规律，只是那时人们还没有把夏和冬作为两个季节来命名。在早期人类眼里，春天终归是美好的，它的最明显的标志是天气变暖和植物开花，因此他们乐于以花为名为姓，以夏来指代事物的极盛，特别是母系氏族时代，女性专注于花有其天性因素。伏羲的母亲为华胥氏，对于"胥"，《说文解字》解释说："胥，蟹醢也。"[1]"华胥"就是"花之醢"，就是花之精髓也。这就是典型的以花为姓，至于华山夏水包括夏朝都是基于这样的认识而命名的。虽然"华夏"一词最早见于《尚书·周书·武成》"华夏蛮貊罔不率俾"，[2] 但我敢断言绝不是这个时候才有"华夏"一词，至少在夏启建夏时就有了，而且夏时夏也绝不仅仅指"夏"一族，否则周为何还称华夏？只有一种解释，那就是自古我们就称"华夏"。

另有一种佐证，就是黄帝，何谓帝？帝最初为蒂，"蒂"者花之根本也，

---

[1]《说文解字》，[汉]许慎撰，中华书局2013年版，第84页。
[2]《尚书全鉴》，道纪居士解译，中国纺织出版社2016年版，第150页。

意指我"华族"之最高权威也，由此可推有帝即有"华族"之称呼，何时有帝呢？据传从伏羲氏到女娲氏、大庭氏、柏皇氏、中央氏、卷须氏（《通鉴外记》有，其他 2 书无）、栗陆氏、骊连氏、赫胥氏、尊卢氏、混沌氏、昊英氏、有巢氏、朱襄氏、葛天氏、阴康氏、无怀氏，每氏皆有帝，说明从伏羲氏就称"华族"了。至于华夏连称，应该出自夏启，在他看来，自己建立夏，能够让"华族"达到极盛。这里需要说明的是，在华胥氏生活的时代，也有可能生活着其他以花不同部位命名的部族，以区别"华族"不同支脉。

话天籁之音：中华音乐史考

在中国，什么时候开始有音乐？谁最先制作乐器？谁最先演奏音乐？谁最先唱歌？谁最先创歌舞？恐怕确切纪年永远都找不到了。但我们可以循着中华民族历史的足迹，找到大致的源头。

关于音乐的最早记录

最早关于音乐的记录是"伏羲作瑟作琴"。《楚辞·大招》说伏羲有乐歌《驾辩》。《世本·作篇》记载伏羲作瑟作琴。《世本·帝系篇》则说伏羲作乐章《扶来》。《广雅·释乐》说伏羲所作的瑟有七尺二寸长，有二十七根弦。《琴操》也说"伏羲作琴"。

考察世界各民族进化的历史，凡在野蛮时代，均能制器作乐，中华民族也不例外。在伏羲时，中国社会已进入文明阶段，必早已制有各种乐器，不过定名定制，或始自伏羲。所以虽说作于伏羲，其实必早已有琴了。又有吴仪《琴当序》记载："伏羲之琴，一弦，长七尺二寸。"桓谭《新论》中记载："神农之琴以纯丝为弦，刻桐木为琴。至五帝时，始改为八尺六寸，虞舜改为五弦，武王改为七弦，直至现在仍如之。"《礼记》有云："昔者舜作五弦之琴，以歌南风。"据谢孝苹先生考证，琴创制于虞舜时代的乐正夔，若然，至今已有四千多年的历史。据《吕氏春秋》及西汉文献如桓谭《新论》、蔡邕《琴操》及唐宋以后各家琴书所述，更有伏羲、神农、黄帝等"削桐为琴、绳丝为弦"的传说，将琴之创制上推至五千年前。此外，还有黄帝"伶伦取谷之竹以作箫管，定五音十二律，合于今日"的说法。可见音乐在伏羲之前就已经有了，到黄帝时已经很成熟了。

关于乐曲的最早记载

关于乐曲名称的记载最早当推至三皇五帝时。按《乐纬动声仪》的说法是：颛顼之乐曰《五茎》，帝喾之乐曰《六英》，《汉志》《白虎通》云：《六茎》《五英》。《帝王世纪》曰：高阳作乐五英、高辛作乐六茎。① 《列子》注以《六莹》为帝喾乐，《淮南子》注以《六莹》为颛顼乐。《通鉴外纪》云："《汉志》、《世纪》仿六乐撰其名，故多异。"不管乐曲是谁作的，至少可以说明，颛顼和帝喾时代，已经有了非常正规的，甚至是官方的音乐了。

歌舞的最早结合

最早将歌舞合在一起的当是夏启。《山海经·大荒西经》曰："开上三嫔于天，得《九辩》与《九歌》以下。此天穆之野，高二千仞，开焉得始歌《九招》。"② 《帝王世纪》云："启升后，十年，舞九韶。"③ 《离骚》中有"启九辩与九歌兮，夏康娱以自纵"，"奏九歌而舞韶兮，聊假日以媮乐"。《天问》中有"启棘宾商，'九辩''九歌'"诸语。④

相传《九歌》自被夏后启偷到人间以来，一场欢宴，竟惹出五子之乱而终于使夏人亡国。传说《九歌》韶舞是夏人的盛乐，或许只在郊祭上帝时方能使用。启曾奏此乐以享上帝，即所谓钧台之享。正如一般原始社会的音乐，这乐舞的内容颇为猥亵。只因原始生活中，宗教与性爱颇不易分，所以虽猥亵而仍不妨为享神之乐。也许就在那次郊天的大宴享中，启与太康父子之间，为着有仍二女（即"五子之母"）起了冲突。事态扩大到一种程度，太康竟领着弟弟们造起反来，结果敌人——夷羿乘虚而入，把夏灭了。

---

① 《帝王世纪·山海经·逸周书》，辽宁教育出版社1997年版，帝王世纪卷，第9页。
② 《帝王世纪·山海经·逸周书》，辽宁教育出版社1997年版，山海经卷，第69页。
③ 《帝王世纪·山海经·逸周书》，辽宁教育出版社1997年版，帝王世纪卷，第18页。
④ 《楚辞译注》，董楚平译注，上海古籍出版社2016年版，第16、33、79页。

但不管怎样，历史告诉我们夏启时有了歌舞，《九歌》是较早时期的原始歌舞，经夏初改编而流传。至于其具体体制、内容如何，已难以知晓，但从楚辞《天问》所述夏初历史和《离骚》两处记《九歌》的词语看，它并不是什么肃穆的乐曲，所谓"聊假日以偷乐"，说明它有很强的娱乐性。不仅如此，还记说夏后启正是因为迷于此种歌舞，以致亡国败身的。《竹书纪年》亦有记述："帝启十年巡狩，舞《九招（韶）》于大穆之野。十一年放王季子武观于西河。十五年武观以西河叛。"《墨子·非乐》篇也说："启乃淫溢康乐，野于饮食；将将惶惶，筦磬以方；湛浊于酒，渝食于野；万舞翼翼，章闻于天，天用弗式。"可见《九歌》等乃是需要在郊野演出的大型歌舞，虽说是用来享神，但内容却是引人放纵的淫乐之乐。闻一多先生在《什么是九歌》中也有类似的推论。在原始社会后期，仍存在群婚和杂交的男女婚制和生殖崇拜等习俗，反映到宗教歌舞中，当然也就少不了有男女性爱方面的内容。夏初社会虽已脱离原始生活，但遗俗尚存，而夏后启偏偏乐此不疲，放纵自恣，甚至推波助澜，以致影响到家族关系，国家因内讧而亡。

东方最早的歌曲

东方最早的歌曲是什么？有人说是夏王孔甲所作的《破斧之歌》。《吕氏春秋·季夏纪》记载："夏后氏孔甲田于东阳萯山。天大风，晦盲，孔甲迷惑，入于民室。主人方乳，或曰'后来，是良日也，之子是必大吉'。或曰：'不胜也，之子是必有殃。'后乃取其子以归，曰：'以为余子，谁敢殃之？'子长成人，幕动坏橑，斧斫斩其足，遂为守门者。孔甲曰：'呜呼！有疾，命矣夫！'乃作为《破斧之歌》，实始为东音。"① 也就是说《破斧之歌》是东方最早的歌曲。

其实还有一首歌比它早。据《夏书·五子之歌》记载：太康失邦，昆弟五人须于洛汭，作《五子之歌》。"太康尸位，以逸豫灭厥德，黎民咸贰，乃盘游无度，畋于有洛之表，十旬弗反。有穷后羿因民弗忍，距于河，厥弟五人御其母以从，徯于洛之汭。五子咸怨，述大禹之戒以作歌。"其一曰："皇祖有训，民可近，不可下，民为邦本，本固邦宁。予视天下愚夫愚妇一能胜

---

①《吕氏春秋》，[战国] 吕不韦编著，中州古籍出版社 2015 年版，第 82 页。

予，一人三失，怨岂在明，不见是图。予临兆民，懔乎若朽索之驭六马，为人上者，奈何不敬？"其二曰："训有之，内作色荒，外作禽荒。甘酒嗜音，峻宇雕墙。有一于此，未或不亡。"其三曰："惟彼陶唐，有此冀方。今失厥道，乱其纪纲，乃厎灭亡。"其四曰："明明我祖，万邦之君。有典有则，贻厥子孙。关石和钧，王府则有。荒坠厥绪，覆宗绝祀！"其五曰："呜呼曷归？予怀之悲。万姓仇予，予将畴依？郁陶乎予心，颜厚有忸怩。弗慎厥德，虽悔可追？"① 连歌词都写得清清楚楚，两首歌曲相距 13 个君主。

音乐的普及和最早的音乐教育

最早将乐纳入教育的大约是在周朝。到周朝，歌舞已相当普遍。据《周礼·乐师》记载："凡射，王以《驺虞》为节，诸侯以《狸首》为节，大夫以《采萍》为节，士以《采蘩》为节。""及彻，帅学士而歌彻。"②《仪礼·乡饮酒》："工歌《鹿鸣》、《四牡》、《皇皇者华》。""乐《南陔》、《白华》、《华黍》。""乃间歌《鱼丽》，笙《由庚》；歌《南有嘉鱼》，笙《崇邱》；歌《南山有台》，笙《由仪》；乃合乐：《周南·关雎》、《葛覃》、《卷耳》，《召南·鹊巢》、《采蘩》、《采萍》。工告于乐正曰：正歌备。"《燕礼》：工歌《鹿鸣》、《四牡》、《皇皇者华》。笙奏《南陔》、《白华》、《华黍》③ 乃间歌《鱼丽》，笙《由庚》；歌《南有嘉鱼》，笙《崇邱》；歌《南山有台》，笙《由仪》。遂歌乡乐：《周南·关雎》、《葛覃》、《卷耳》，《召南·鹊巢》、《采蘩》、《采萍》。太师告于乐正曰："正歌备。"由此可见，当时歌舞之风盛行。在这种情况下，音乐被纳入教育也是很自然的事。《周礼·保氏》曰："养国子以道。乃教之六艺：一曰五礼，二曰六乐，三曰五射，四曰五驭，五曰六书，六曰九数。"④ 那时，凡贵族子弟，都要受此六艺教育。六乐指的是古代名曲云门、大成、大韶、大夏、大凄、大武六种音乐。可见，在周朝时音乐教育已经非常正规，且系统相当成熟了。

---

① 《尚书全鉴》，道纪居士解译，中国纺织出版社 2016 年版，第 61-63 页。
② 《周记》，吕友仁、李正辉、孙新梅注译，中州古籍出版社 2018 年版，第 210 页。
③ 《仪礼》，鼓林注译，中州古籍出版社 2017 年版，第 83-84，162-164 页。
④ 《周礼》，中州古籍出版社 2015 年版，第 136 页。

歌舞与政治结合较早，早期盛大的政治活动包括祭祀、宴饮、盛典、接待等，都离不开歌舞，而与军事结合最终成为军歌则较晚，见之历史的最早军歌是在战国时期，管仲相桓公伐戎狄之际，管仲即作上山歌与下山歌于军中，是为军歌之鼻祖。此后，凡遇战乱，两军对垒，多有军歌军舞出现。即使和平时期，军中有活动即有歌舞，因为军事为政治的延续，自然离不开歌舞，直到今天，还是如此。

五帝时代王权的更迭是禅让还是篡位

"日出而作，日入而息。凿井而饮，耕田而食。"① 这是史载流行于上古时期的《击壤歌》，大意是：太阳出来就去耕作田地，太阳落山就回家去休息。凿一眼井就可以有水喝，种出庄稼就不会饿肚皮。这样的日子有何不自在，谁还去羡慕帝王的权力。这是远古先民咏赞美好生活的歌谣，用极口语化的表述方式，吟唱出上古时期生动的田园风景诗。

相传《击壤歌》为帝尧所作。帝尧是帝喾的儿子，是历史上有名的圣贤之君、五帝之一，他的哥哥挚继承了喾的帝位。挚在位9年，为政不善，禅让于尧。尧在位70年，禅让于舜，舜后来客死他乡，为禹继位。这是正史记载的上古传说，也一直是中国千古流传的政治佳话。其实不然，除挚禅让给兄弟外，其余都是假的，如果我们稍加考证，就能洞察其中的真相，所谓帝尧禅位于舜不过是政治阴谋下的产物，这个谎言居然传颂了五千年。

相传尧在位70年，感觉有必要选择继任者。他认为自己的儿子丹朱凶顽不可用，因此与四岳商议，请他们推荐人选。四岳推荐了舜，说这个人很有孝行，家庭关系处理得十分妥善，并且能感化家人，使他们改恶从善。尧很慎重，决定先考察一番，然后再行决定。尧把自己的两个女儿娥皇、女英嫁给舜，从两个女儿那里考察他的德行，看他是否能理好家政。舜和娥皇、女英住在沩水河边，依礼行事，二女都对舜十分倾心，恪守妇道。尧又派舜负

① 《击壤歌》，见百度诗词名句网。

责推行德教，舜便教导臣民以"五典"——即父义、母慈、兄友、弟恭、子孝指导自己的行为，臣民都乐意听从他的教诲，普遍依照"五典"行事。尧又让舜总管百官，处理政务，百官都服从舜的指挥，百事振兴，无一荒废，并且显得特别井井有条，毫不紊乱。尧还让舜在明堂的四门，负责接待四方前来朝见的诸侯。舜和诸侯们相处很好，也使诸侯们都和睦友好，远方来的诸侯宾客，都很敬重他。最后，尧让舜独自去山麓的森林中经受大自然的考验。舜在暴风雷雨中，能不迷失方向，依然行路，显示出很强的生活能力。经过三年各种各样的考察，尧觉得舜这个人无论说话办事，都很成熟可靠，而且能够建树业绩，于是决定将帝位禅让于舜。舜于正月上日（初一），在太庙举行禅位典礼，正式登上天子之位。尧退居避位，28 年后去世，"百姓悲哀，如丧父母。三年，四方莫举乐，以思尧"，人们对他的怀念之情甚为深挚。

这是官方传说，也是站在舜位置上的传说，这一传说疑点重重，主要疑点有四：一是尧帝之前王位已有家传习惯，如颛顼是黄帝的孙子，帝喾是颛顼的侄子，尧是帝喾的儿子，那么为什么尧要改变这一惯例呢？仅仅因为儿子不肖吗？挚不肖，而帝喾依旧传位给他，而尧有什么理由不这样做呢？即使儿子不行，还有侄子，难道都不行吗？二是尧退居避位，28 年后才去世，这说明尧退位时身体仍很硬朗，还能理政，他又功业卓著，是万民敬仰的明君，他有什么理由禅位给政治上还很"年轻"的舜呢？三是丹朱既然不肖，没能即位，那么他为什么有帝号呢？《山海经》记载古代首领有帝号的不多，而丹朱却有帝号，称作帝丹朱。郑玄说："德配天地，在正不在私，曰帝。"这说明丹朱在汉代人眼里是古代很有德望、声名很显赫的人。据《史记》记载，舜于三年的丧事完毕之后，便让位给尧的儿子丹朱，自己退避到南河之南。但是，天下诸侯都去朝见舜，却不理会丹朱；打官司的人也都告状到舜那里，民间编了许多歌谣颂扬舜，都不把丹朱放在眼里。舜觉得人心所向，天意所归，无法推卸，遂回到都城登上天子之位。《史记》告诉我们的更明确，那就是舜的确是从丹朱手里接管的王位，肯定是篡权，不论采取哪种方式，或采取什么手段，因为什么原因，性质都是一样的。四是舜为何要囚禁尧呢？战国时魏国史书《竹书纪年》记载：

"舜囚尧，复偃塞丹朱，不与父相见。"①《竹书纪年》许多记录与传统记载不同，但却与甲骨文相合，未必不是真的。如果是真的，那么舜为什么要囚禁尧呢？如果不是囚禁，他为什么不让丹朱见他爹呢？这不能不让我们联想到后来的历史，秦代赵高等不让扶苏见秦始皇，后假借秦始皇的名义赐其死；三国时刘表的儿子刘崎想见父亲，被拒宫外，如不是适逢曹操来攻，形势紧急，恐怕也为蔡瑁等所害。由此可见，尧不传位于子而让位于舜并非尧之本意，或是迫于舜的威力。

如果舜确属篡位，有三种可能：第一，舜是有能力的人，又建有功绩。相传尧时，舜教民"五典"，臣民都乐意听从他的教诲。舜总管百官，处理政务，百官都服从舜的指挥，百事振兴，无一荒废。同时于明堂四门接待四方朝见的诸侯，能使诸侯们都和睦友好。这说明他很有能力，也很有权力，权力能膨胀欲望，政绩能增长野心，政治家都有理想，舜也应是如此，他不会满足于受人摆布，不会一直听命于一个七旬老者的"啰唆"。第二，舜有篡位的便利。他是尧的女婿，尧的两个女儿娥皇、女英都是他的老婆，女婿继岳父的帝位有它一定的"合理"性。同时还有内宫帮忙。相传丹朱很小母亲就死了，这意味着在后宫里没有靠山，父亲又是勤于政务的政治家，很少能顾上，加上又特别钟爱两个女儿，自然对女婿不错，这给舜很多谋权的机会，为实施篡位阴谋提供了可能。第三，尧老年昏聩，疏于政务，这让舜有机可乘。相传尧在位70年，也就是说尧传位给舜时尧年事已高，把很多政务交给他人来做，包括自己的女婿，谁离自己越近，越亲近谁，舜自然离自己最近，也自然会言听计从，至于儿子，可能就远一些了。所以，尧晚年的决定有三种可能：一是限于阴谋，认为儿子不成器，由失望而放弃；二是被胁迫，不得已而禅让；三是传位给儿子，后被谋篡，于是后世留下了自相矛盾的记录，如舜囚尧和丹朱帝，等等。

舜谋篡却被美化为禅让可能有三个方面的原因：一是自己没有高贵血统，禅让可以让自己即位更合法；二是自己一直宣扬"五典"，谋篡与此相违背，禅让是最好的标榜；三是可以"挟天子以令诸侯"，任谁都说不出个"不"字。

---

①《丹朱》，见百度百科。

那么，尧为什么不谋平叛呢？其一，自己已被架空，无能为力；其二，自己被囚禁，失去了人身自由，稍有不慎便会危及生命；其三，舜是自己的女婿，多少有些疼爱，一个女婿半个儿，反正也不是外人；其四，经不住老婆、女儿闹，加上年老耳根子软，也只能委屈儿子了；其五，平叛不成被囚，禅让纯属后人附会。

综上所述，可以推知，流传的佳话，最大的可能是隐匿的谎言。其实这不足为怪，早在黄帝时代，政治斗争的血雨腥风就已经开始了。舜通过阴谋得到了帝位，可他没有想到，在其死后也被禹谋篡，子孙失去帝位。

文化是国家兴衰的决定力量

几十年前，如果说"国家兴亡取决于文化的力量"，连鬼都不信？因为从1840年以来，中国一直在政治、经济和军事上受到挤压，这让中国人饱受百年屈辱。很多中国人一直在反思，认为原因在于实力不行。他们理解的实力主要指经济和军事，洋务运动就是在这样的认识指导下产生的，后来的变法和变革也都是如此。但也有一些人认识到这是文化的原因，是精神世界出了问题，他们因之成为"西学东渐"的推手，不同的文化观引发了一个世纪的文化大论争。"中体西用"论、"全盘西化"论、"儒学复兴"论、"西体中用"论、"综合创新"论等争论不休。但他们都不能从根本上解决中国问题，因为哪种文化为主为辅并不重要，重要的是中国人有没有增强文化"软实力"，从这个意义上讲，他们都不如那些教育救国论者，与他们比起来，教育才是最为现实的解决途径。

最早把文化因素作为国力组成部分的当是印度人。公元前4世纪，古印度早期的治国大师考底利耶就把权力解释为："掌握实力（表征），实力来自三个因素：知识、军事力量和勇气。"[①] 卡尔·冯·克劳塞维茨在100多年前

①《政事论》第2卷［印］考底利耶，R.P·坎格尔译，孟买大学，1972年第2版，第319页。

也指出："斗争是双方精神力量和物质力量通过物质力量进行的一种较量。""敌人的抵抗力量是两个不可分割的因素的乘积，这两个因素就是现有手段的多少和意志力的强弱。"① 现代社会，人们对国力结构有了新的认识，特别是20 世纪90 年代以后苏联解体，让人们看到增强综合国力的重要性，学者们也开始更深入地研究综合国力问题。有学者把国力分为"硬实力""软实力"，尤其强调了后者的作用。因此在综合国力测算中把"软实力"放在了非常重要的位置。如莱伊·S. 克莱因，他的"国力方程"是：$Pp = （C + E + M）× （S + W）$，其中的 S 指战略意图，W 代表贯彻国家战略的意志，这两者都与人的精神有关，都来自文化的力量。

中国人对文化力量的认识是深刻的。早在"康乾盛世"的时候，一位长期在中国生活的西方学者就曾预言，他说中国是一艘航行在太平洋上的庞大破船，之所以还没有沉没，是因为有两位好的船长，如果有一天遇到一个蹩脚的船长，它将会被礁石撞得粉碎。这位学者最为高明之处，恐怕就在于他在"盛世"之下已经敏锐地觉察到这个泱泱大国的危机，那就是文化特别是精神的衰落。这句话不久就被验证了，慈禧让它变成了现实。

1908 年11 月16 日的《纽约时报》在评论慈禧太后去世的消息时写道："慈禧的顽固和冷酷无情为整个大清国带来了最不幸的后果。在她最初单独统治大清国时，有关大清国国力的神话尚未破产。欧洲国家害怕招惹这个帝国，并且人们一般相信，任何对大清国的进攻都会引发它巨大的后备潜力"，"是日本人打开了世界的眼光，让人们看到大清帝国真正的无能……所有西方列强们立即把贪婪的目光投向大清国，并且开始谋划割让大清国领土，以及获得商贸特权。"

如果把中国的衰落归咎于慈禧的无能是不准确的，应该说中国衰落的真正根源在于文化的衰落，以及由此导致的整个民族精神的低迷。1876 年2 月20 日的《纽约时报》有篇文章曾如此描述当时中国人的形象："我们从清国人那麻木、呆板的面孔上看不到任何的想象力。他们的面容从未闪现出丝毫幻想的灵光。他们并非弱智，也不乏理性，但就是没有创造性。在人类智力发展的进程中，他们是世界上最教条、最刻板的人。个人是如此，整个民族

①《战争论》第 1 卷 ［德］卡尔·冯·克劳塞维茨，战士出版社 1978 年版，第 101 页。

更是如此：冷漠、很难脱出既有的条条框框、缺乏进取心、厌恶一切创新和改革，汉民族的这种特性就好像是与生俱来的，深入骨髓的。实在不应该是这样啊！"

日本兴起的原因在于文化的重新选择，明治维新是一个转折，也是一个开端，这使一个东方弹丸小国能让一个庞大帝国屈服。甲午中日战争时，无论是经济实力，还是军事实力，日本都无法与中国相比。中国当时拥有世界最为庞大的经济体和当时最先进的舰艇，可是中国人失败了，原因在哪？在人，人的素质是决定胜负的最关键因素。这让无数中国人看到提高国民素质、增强"软实力"的重要性。鲁迅等努力想从文化视角唤起民众觉醒，孙中山等则想通过资产阶级民主革命唤起民众的觉醒，而毛泽东等共产党人则试图通过打碎旧世界，建立新秩序，用马克思主义武装革命群众，用无产阶级革命精神和共产主义理想鼓舞革命群众，让所有民众都成为战斗的个体，使整个民族精神空前激奋。民族文化的再造和整个阶级的精神武装彻底改变了中华民族成员的精神面貌，让这个民族开始不断战胜自己的敌人，从一个胜利走向另一个胜利。先是战胜国内的敌人，后来在朝鲜战场对抗"联合国军"，在珍宝岛对付强大的苏联，我们哪来的实力？实力源自胆略、勇气和信心，关键在于我们重新拥有了战无不胜的豪情和英勇无畏的精神，同时智慧的领袖们还找到了对敌策略，从而让"过去，任何一个西方小国在东南沿海架一挺小炮就能让中国政府屈服的时代一去不复返了"。此后，中国开始走向复兴，成为政治大国、经济大国和军事强国，中国在世界的地位不断提升。

国家实力取决于软硬实力的持久发展，仅靠短期精神激励是不能持久的，也不能保证民族"软实力"的快速增长。改革开放后，中国人迎来了新时代，综合国力有了较大提升，但这个提升应首先归功于文化建设。没有科学的理论指导、没有全民族的思想解放运动、没有几十年教育的大发展，就不可能有今天的发展成就，民族也就不可能迎来复兴。从这个意义上讲，文化建设是国家兴亡的决定因素。

"三个代表"重要思想一个重要内容就是"代表先进文化的前进方向"。美国卡尔敦大学教授赵启光先生说："在整个世界上，没有一个国家的执政党把代表先进文化的前进方向作为自身的立党之本，中国共产党是第一个，这一点非常令人钦佩。"对发展先进文化的重视体现了一种可贵的文化自觉，这种自觉是基于对历史、对现实、对文化价值的深刻认识，把发展文化作为走向繁荣发展的一个重要选择是完全正确的，党的十六大以来一直强调"优先发展教育"和开展民族精神教育，"推动社会主义文化大发展大繁荣"，提高"国家文化软实力"，"建设中华民族共有精神家园"等都是非常正确的。可以说，文化建设是我们实现发展目标，走向强大的最具现实意义的决定力量。

文化的双重品性：对善与治的历史解读

几千年宦海沉浮，有多少人在政治斗争的旋涡中被无端罗织罪名，遭受五刑，死于非命，下场极惨。奴隶制社会的墨（在额头上刻字涂墨）、劓（割鼻子）、刖（砍脚）、宫（毁坏生殖器）、大辟（死刑）和封建社会的笞、杖、徒、流、死等刑罚，都很残忍，然而更为残忍的是磔（俗称凌迟）、髡（即剃发）、膑（也作髌，割膝骨）、炮格（也作炮烙）、刵（割耳朵）、脯（赤身肢解）、辜（肢解）、醢（剁成肉酱）、脯（晒成肉干）、剖心、枭首、弃市、族诛、车裂等刑罚，可谓惨绝人寰，这些刑罚并非只对平民百姓，恰恰相反，多是被用来对付政治犯，甚至株连九族。由此可见"家天下"时代政治斗争之残酷，但这丝毫不影响人们对当官做老爷的向往和追逐。

中国人为什么如此热衷做官呢？除了"官"本身的诱惑外，还有个文化因素在里面。毫无疑问，"官"与权势、利益、金钱紧密相连，有官就有权势，权势能够带来金钱和利益，也就是能够带来功名利禄和荣华富贵。西方人追求这些吗？当然，但他们不只是走政治这一条道，他们还可以从商，但中国人的伦理思想向来重义轻利，讲究童叟无欺，有"仇商"传统，结果出现了千军万马逐政治的现象，世代都把对功名利禄、荣华富贵的渴望变成对权势无休止的追逐。所以，中国人历来坚信"天下熙熙，皆为利来，天下攘攘，皆为利往"，一个"利"字道出了天下为政者所谓"理想""抱负"的本质。

中国人热衷"做官"，也与历朝历代政治宣传有关，直接影响到人们的世界观、人生观和价值观，甚至整个中国文化都呈现出明显的政治化倾向。文化的政治化与儒家思想有直接关系。先秦时期，并称"儒墨显学"的儒家虽有一定的影响，但说到底，不过是诸子百家中的一家。秦代以后就不同了，特别是汉武帝时期，采纳董仲舒的建议，"罢黜百家，独尊儒术"成为既定国策。在学术领域，儒家思想也由此确立起"一尊"地位，在整个意识形态领域一直统治中国两千多年。与道家的"出世"观念不同，儒家重社会、重人生、重现实，一切以着眼于当前、解决社会问题为基点。唯其如此，在儒家思想体系中，既存在以求"善"为宗旨的"伦理型"文化的一面，同时还存在以求"治"为宗旨的"政治型"文化的一面。正因如此，在中国传统文化中长期存在崇尚政务的特征，并且表现得相当普遍又相当典型。

中国古代社会特别是封建社会，为儒家提供了一显身手的历史舞台。在这个宽阔的历史舞台上，儒家始终把"内圣外王"当作修身为政的最高理想。由于儒家的宣传和历代统治者的标榜与推行，古代政治文化学说影响到意识形态各个领域。比如在文学领域，早在中国古代第一部史料汇编中就留下了帝舜的谆谆教导："诗言志，歌永言。"①以后有"文以载道""文以明道"，文学服务社会，几乎成为历代文人的共识。那些扬名天下的文坛巨匠们，无论是步入仕途的朝廷重臣，还是言志以抒发情怀的文人，在他们的学术成就中，罕有不与政治发生联系者。在唐代，现实主义的"诗圣"固然是无论穷达，刻刻不忘实现自己的"致君尧舜上，再使风俗淳"的政治目的；浪漫主义的"诗仙"也没有什么两样："试借君王玉马鞭，指挥戎虏坐琼筵。南风一扫胡尘静，西入长安到日边。"自恃清高的李白又何尝不想报效朝廷呢！家喻户晓的"唐宋八大家"本以文章见长，却无一人置身仕途之外，他们之中除苏洵青年时代应试不第外，其余七人全是进士出身，八人中，官职最不济的苏洵也做了霸州文安县的主簿，最显耀者如欧阳修做到了枢密副使、参知政事，王安石则不但荣任参知政事、同中书门下平章事的要职，还干了一场轰轰烈烈的"变法"运动。由此也就使得中国文学史上出现了一个奇特现象：明明是学者文集，却常以谥号命名，或以官衔标榜，诸如欧阳文忠公、范文正公、庾开府、鲍参军、杜工部，等等，可谓名目繁多，不一而足。

政治型文化在史学领域的反映非常典型。一是历代的明君圣主无不重视史学在政治上的垂训鉴戒、经世致用。从周文王的"殷鉴不远，在夏后之

---

①《尚书》，王世舜 王翠叶译注，中华书局 2015 年版，第 28 页。

世"，到唐太宗的"以古为镜，可以知兴替"，特别是古代的官修史书、宰相监修制度，无不深刻地表明史学在安邦济世中的重要意义。二是在中国古代史、官不分。早在传说时代就有了史官，"仓颉、沮诵实居其职"。至周代，不仅已经有太史、小史、内史、左史、右史之名，而且职务范围相当明确："太史掌国之六典，小史掌邦国之志，内史掌书王命，外史掌书使乎四方，左史记言，右史记事。"以后史官的名称、任务范围虽有变化，但与国家政务关系密切则是始终如一的。

政治型文化主要是通过两项重要举措实现的。其一，通过古代教育制度，鼓吹"学而优则仕"，使儒家求"治"思想深入人心。其二，通过各种科举制度，使"学而优则仕"道路在组织上得到落实。由于政治型文化氛围的营造，使关心国家、关心社会、关心民生代代相传，成为自然而然的传统，也使做官从政走出单纯追逐名利的狭隘视野，成为仕者追求的至高境界，由此中国涌现出一大批像王安石、文天祥、谭嗣同那样的治世栋梁，并留下许多千古不朽的政治格言。其三，通过社会舆论，使政权、政治神秘化、神圣化。尤其是官等级、官排场、官礼仪等都公开化、正当化，"朝为田舍郎，暮登君子堂"和"书中自有黄金屋，书中自有颜如玉"以及各种典籍、戏剧等诸多功利主义的舆论宣传，也都让做官成为人们憧憬的人生境界和至高的理想追求，许多人一生求试，一朝及第做官便大肆"捞钱"，尽情享受荣华富贵和金钱美女。无论是为了低级的利禄追逐，还是为了实现远大的政治抱负，入仕都是必经的路径，也就是说，一切都可以通过做官来实现。这样就导致整个社会都功利，都想通过做官来改变命运，也从而导致整个中国文化具有政治型特征，致使几乎所有的文化形态都带有"官味"。

新中国推翻了官僚主义统治，实现了人民当家做主，改变了几千年官民对立的体制，让官员由高高在上变成全心全意为人民服务的人们公仆。改革开放以后，尽管这种教育还在进行，但整个社会泛功利化，加上几千年政治文化的熏染，以往为官的心态和套路都重新出现，有些转变为新形式，有些直接就是老模样。比如上级领导下基层，警车开道；老百姓办事，许多部门衙门意识强，门难进、脸难看、话难说、事难办；"官官相护"和"一人得道，鸡犬升天"的现象都还存在，等等。只要利益追逐还有，这些现象就不可能完全消灭，想当官就会成为人们的重要选择。

封建政体模式与历史变革

　　《说文解字》曰："官，吏事君也。"① 百度词条认为有"治众"之意。《现代汉语词典》解释为："政府机关或军队中经过任命的、一定等级以上的公职人员。"② 这个定义体现了"官"的以下特征：一是在政府或军队里工作；二是具有一定的等级；三是公职人员。但这并不是"官"的本质特征，其本质特征是"事君"和"治众"，也就是说官与权力紧密相连，他们是国家政策的执行者，也是国家意志的行使者，按照职权分配贯彻统治阶级的意志，进行阶级统治和社会管理。"官"拥有权力，也就拥有地位，从而拥有丰厚的社会资源和可以看得见的物质利益。西汉著名史学家、文学家司马迁《史记·货殖列传》中所说："天下熙熙，皆为利来；天下攘攘，皆为利往。"③ 一个"利"字好生了得，引得多少人追名逐利，趋之若鹜。

千年文化的核心：政治文化

　　从人类发展史看，"官"最初只是个管理者，有了等级才有了政治学意义上的"官"。据晋·皇甫谧《帝王世纪》《遁甲开山图》《通鉴外记》记载，伏羲之后，中国社会延续了 15 个部落联盟时代，分别是女娲氏、大庭氏、柏皇氏、中央氏、卷须氏（《通鉴外记》有，其他 2 书无）、栗陆氏、骊连氏、赫胥氏、尊卢氏、混沌氏、昊英氏、有巢氏、朱襄氏、葛天氏、阴康氏、无怀氏。"官"正是在这一阶段随着疆域的扩大和管理职能的拓展而逐步产生的。

　　相传黄帝为伏羲氏的七十八世孙，他在统一各部落之后强化了政权的管理职能，建立了古国体制：划野分疆，八家为一井，三井为一邻，三邻为一

---

①《说文解字》，［汉］许慎撰，中华书局 2013 年版，第 305 页。
②《现代汉语词典》（第 6 版），商务印书馆 2015 年版，第 478 页。
③《史记全本导读辞典》，周啸天，尤其主编，四川辞书出版社 1997 年版，第 1828 页。

朋，三朋为一里，五里为一邑，十邑为都，十都为一师，十师为州，全国共分九州；设官司职，置左右大监，监于万国，设三公、三少、四辅、四史、六相、九德共 120 个官位管理国家。对各级官员提出"六禁重"，"重"是过分的意思，即"声禁重、色禁重、衣禁重、香禁重、味禁重、室禁重"，要求官员节简朴素，反对奢靡。提出以德治国，"修德振兵"，以"德"施天下，以道修德，惟仁是行，修德立义，尤其是设立"九德之臣"，教养百姓九行，即孝、慈、文、信、言、恭、忠、勇、义，进行思想道德建设。在使用人才上访贤、选贤、任能，因才施用。实行以法治国，设"礼文法度""治法而不变"，命力墨担任法官、后土担任狱官，对犯罪重者判处流失，罪大恶极者判处斩首等。"政治文化"由此完备起来。

经过几千年的发展，在中国社会，逐步形成了东方特色的"官"文化，并在封建时代达到极致，成为社会文化的核心，几乎所有文化都有"政治文化"的烙印。直至今天，在社会主义初级阶段，虽然消灭了阶级，但社会等级、差别和"政治文化"赖以存在的政治体制还在，因此"官"和"政治文化"还将继续存在，直至国家政治体制完全消亡为止。

"政治文化"的筋骨："官制"

作为一种文化现象，"政治文化"依托"官制"而存在。建立"官制"是为了行使权力和实施统治，因此"政治文化"遵循和维护权力至上原则。"官"是统治阶级的代表，所以要维护政权，行使最高统治者赋予的权力。权力至高无上，不容侵犯，因为它有暴力机器做后盾。"政治文化"维护的是国家、阶级的利益和为此服务的等级尊卑秩序，目的在于维护社会安定，有效进行统治。所以"政治文化"最直接的表现就是"官制"，也就是政治体制。

中国的"官制"经历了一个漫长的历史发展过程，不同历史阶段有不同的内容和形式。中国封建社会历史最长，"官制"也最为复杂。在封建制国家里，皇帝拥有至高无上的权力，但只凭皇帝一人的力量是难以实现对国家统治的，必须设官分职进行统治，于是就形成了以皇帝为中心、以地主阶级为基础的封建官僚制度。在这种制度下，各级官吏只对皇帝负责。官吏们依据等级地位的高下，分别成为拥有不同权限的权贵阶层，但他们不得以贵族的身份进行治理，而必须以皇帝的仆役资格行使治理。大小官吏的任免予夺等一切权力，都集中在皇帝手中，皇帝之下设置中央与地方上下两级官僚机构，中央政府是皇帝的辅政机构，主要设置宰辅、宰相及负责各方面事务的政务机构。在地方，建有一整套由中央层层统摄的严密的地方统治机构。同时，为保证各级官僚机构有充分的人选及各级官员对皇帝尽忠尽责，还配备了一套比较系统、完备的官吏选拔及职官管理制度。

"官制"是非常系统和复杂的，不同朝代各不相同。以清朝为例：一是设内阁，大致相当于今天国务院的领导班子。内阁首辅大学士以及协办大学士都被称为中堂，即宰相的别称，但实权则由军机处掌握，在军机处任职的官员称为军机大臣，统称大军机，军机大臣的僚属称为军机章京，又称小军机。二是设六部（吏、户、礼、兵、刑、工），作为中央行政机构，各部长官（管部的大学士及尚书、侍郎等）称堂官，部下属各司的郎中、员外郎、主事以及主事以下的七品小京官称为司官。在六部之外和六部并立的中央行政机构有：大理寺、太常寺、光禄寺、太仆寺、鸿胪寺，国子监、钦天监，翰林院、太医院、理藩院，宗人府、詹事府、内务府，相当于中央的直属机构。此外，还设有军事系统八旗和绿营、监察机构监察院，都非常复杂。地方行政机构大致分省、府、县三级，总督、巡抚是掌握行政、军事、监察大权的高级地方官员，布政、按察是督、抚的属官，与督、抚平行的有驻防将军和提督学政，省以下官职的设置则更为复杂。

"政治文化"是以"官制"为基础的，除组织结构外，"政治文化"还包括官僚、衙署、公文、官服、官阶、官印、官吏选拔、官场礼仪和为官信条等形态。官僚即官吏，表面上代表的是制度与权力，实质上是一个社会的利益管理阶层。衙署是官吏办公的场所，但体现了"官制"和品阶，其结构和规格都必须符合"官制"、品阶和为官的境界要求。公文是公务活动的产物，是官府所作之文，是公事所用之文。官服是古代官员在正式场合的着装，不同的朝代各不相同，文官与武官也不相同，各有不同的标志。比如清朝，文官为：一品仙鹤、二品锦鸡、三品孔雀、四品雁、五品白鹇、六品鹭鸶、七品鸂鶒、八品鹌鹑、九品练雀；武官为：一品麒麟、二品狮、三品豹、四品虎、五品熊罴、六品彪、七品犀牛、八品犀牛、九品海马。另外，御史与谏官均为獬豸。官阶是官员的级别，清朝是我国古代封建社会官制中最有代表性、最完善的，官员等级分"九品十八级"，每等有正从之别，不在十八级以内的叫作未入流，在级别上附于从九品。官印是为官的凭证，包括皇帝的御宝、玉玺和金宝、各级朝官官印、地方行政官印、各级机构品官官员之印、军事机构军官官印、不入流的低级机构之印、诸侯割据政权印、少数民族政权印和农民起义政权印，等等。官员品级的高低主要从官印尺寸和质料来区别。官职越高，官印越大，权力也更大。御宝尺寸是百官之最高等级，是次于皇权的三师三公亲王尚书令印的两倍以上，表明皇权的至高无上。皇帝的御宝有金玉两种，秦以后天子的印独称玺，玉质，其他印不能用玉，这是玺印制度中对质料等级限定的开始，其制度几乎沿续到中国封建社会之终。官吏的选拔也是"政治文化"的重要组成部分，在我国封建王朝，选拔官员主要是通过科举。科举制从隋朝大业元年（公元 605 年）开始实行，一直到清朝光绪三十一年（公元 1905 年）举行最后一科进士考试为止，经历了 1300 多年。

"政治文化"的血脉和灵魂：官信仰

对"政治文化"而言，最为文化的不是那种能视的文化形态，而是为官的信条，如最高统治阶层宣扬"普天之下，莫非王土；率土之滨，莫非王臣"① 的信念，要求所有臣民必须"忠君爱国""精忠报国"。又如向社会各阶层灌输"民为贵，社稷为轻，君次之"，"君舟也，民水也，水能载舟亦能覆舟"等"民贵君轻"思想，以此来引导各级官吏注重民生、为民做主、维护社会公正。一句戏词说得好："当官不为民做主，不如回家卖红薯。"所以在封建社会里，为民做事成为"政治文化"内在主导的一种境界追求。再如强调"官德"，也就是要求各级官吏注重职业操守，"操守谨、政事勤、才具长"。儒家文化主张家、国、人三者一体，要求人们追求齐家、治国、平天下，为官者务必心系天下，"先天下之忧而忧，后天下之乐而乐"。为政要务必公正，如孔子言："政者，正也，子帅以正，孰敢不正？"② 认为公正是从政的根本；为政要务必清正廉洁、敬业奉献，做到"鞠躬尽瘁，死而后已"；为政要务必襟怀坦荡，有容人、容事的气度和雅量；为政要务必服从大局，

---

①《诗经今注》高亨注，上海古籍出版社 1980 年版，第 315 页。

②《四书五经》（现代版）上卷，巴蜀书社 1998 年版，第 204 页。

肩负责任，"苟利国家生死以，岂因祸福趋避之"，等等。为官的操守和信条是"政治文化"的血脉，也是"政治文化"的灵魂。

"官腐败"是"政治文化"的一部分，"腐败文化"是"政治文化"畸形发展的结果。在"政治文化"发展过程中，有很多积极的因素，但也产生了许多消极的因素，归纳起来主要有以下几种：一是官场进退演绎出的"抬轿子"理论。就是在官场，许多官吏认为做官就是"抬轿子"，抬升了上司，就轮到自己坐轿子，由别人来抬，自己升官了，再提拔抬自己的人，抬自己的人也成了坐轿子的人。所以官场上下历来都是彼此拍拍打打，官官相护，共同的目标就是都能升官发财。二是尿壶理论。就是做官者要有大气度，必须学会做尿壶，上司有气往你壶里尿一泡，同事有气往你壶里尿一泡，下级有时也会往你壶里尿一泡。不管是谁尿，你都忍受着，这样可以消解矛盾，大事化小，小事化了，最终导致好好主义。许多官吏之所以愿意做尿壶，动机是为了自保，想方设法不让自己站在风口浪尖，成为众矢之的。这是儒家中庸思想在"政治文化"中的具体应用。三是为官之道。这个"道"指的是道路，实质上是为官者投机钻营、平步青云的套路。如旧官场流行的为官"四"字诀："一副笑脸，两首歪诗，三斤黄酒，四季衣服。"说的就是为官者首先要学会逢迎；其次要有歪才，可能文化程度不高，但能左右逢源。再次是能喝酒，官场离不开吃吃喝喝，能喝酒是结交达官显贵所必需的。最后是把自己收拾利索，有一个好的形象。正如孔子所说："文质彬彬而后君子。"

"政治文化"能否惠及民众：取决于政治体制变革

"政治文化"依托的是政治体制。所谓政治体制，一般是指一个国家政府的组织结构和管理体制。在不同的历史时期、不同的国家和地域，政治体制不尽相同。古代主要有奴隶主共和制、君主分封制、君主独裁制三种类型；现代主要有独裁制、君主立宪制、共和制、总统制、总理制、社会主义共和制六种类型。

政治体制是"政治文化"存在的基础，是政治体制培育出了"政治文化"，"政治文化"反过来又服务于政治体制，二者是一体的，密不可分。如果政治体制不存在了，"政治文化"也就没有了。到共产主义时代，没有了政治体制，那么也就没有了"政治文化"。所以"政治文化"又是一个历史的范畴。

到了现代，"政治文化"虽然夹杂有旧内容和旧形体，但本质已有了很大不同，不论是资本主义制度还是社会主义制度，政治体制都强调了政治民主，注重改善民生，突出社会服务，追求工作效率，促进社会公平，推动经济社会发展。

新中国是在旧社会的废墟上建立起来的，政治体制难免受到传统思想的影响，存在很多局限。改革开放以后，政治体制不能适应新时代发展的需要，必须进行变革。所以从 20 世纪 80 年代起，我国一直在做这方面的努力，主要办法是在社会主义政治总格局和权力结构形式不变的前提下，对政权组织、政治组织的相互关系及其运行机制进行调整和完善。总的目标有三条：一是巩固社会主义制度；二是发展社会主义社会的生产力；三是发扬社会主义民主，调动广大人民的积极性。具体目标就是要增强党与行政机构以及整个国家领导机关的活力；就是要克服官僚主义，提高工作效率；就是要充分调动人民群众和各行各业以及基层的积极性，从而在政治上创造出比资本主义国家的民主更高更切实际的民主。主要任务是：发展民主，加强法制，实行政企分开，精简机构，完善民主监督制度，维护社会安定团结。

中国的政治体制变革从整体上讲是有成效的，但也存在许多问题，一个致命的缺陷就是缺少符合现实需要的"政治文化"作指导，现行的"政治文化"基本上是封建社会的。改革开放以后，由于种种原因导致新官僚的产生，他们衙署意识增强，官本位思想严重，脱离群众，高高在上；文山会海，多如牛毛，误国误民；等级森严，许多官员讲排场，官气十足，"门难进、脸难看、话难听、事难办"，"官大一级压死人"现象还存在；干部选拔虽不再实行科举制，但各类公选虽选拔出了优秀人才，却误导了官员，许多人放下公干，把心思用在提高应考和应变的能力以及拉关系上，不再干实事，创实绩；处处走形式，追求面子工程，得罪人的活谁都不愿意干。更要命的是官场出现信仰危机，在许多官员那里，他们整日追名逐利，企望升官发财，想方设法打点贿赂，开通官道，以求平步青云。

为什么中国人如此热衷做官呢？根本原因在于"官价值"，做官能够达到一定的目的。具体来讲，一是有大志者，思想境界高，想通过做官，建功立业。二是为了谋取利益。官大则权重，钱权可以交易，权能生财。"升官发财"说的就是升官能够发财，升官和发财二者是相互关联又相互促进的，为了权和财，许多官吏不惜"冒天下之大不韪"。三是出于责任或者为了某种信仰，如为人民服务。其一是传统教人追求的境界；其二是私有制下官场杂生的一种境界，是利益驱动的必然结果，也是几千年官场存在的现实；其三是社会主义制度下对广大党员干部的基本要求，是这个特殊群体一向追求的境界，"立党为公，执政为民"，全心全意为人民服务都是对这一境界的诠释。但这在"物欲横流"的社会和时代是"不合时宜"的，无法取得好的效果，所以只能作为一种高于现实的信条和境界去追求。

在这三者中，明显第二占据主流，这使官僚主义难以扼制，并且侵蚀和腐化了整个政治体制。对于这个问题可以从四个方面去解决：一是塑造新的能适应时代发展的"政治文化"。要淡化"政治文化"的等级色彩，减少对其他文化特别是政治生态文化的影响，建立社会主义制度下的"官德"体系和"为官之道"。要强化官场价值观念的指导，突出理想信念教育、社会主义荣辱观教育和为人民服务思想教育，切实把官由高高在上的"父母"变成全心全意为民服务的人民"公仆"。二是为"官崇拜"降温。官崇拜来自对权力的崇拜，为什么人们会崇拜权力呢？因为权力有决定的力量，能够产生财富，能够改变命运……一旦权力失去了这些功能，那么它也就会失去光彩和神秘。如果我们能够让钱权不能交易，做官无利可图，那么做官就会如其他社会职业一样，真正成为社会平等主体的一部分，人们看待官员就不再仰视，不再狂热。三是给官僚机构"瘦身"。我们的政府机构过于庞大，人员太多，如果转变职能，使之不仅仅是社会管理机构，还要像其他社会组织一样更主要是社会服务机构，那我们就没有必要保留那么多的机构和人员，也没有必要干那么多细枝末节的、原本属于其他行业做的事情。政府机构从中央以下只需设省、县两级，其他中间机构通通裁掉，人员分流至社会服务体系中。至于省、县两级政府如何开展工作，现代化的手段足可以解决这些问题。四是建立科学可行的选拔任用机制和监督机制。官员一律实行聘任制，不再终身制和职业化，对政府职员实行企业化管理。同时，加强司法和社会监督，用法治代替人治，强化社会监督，将政府管理纳入社会管理。但需要指出的是："放权"不等于"放羊"，减少政府职能不等于无政府主义，目标是提高政府的工作效率。

中华国姓之谜

在几千年的中华历史上，经历了许多王朝更迭，有很多姓氏成为国姓，岁月沧桑，这些姓氏虽经历许多磨难，但其子孙都繁衍下来，许多姓氏今天依然是中华大姓，而这些姓氏的发展却能给后世留下很多耐人寻味的思考。

中国最早的姓氏是风，而风姓的七十八代孙却姓轩辕

相传华夏族祖先为伏羲，伏羲姓什么？据说姓风，因为他的母亲姓风，母系氏族时代只有母姓。晋·皇甫谧的《帝王世纪》《遁甲开山图》《通鉴外记》说在太昊伏羲之后有天下的 15 个部落联盟共 78 帝，都承继了伏羲的称号，他们分别是：女娲氏、大庭氏、柏皇氏、中央氏、卷须氏（《通鉴外记》有，其他 2 书无）、栗陆氏、骊连氏、赫胥氏、尊卢氏、混沌氏、昊英氏、有巢氏、朱襄氏、葛天氏、阴康氏、无怀氏。黄帝是伏羲七十八世孙，为何改姓轩辕了呢？这要从姓氏起源说起。最初人们没有姓，只有名。从群体讲，先有部族后有部落再后才有国，部族有名，部落也要有名，国（主要指封地）也要有名，这个名对社会个体而言就是姓。比如伏羲，属于风兖部落，所以姓风，她的母亲居住在华胥山之渚（今甘肃庆阳市与平凉市境内的沿河地带），被称为华胥氏，因随母姓，又姓华胥。再如姜子牙，是炎帝神农氏 54 世孙，伯夷 36 世孙。《水经注》云："岐水，又东经姜氏城南，为姜水。"神农氏生于姜水河畔，于是他就以姜作为自己的姓，子孙世代相传。姜子牙祖上封地在吕，所以又姓吕，叫吕尚。由此可以看出，我们祖先均有多姓，姓氏只是一种符号、标识，表明来源，没有特别的意义，只有在家天下以后，姓氏才成为血统传承的标记。所以黄帝不姓风，却姓公孙，因生于轩辕之丘，又称轩辕氏，建国于有熊（今河南新郑），还称有熊氏。这就像今天的任职一样，当部长又兼处长、主席，因此既有叫部长、处长的，也有叫主席的。

汉以前国姓家族因何子嗣不旺

夏开始家天下，因此有了真正意义上的国姓，从夏到秦，共1864年，经过夏、商、周、秦四个朝代，有四姓立国（不包括后羿、寒浞），分别是姒、子、姬、嬴四姓。但现在这些姓氏已不多见了。为何这些姓氏子嗣不旺呢？原因有三：一是后朝的杀戮和压制。奴隶制下，一个政权代替另一个政权，对前朝的杀戮和压制是不可避免的，即使是开明圣主，给前朝贵族封地，也难免发生前朝遗族的叛乱，不得不杀，这样的事件几乎成了定律，最终导致前朝国姓家族的人口下降。二是改姓。为躲避杀戮、压制或羞于与亡国之君同姓，从而改姓，这种情况在后世也很常见。三是分姓。就是从一个姓氏分出若干支，如姜姓后来分出丁、年、骆、易、尚等姓氏，姓姜的人口自然也就少了。

刘姓因何数度建国

在中国历史上，刘姓人建国共有5次。第一次是西汉，传续426年；第二次是东汉，传续195年；第三次是蜀汉，传续42年；第四次是南朝宋，传续59年；第五次是五代时后汉，传续3年。刘姓人为何能数度建国，原因有多种，主要原因是人旺。刘姓人旺的原因在于：第一，两汉建国时间长，共621年，有利于刘氏家族的繁盛。第二，封国多，子孙遍及全国，在每个王国内，刘氏家族都人丁兴旺。第三，赐姓多。据史书记载，汉高祖刘邦实行和亲政策，以皇室宗女嫁与单于为妻，匈奴依习俗皆从母姓，单于的子孙于是皆从刘姓。史籍另记，齐人娄敬在洛阳向刘邦献入关中建都之策，得到刘邦重用，刘邦称帝后，赐姓刘氏，其后保持刘姓；刘邦为了感谢项伯在鸿门宴上对他的救命之恩，赐他刘姓；北魏孝文帝迁都洛阳后将鲜卑族的复姓独孤氏改为汉字刘姓，成为当时大姓之一。其他入迁中原的少数民族也有改作刘姓的。第四，两汉灭亡后出现三国，没有直接出现政权交接，也因此没有出现大规模的灭族，甚至连蜀汉灭国后，刘氏家族还得到了很好待遇。刘禅治国虽无能，但对家族有功。因为以上原因，使得刘姓始终是中国大姓，一直到今天，人口总数仍居第四位。

李姓为何枝繁叶茂

在最近一次人口普查中，李姓排在第一，占汉族人口的7.19%，即超过8700万人，成为天下第一姓。在中国历史上，李姓称王称帝者多达60余人，先后建立大成、西凉、凉、吴、魏、唐、楚、后唐、南唐、大蜀、西夏和大顺等政权。李姓为何枝繁叶茂呢？主要原因在于：第一，建立政权多，加速家族发展，至隋唐，李姓早为大家族，人多势众，隋炀帝想灭李姓都不能；第二，唐朝以姓李为荣，许多建功立业者都被赐姓李。据有关资料所载，唐开国元勋有诸将（徐氏、安氏、杜氏、郭氏、麻氏、鲜于氏等16氏），因立功从唐国姓，赐予李氏；第三，唐朝政治清明，多圣君，也多有善缘，后世多以唐朝为榜样，因而对李姓多恭敬，李姓做官者多，代有人杰，促进了姓氏发展；第四，唐灭后为五代，没有直接政权过渡，李姓因此没有遭大规模灭族。

"天下第一姓"为何成不了人口最多的姓氏

赵姓很早就是一个十分显赫的家族，在春秋时期，从赵衰辅佐晋文公定霸，赵氏子孙就世代为晋国大夫，权倾当朝。到了春秋末期，赵家的权势更大，最后伙同韩、魏三家分晋。赵国时，国势越来越强，成为战国七雄之一。从那时起，赵姓人就名人辈出。帝王有赵武灵王雍、南越国王赵佗、宋太祖赵匡胤、宋徽宗赵佶、宋高宗赵构等；名臣有平原君赵胜、宋宰相赵普等；将帅有战国时的名将赵奢、三国时蜀国被刘备赞为"一身都是胆"的赵云等；文人有著名的书画家赵昌、赵孟頫、赵原等。宋朝赵姓极盛，当时编辑《百家姓》赵为第一姓，后来经历朝繁衍传承至今，当年的第一姓而今却排在李、王、张、刘、陈、杨、黄姓之后。这是为何呢？我认为有四个原因：第一，赵姓虽是大姓，但不是人口最多的姓，历朝历代都没有超过李、王、张等姓氏，不会因为得了天下，人口暴增；第二，宋朝是中国历史上最腐败的王朝之一，多数皇帝荒淫无度，皇族缺乏朝气和生命力，以致最后皇帝传续都成了问题；第三，皇族内斗严重，据史家考证，赵匡胤死于其弟赵光义之手，赵光义登基之后，灭了赵匡胤的几个儿子，只留下幼子赵德芳；第四，后朝多杀戮和压制。元朝灭宋杀之、压之，明灭元后，因宋是明之前最后一个汉族政权，因此也加以杀戮和压制。

张姓从没有成为国姓，却因何成为人口最多的姓氏之一

在历次人口普查中，张姓均为大姓，人口均在前三名。民间有云：八张九李十王家。说的是王、李、张为三大姓。遍查正史，没有一个皇帝姓张，人丁却因何世代兴旺呢？原因在于：一是得姓较早，源远流长。张姓最早的一支是由黄帝直接传下来的，源于今天的太原。太原，是中国张氏的发源地，也是中华民族张氏望族所在地。到了周代韩国和晋国之后，由于加入新的系源，张姓发源地也发展至多处，当时的韩国，"其得望者十二"，当时的晋国，成为张氏望族的有"清河、南阳、吴郡、安定、敦煌、武威、范阳、犍为、沛国、梁国、中山、汲郡、河内、高平十四望"；二是族大支繁，遍及全国。据《中华姓府》张氏图谱记载，明朝年间，张氏已有43望，不仅遍布全国，而且成为许多地方的望族，超过了其他诸姓；三是人才辈出，不可胜数，从古至今，历代皆有张氏杰出人物，成为不可小觑的社会力量。

商朝国君为什么以天干为名

中国古代实行天干地支纪年法。天干又称"十天干"，即甲、乙、丙、丁、戊、己、庚、辛、壬、癸。地支又称"十二地支"，即子、丑、寅、卯、辰、巳、午、未、申、酉、戌、亥。中国人用天干地支纪年是中华文化的特有现象，但使用天干作为人名却不多见，国君整体以天干为名者也唯有商朝，如商汤之后的商朝国君分别为外丙、仲壬、太甲、沃丁、太庚、小甲、雍己、太戊、仲丁、外壬、河亶甲、祖乙、祖辛、沃甲、祖丁、南庚、阳甲、盘庚、小辛、小乙、武丁、祖庚、祖甲、廪辛、康丁、武乙、文丁、帝乙、帝辛（商纣）。

世界任何民族，其个体都有其名，都有属于本民族独特的姓名文化，中华民族亦然。中国人的姓名在20世纪中叶以前是由姓氏和名字号组成，此后大部分都是由姓名组成。姓名是以血脉传承为根基的社会人文标识，其基本

功能就是标识。正如《通鉴外纪》所说："姓者，统其祖考之所出；氏者，别其子孙之所自分"。"姓氏者，标示家族血缘之符号也。"对于古代中国人的名字号也都各有其用，也都十分讲究，由于人们在社会时代、环境变化、文化底蕴、信仰追求等方面的不同，人们思想认识标准也不相同，长辈赐名给下一代的标识意涵也不相同，往往会带有那个时代思想的印记。

古代帝王对姓名更加讲究，在他们看来，一个王者的姓名，其吉凶运势不仅关乎个人的顺逆成败，还会影响国运的兴衰，因此历朝帝王都将王子取名看作国之大事，慎之又慎，而唯独商朝是个例外，整体 31 帝均以天干为名，前后持续五百余年，成为中国古代帝王世系的一道独特的风景。商王为什么都以天干命名呢？后世学者曾探究过其原因，但最终各执一词，争论不休。其论点大致有三种：一是生日说，就是说这个天干代表王的出生日，比如生在丁日，就取名某丁，生在己日，就取名某己。二是死日庙号说，就是说这个天干代表王的死日，并且顺便也作为他的"庙号"，不排除如什么文武之类的美称是死后追谥的一样。三是宗法血统说，就是说商王族内部分为很多小宗族，这些小宗族之间实行内婚制度，名字里的天干代表该王出自哪一宗，至于这个宗是其父系的宗还是母系的宗，有争议。这种说法，具体可以参考张光直先生的论文《商王庙号新考》。

在以上三种说法中，比较可信的是第一种说法。在上古时代有十个太阳的传说，这十个太阳分别叫：甲、乙、丙、丁、戊、己、庚、辛、壬、癸。每天有一个太阳照临人间，十天一顺称为一旬。这十个太阳的名字（日名）就是"十干"，也叫"天干"。夏商时代的王室和贵族阶级崇拜太阳神，自视为太阳神的后裔。帝王即位，宣称是太阳光照人间，君临一切，主宰沉浮。用日名取作帝王名，正是这种思想的反映。据《史记·夏本纪》记载，夏朝中的帝王有取名为太康、仲康、少康的，陈梦家《殷墟卜辞综述》认为即大庚、仲庚、少庚，系日名无疑。夏史中的帝王以十干为名的还有孔甲、胤甲、履癸。履癸即夏桀。商王全系日名，从大乙（汤）到帝辛（纣）31 王均以十干取名。"商家生子以日为名"，这是古代学者比较一致的见解。商朝以十干记日，以十日一旬作为记时的主要单元。商王出生的这一天，被视为十干中在这一天值日的太阳降临人间，如果是在甲日生的，就取以甲名，乙日生取以乙名。但如果又有一个甲日生的商王出世，就认为这是太阳甲再次光临人间，为了加以区别，就在日名前面加上"大（太）""中（仲）""少（小）"等字。夏商以十干命名，明显地反映了我国先民的太阳神信仰。但这种说法也有其牵强之处，比如同以甲或乙为名，却为何有太甲、小甲、河亶甲、阳甲、祖甲和太乙、祖乙、小乙、武乙、帝乙的区别呢？任你如何解释都解释不通，倒是第三种说法给了我们启示。

有学者认为，商朝国君以天干为名没有太多的玄妙，仅仅表明帝王在王子中的兄弟排行而已。比如老大为甲，老二为乙，老三为丙，老四为丁，老五为戊，老六为己，老七为庚，老八为辛，老九为壬，老十为癸。王族有不同支脉，属于哪一支就在前面加上。如太乙、太甲、太庚、太戊属于一支，小甲、小辛、小乙属于一支，外丙、外壬属于一支，仲壬、仲丁属于一支，祖乙、祖辛、祖丁、祖庚、祖甲属于一支，沃丁、沃甲属于一支，雍己属于一支，河亶甲属于一支，南庚属于一支，阳甲属于一支，盘庚属于一支，武丁、武乙属于一支，廪辛属于一支，康丁属于一支，文丁属于一支，帝乙、帝辛属于一支。也就是说，商朝王族至少分为16支，商朝的继承制度最初是在同辈中找，找不到再在下一代中找，后来才实行嫡长继承制，这位学者认为，实行嫡长继承制应该是从帝乙开始的，以帝取号，表示从此后王皆为帝裔。同辈中找继承者，继承王位后就在其前加标记，如太乙为长门老二，太甲为长门老大，太庚为长门老七，太戊为长门老五；小甲为末门老大，小辛为末门老八，小乙为末门老二；仲壬为二门老九，仲丁为二门老四。至于祖、沃、雍、河亶、南、阳、盘、武、廪、康、文等，都是特殊人物的简称，表示这是谁家的老大、老二或老三等。这反映了中国古代殷商时代最起码的秩序观和最基本的家族分布，能从帝王称号查到帝王的血脉传承，由此可以了解更多关于商朝王室的信息，也可以校正许多关于商朝王室的错误记载。但如此记载有很多麻烦，于是后世王朝改变了这一做法。这种说法有其合理性，但本人觉得推想的成分多于考证，缺乏对王与王之间关系的考察。因此，不足以采纳。

对亡国之君都荒淫的历史解读

从夏至今，已四千多年了，其间王朝更迭不断，留下许多兴亡故事。历朝灭亡原因有多种，归纳起来不外有四：一是君王荒淫无道，天下反；二是君王昏庸无能遭谋篡；三是君王年幼无知被废黜；四是有卖国叛国者。四者中首推君王的荒淫无道。夏因桀亡，商因纣亡，西周因幽王而亡，秦因二世亡，蜀汉因刘禅亡，隋因炀帝亡，北宋因徽钦二帝亡，明因崇祯亡。相传这些君王都因荒淫无道而亡国，有些君王荒淫程度甚至超出人道，令人难以置信。

要揭开自古亡国帝君多荒淫的真谛，需首先理解一个词，就是"荒淫无道"。何谓荒淫无道呢？词典的解释是：所谓荒淫，指淫乱无度，贪恋酒色。所谓无道，指不讲或不行道义，多指君主生活糜烂，重用奸佞，残害忠良，奴役百姓。荒淫无道显然与仁君之道不相符。中国向来推崇圣君，主张"修德"和实行"仁治"。《尚书·尧典》云："昔在帝尧，聪明文思，光宅天下。将逊于位，让于虞舜"，"钦、明、文、思，安安，允恭克让，光被四表，格于上下。克明俊德，以亲九族。九族既睦，平章百姓。百姓昭明，协和万邦。"从尧以下都注重德行。《尚书·舜典》说舜："浚哲文明，温恭允塞。玄德升闻，乃命以位。"《尚书·大禹谟》说禹："德维善政，政在养民。"[1]儒家思想的创始人孔子继承前人的这一思想，主张为政以德。荒淫无道自然是与我们正统思想相违背的，是不符合为君之道的，理所应当要遭到反对，也因此成为讨伐诛杀的最好借口。如明·罗贯中《三国演义》第一百零九回所云："司马师大会群臣曰：'今主上荒淫无道，褒近娼优，听信谗言，闭塞贤路：其罪甚于汉之昌邑，不能主天下。吾谨按伊尹、霍光之法，别立新君，以保社稷，以安天下，如何？'""荒淫无道"显然是司马氏为谋篡而对曹芳的诬陷。

---

[1]《尚书》，顾迁注译，中州古籍出版社2017年版，第17、24、38页。

　　与西方人不同，中国人历来羞于言性，对好色者不齿，对乱淫者更是深恶痛绝。在古希腊，男子追求无约束的甚至是放纵的生活，常常直率地表露自己的情欲，追寻生动而强烈的快感。阿里斯托芬的诗中常常描写这一类极坦率而风趣的肉体生活。甚至在他们神话里的神祇，不论男女，性生活也都十分活跃，数不清的爱情故事和枝叶蔓生的性纠纷，构成了希腊神话的主要情节。围绕罗马和希腊万神殿中的主神宙斯和丘比特、维纳斯等展开的神话故事，大量是神仙与神仙、神仙与凡人之间的爱情争夺与性生活，特别是那个"众神之神"宙斯，玩了数不清的女神和凡间女子，实在堪称是一个"大淫棍"。这在中国是绝对不行的，所有神仙都是"求圣"而"大慈大悲"的，是不许有邪恶心思的，许多人间罪恶的背负者多与此有关。儒家讲"三戒"首先是"戒色"，认为"万恶淫为首"。古典名著《三言二拍》里的很多是非皆由淫起。

　　中国文化"仇淫"的传统经过几千年的秉持，逐步发展成为中国人的一种操守，追求的一种境界，后来演化成一种僵死的伦理规范。对于别有用心者来说，"好色""荒淫"无疑是很好的舆论武器，编制"花边新闻"成为污蔑他人惯用的伎俩，政治家们也不会忽视它的作用。

　　读历史，我们能发现一个问题，就是那些"荒淫"君王除"荒淫"外，还同时具备以下条件：一是社会矛盾加重，危机加深，民怨强烈；二是倾覆王朝的政治势力已经形成，正在等待时机；三是发生了不利于当政者的突发事件。以夏桀为例，据史记载：夏王发在位时，各方诸侯就已经不来朝贺了，夏王室内政不修，外患不断，阶级矛盾日趋尖锐，国力进一步衰落。至桀时，延续400多年的夏朝，更是德政衰败，民不聊生，危机四伏。夏朝的国家结构是诸侯制，它们不听中央指挥，中央政权已名存实亡，一个失去控制力的国家灭亡是早晚的事，这与君王宠幸谁没有多大关系。当时，许多诸侯都在觊觎王位，待机而动。其中最有实力者是商汤，桀曾将他囚禁在夏台（今河南省禹县境内）。商汤的国相伊尹，是个有抱负却被夏桀废用的人，二人政治上一旦结合，必坚定反桀，面对夏行将灭亡的时机，他们还等什么？什么君臣之道，见鬼去吧！所以他们利用夏桀对外大肆征伐的有利时机，起兵伐桀，先攻灭桀的党羽韦国、顾国，击败昆吾国，然后直逼夏的重镇鸣条。桀得到消息，带兵赶到鸣条。两军交战桀失利，仓皇逃入城内。商军在后紧追，桀匆忙携带妹喜和珍宝，渡江逃到南巢。后又被汤追上俘获，放逐在此，最后死于寿山，夏亡。

商纣也是如此。商朝从第十一任王中丁以后，奴隶主贵族之间的矛盾就开始表面化，连续发生了争夺王位的斗争，政局动荡不安，对外控制也逐渐削弱。原来臣服于商的方国，纷纷脱离，商王朝因此衰落下来。前后不过一百五十年，商就相继四次迁都，从亳开始最后到奄（今山东曲阜），势力范围越来越小。商纣是个有抱负有能力的君主，相传当时商朝拥有一支强大的军队，不仅装备有先进的青铜兵器和盔甲，还拥有"象队"，史载"商人服象为虐于东夷"，他的部队所向披靡，战无不胜，攻无不克。正因如此，他才不会安于现状，试图加强对诸侯国的控制。为了震慑诸侯，他攻打东夷，设法灭掉几个诸侯国，囚禁了周文王，政治危机得以缓和。但要根除矛盾是不可能的，他最终"无力回天"。孔子的弟子子贡在《论语·子长》篇里说："纣之不善，不如是之甚也。是君子恶居下流，天下之恶皆归焉。"[1] 在子贡看来，纣王坏是坏，但没有后世说的那么坏。纣王是当时的领导者，所以一切罪过都要由他来承担，因此他自焚，而且没有留下遗言。至于他"荒淫无道"的真实性，我觉得值得商榷。

需要指出的是，在奴隶社会，奴隶主"荒淫"是普遍现象。史载夏启整天沉湎于饮酒、打猎和歌舞中，《九韶》就是他作的乐舞，据说也是夏启秋祭纵容淫乱的乐舞，历史上留有夏启失德而致"五子内讧"的训诫。启的儿子太康更荒淫无度，到洛水北岸打猎游玩接连几个月，把王位都丢掉了。第十四任王孔甲"好方鬼神，事淫乱"。夏朝还实行严酷的统治。《尚书·大禹谟》中记载，夏朝已有"五刑"制度和"夏台"监狱，除了砍头外，那时还有烹煮、醢刑（把人剁成肉酱）、车裂、腰斩、绞杀、烧死、弃市、灭族等各类残酷的刑罚。这与商纣时的刑罚没有多大差别，商纣暴戾多是制度使然，沿袭而已。在安阳小屯侯家庄发掘的殷陵，每个大墓殉葬奴隶有四百多人，五个大墓，殉葬奴隶多达二千余人。诸侯如此，国王可想而知。即使周朝也沿用了商朝的五刑：墨（在额头上刻字涂墨）、劓（割掉鼻子）、剕（把脚砍掉）、宫（毁坏生殖器）、大辟（杀头）。周王也多"荒淫无道"者，周昭王

---

[1]《四书集注》，[宋] 朱熹注，王华宝整理，凤凰出版社2016年版，第188页。

就是玩死的，周穆王一生荒唐，周幽王更是荒淫，与褒姒逗乐，玩几次"烽火戏诸侯"的把戏，结果玩没了天下。春秋战国时期，"荒淫"的事更多，如卫宣公与其父亲卫庄公的妾夷姜通奸，生公子急，后又夺媳，娶了儿媳宣姜，生公子寿和公子朔。

后来隋炀帝的荒淫记录简直就是卫宣公的翻版。有关他的荒淫故事很多，到底是真是假，我们不得而知，但他统一江山、修通运河、西巡张掖、三游江都、三驾辽东，建立不世功业，却是不争的事实，就连唐朝皇帝也没有否定。公元 589 年，年仅 20 岁的杨广被拜为隋朝兵马都讨大元帅，统领 51 万大军南下向陈发动进攻，并完成统一。隋军在杨广的指挥下，纪律严明，英勇善战，一举突破长江天堑，所到之处，所向披靡，而对百姓则"秋毫无犯"，对于陈朝库府资财，"一无所取"，博得了人民广泛的赞扬，"天下皆称广以为贤"。20 岁的杨广完成了中国的统一大业，结束了上百年来中国分裂的局面，也结束了中国三四百年的战乱时代，从此中国进入和平、强盛的时代。隋炀帝还下令开挖修建南北"大运河"，将钱塘江、长江、淮河、黄河、海河连接起来，如此浩大的工程，利于千秋万代。公元 605 年，隋大败契丹军，俘虏其男女 4 万余人。公元 608 年，隋灭吐谷浑，开拓疆域数千里。公元 609 年，隋军西上青海横穿祁连山，经大斗拔谷北上，到达河西走廊的张掖郡。在封建时代，中国皇帝抵达到西北这么远的地方，只有隋炀帝一人。隋炀帝西巡过程中置西海、河源、鄯善、且末四郡，进一步促成了甘肃、青海、新疆等大西北成为中国不可分割的一部分。随后，西域二十七国君主与使臣纷纷前来朝见，表示臣服，各国商人云集张掖进行贸易。隋炀帝亲自打通了丝绸之路，这是千古名君才能有的功绩。这次西巡，隋炀帝作诗《饮马长城窟行》，成为千古名篇，后代文人评价极高，认为"通首气体强大，颇有魏武之风"。像这样文武兼备，具有雄才大略的帝君为何会荒淫到占母、淫妹、荒淫成性、不理朝政的地步呢？是历史的真实还是后朝的捏造，值得推敲。

还有最荒淫昏庸的宋废帝刘子业，与姐姐山阴公主刘楚玉淫乱，还霸占了早已嫁给宁朔将军何迈为妻的姑姑新蔡公主，为遮人耳目，赐死一名宫女，令人抬到何迈家里说新蔡公主暴死，后谎称新蔡公主是新来的谢氏，封为贵妃。刘子业有很多叔叔，拥有重兵，他怕这些叔叔造反，就全部把他们召回宫中，施行淫威，让他们做猪、做贼、做驴。还有一次，他下令将所有王妃、公主召进宫来赴宴，酒过三巡，突然下令，让左右幸臣各自寻找自己喜欢的王妃公主当场结为夫妻，这些公主、王妃，有的家中有丈夫，有的有儿子，有的还没结婚，吓得惊叫起来，纷纷逃跑。可是宴会的大门早被刘子业封闭起来，这些女人只好认命。只有南平王刘铄的妃子誓死不从，最后被鞭打百下，派人抓来他的三个儿子一同处死。刘子业"荒淫无道"终于被杀，他的叔叔刘彧被拥立为帝，这就是历史上的宋明帝。

像以上这些"荒淫无道"的君主还有很多。如后羿，曾夺取夏王的权力，放逐夏王太康，立仲康为王，后又立仲康之子相为帝，两年后夺其王位，成为夏王朝第六任君王。《左传·昭公二十八年》记载："昔有仍氏生女，鬒黑而甚美，光可以鉴，名曰玄妻。乐正后夔取之，生伯封，实有豕心，贪得无厌，忿戾无期，谓之封豕。有穷后羿灭之，夔是以不祀。"《楚辞·天问》中云："浞娶纯狐，眩妻爰谋，何羿之射革而交吞揆之？"后羿最终因玄妻亡国，落个被寒浞、玄妻杀死，煮成肉糜的悲惨下场。项羽何等英雄，也因虞姬败亡。武则天可谓一代明主，是她让大唐步入盛世，然而关于她和女儿太平公主"荒淫"的事也有不少，原因也许在于她们都是女人，却违背了"天尊地卑"和"男尊女卑"的天理道统，对男人实行了专政。此后的历朝君王都有风流韵事，宋、明两朝除了开国皇帝外，帝王普遍"荒淫"，他们骄奢淫逸，生活糜烂，最终导致亡国被戮的命运。

对于这些帝王"荒淫无道"的记载我不敢全信，因为历史都是后人写的，真实性也应该是相对的。如《史记》，是西汉的司马迁记载的从传说中的黄帝到汉武帝元狩元年的历史；《汉书》是东汉班固记载的汉武帝中期以前的西汉历史；《后汉书》是南朝宋范晔撰写的关于东汉的历史。此后的正史除《三国志》外，都不是本朝人写的，像唐朝统治289年，宋朝统治319年，明朝统治276年。清朝统治295年，此后又过去80多年，我们还没有正规的清史。几百年后世修史，必受君命影响，要查前人之过，难免丑化前朝君王，为自己讨伐或弑君取位寻找借口，"荒淫无道"必然成为一个最有效的借口。古代，信息没有今天这样先进，很多事件多靠当事人也就是胜利者去描述，就是治史也多是局外人记述，很多还是参照野史，多有传误。同时治史都要经过严格的"政治审查"，不通过不能传世，其真实性有多少不得而知，想来也会有许多附会捏造的东西，所以我们唯一能确定的事实就是他们败亡了。法国思想家雷蒙·阿隆在《历史哲学》中说："历史是由活着的人和为了活着的人而重建的死者的生活。"英国人乔治·屈维廉在《克莱奥——一位缪斯》中说："历史有三种不同的任务，我们可以称为科学的、想象的或推测的和文学的。"无论是活着的人去重建死者的生活，还是"想象的或推测的和文学的"特点，都令其真实性大打折扣。所以，自古亡国帝君多荒淫，就不足为怪，也不足以全信了。

历时最久的王室内讧——九世之乱

国家的衰亡，原因有多种，或因外族入侵，或因君王昏聩，或因官僚腐败，上层"内讧"也是其中的原因之一。在中国"家天下"的四千多年历史中，王室成员为继承权而发生内讧事件不绝于书，但历时最久的当属商朝的九世之乱。据《尚书》《史记》等史书记载，在商王仲丁死后，连续发生王位纷争，又屡次迁都，使王朝中衰、诸侯离叛。这一动乱历经仲丁、外壬、河亶甲、祖乙、祖辛、沃甲、祖丁、南庚、阳甲九王，故名"九世之乱"。九世之乱延续逾百年，直到盘庚迁殷后才最终结束。

仲丁是商王太戊的儿子，在位时将商朝首都自亳迁至嚣，又出兵攻打蓝夷。仲丁死后，他的兄弟们凭借个人的势力争夺王位。仲丁的弟弟外壬在仲丁死后继位，造成了商朝一百多年王位继承的混乱。外壬在位时，商朝国力开始有衰落的迹象，邳和侁的部落发生叛乱。外壬死后，他的弟弟河亶甲继位。河亶甲是商王大戊的儿子、商王仲丁、外壬的弟弟。河亶甲在位期间多次发动对外战争，致使商朝国力再度衰落。他曾迁都于相，出兵征伐蓝夷和班方，并先后派彭伯、韦伯征服背叛的邳和侁部落。河亶甲死后，他的儿子祖乙继位。祖乙先将国都由相迁至耿，后因洪水毁坏又迁都于庇。祖乙在位时重用贤臣巫贤，使商朝国运再度中兴。祖乙死后由他的儿子祖辛继位。祖辛死后由他的弟弟沃甲继位。沃甲死后由他的侄子、祖辛的儿子祖丁继位。祖丁死后由他的堂弟、商王沃甲的儿子南庚继位，南庚在位时将国都由庇迁至奄。南庚死后由祖丁的儿子阳甲继位。阳甲在位时，商朝国力再度衰弱。阳甲的弟弟盘庚继位后，迁都至殷，使商朝到处迁居的历史从此结束。商朝国力得到恢复，人民生活开始安定，诸侯又来朝见。据《竹书纪年》记载，直到商纣亡国，整整273年商朝再未迁都。

九世之乱使商朝"兄终弟及"与"父死子继"相结合的王位继承制度遭到破坏，商朝统治力量遭到严重削弱，无力再顾及四方诸侯、方国，诸侯不再向商朝朝见纳贡。西北方少数民族如土方、鬼方、羌方等趁机发展实力，日益威胁到商朝统治。混乱使商朝贵族内部矛盾更为激化，王室贵族或倨傲放肆或淫逸奢侈，离心力日增。

被历史"遗忘"的寒朝

中国为政历来倡导德治，德治不仅是统治的一种手段，也是为政的基本原则。孔子曰："为政以德，譬如北辰。居其所而众星拱之。"意思是说，统治者如果实行德治，群臣百姓就会自动围绕着你转。这是强调道德对政治生活的决定作用，主张以道德教化作为治国的原则。综观古今王朝更迭，原因有多种，失德是其中最为重要的原因之一。孔子"为政以德"的训诫就是对历史教训的深刻总结。

在中国历史的王朝序列中，找不到寒朝，这个灭了有穷国，又灭了夏朝，辉煌六十多年却臭名昭著的王朝被历史遗忘了。为什么？原因在于其过于疯狂，太过失德。翻阅历史，这个寒朝曾经像寒潮一样掠过中华大地，遍地杀戮，到处血腥，中华民族第一次经历了血腥残酷的王朝更迭，也许是因后人不愿回想的缘故，将这段痛苦历史从中国王朝史上抹掉了。

夏朝延续到夏王相的时候，东方的有穷国兴起，有穷国君后羿驱逐了夏王，但他没有灭夏。老年的后羿不听大臣劝阻，任用奸臣寒浞。寒浞逐步取得后羿的信任，并与后羿的小女人纯狐勾搭成奸，三年里合谋害死了后羿的亲信大臣武罗、伯因、熊髡、龙圉等。后羿十九年（己卯，公元前2022年），朝中的大臣几乎都成了寒浞的死党。寒浞认为时机成熟，便打算找机会杀死后羿。不久，他与纯狐通奸时被酒醉后的后羿捉奸在床。后羿盛怒之下欲杀死寒浞，但他不是寒浞的对手，反而被寒浞杀死在寝宫的床上。寒浞随即升殿宣布了后羿的罪状，然后自立为王，改国号为寒，立纯狐为正妃，以庚辰年（公元前2021年）为寒浞元年。史书上说寒浞即位后，曾残酷屠杀有穷氏族人。他吩咐手下人将后羿的尸体剁成肉泥，加入剧毒的药物烹制成肉饼，然后送给后羿的族人吃，吃下的便被毒死，不吃的便让士兵用乱刀砍死，其状惨不忍睹。一部分有穷族人恐遭杀害，纷纷逃往边远地区，留下来的也都隐姓埋名，投靠在其他诸侯门下。从此，中原地区再也找不到有穷族人。

寒浞称王后不敢有丝毫大意，他心里清楚，如今他所占据的只不过是夏王朝的半壁江山，夏王朝不灭，他的王位就很难坐稳。他知道自己现在还没有力量去攻打夏后氏，但必须做好防范，他相信夏王姒相一定会联合诸侯攻打他。果然不出他所料，第二年春天，夏王姒相联合了诸侯斟寻氏和斟灌氏，兵分三路攻打寒国。由于寒浞早有准备，姒相的军队只是虚张声势地喊杀了几天，继而两军对峙月余，最后无功而返。寒浞并没有因为夏军退去而放松警惕。他继续征招青壮年入伍，加强军事力量，时刻做好战争准备。为了争取民心，他还对统治区内的平民实行削富济贫减轻赋税等一系列政策，使人民的生活逐渐得到改善，国势也逐渐强大起来。寒浞的原配夫人是北方女子，身材魁梧健壮，有一身的好功夫。她姓姜，叫姜蠡，是九黎蚩尤氏的后人。当年寒浞领兵征讨东夷，二人在战场上相识，互相爱慕，姜蠡便率本部族投降了寒浞。寒浞得胜回朝后，国君后羿赐婚，并亲自为他们主持了婚礼。后来姜蠡先后为他生了两个儿子，长子名叫寒浇，生得豹头、狼眼、虎背、熊腰。次子名叫寒戏，长得身长体壮，力大如牛。两个儿子都天生神力勇猛善战，既有母亲勇武强健的血统，又有父亲机智狡猾的智慧，十几岁时就开始领兵厮杀。

寒浞十一年（庚寅，公元前2011年），也就是夏王姒相十九年，寒浞在两个儿子的支持下，向夏王朝的领地发动了一次突然袭击。由于夏后氏毫无准备，这次袭击十分成功，不仅掠夺了大批财物，还捕获了许多百姓。寒浞把这些夏朝百姓全都赐给他的大臣做奴隶。此次战役更坚定了寒浞灭夏的决心，他在军事备战方面做了大量的准备工作，决定选择适当时机向夏王朝统治区发起全面进攻。

寒浞十二年（辛卯，公元前2010年），寒、夏两国的大决战终于爆发。

寒浞采用了分而治之、各个击破的战术，先命长子寒浇率主力部队攻打斟灌氏的戈邑（今河南太康与杞县之间），自己和次子寒戏各率一军虚张声势佯攻夏都帝丘和斟寻氏（今山东潍坊西南），使他们不敢增援斟灌氏。结果斟灌氏孤军作战，很快被强大的寒浇军击败，戈邑陷落，斟灌氏首领姒开甲带领残部退守斟灌（夏后氏都城，在今山东寿光市东北）。寒浞首战告捷，大封功臣。他封长子寒浇为过王，镇守过邑（今山东莱州市西北），封次子寒戏为戈王，镇守戈邑。这次大战寒国虽然获胜，但也损伤了很多兵力，许多青壮年都死在了战场上。寒浞决定暂时罢兵休战，养精蓄锐，以利再战。夏王姒相此时本来有足够的能力反击，但他被寒国强大的攻势吓破了胆，不敢组织军队进攻，而是下令加强各边境城邑的防守，这就给寒国留下了休养生息的良机。

寒浞十八年（丁酉，公元前2004年），寒国的军队经过六年的休整，比以前更加强大。寒浞再次调集军队，与夏王朝展开第二次决战。他仍命寒浇率主力部队攻打诸侯斟灌氏，斟灌氏首领姒开甲率军迎敌，中了寒浇的埋伏，伏兵四起，将夏军四面包围，姒开甲率将士拼死突围，最后全部战死。寒军攻占了夏都斟灌，大肆屠杀城中百姓，幸存者皆被捆索为奴。

寒浞十九年（戊戌，公元前2003年），寒浇乘胜进军攻打斟寻氏。斟寻氏首领姒木丁闻姒开甲战死，正欲兴兵为其报仇，如今得知寒军又来进犯他的领地，大怒，立刻率军迎战。双方乘船在潍河（今山东潍坊境内）上展开了一场激战。当时的潍河水深流急，水面宽阔，适宜水战。姒木丁的军队多数不懂水性，只能在船上与敌人厮杀。寒浇利用夏军这一弱点，派出了数十名水手潜入水下，凿穿了姒木丁的战船。夏军见战船漏水十分惊慌，寒军乘机攻杀，夏军大部落水淹死，幸存者亦被杀死。姒木丁也在混战中被寒军所杀。斟寻氏灭亡，其国土全部被寒国占领，其民大部分沦为奴隶。

寒浞二十年（己亥，公元前2002年），寒浞灭掉了斟灌氏和斟寻氏两大诸侯，除去了夏王朝的左膀右臂。紧接着便兵分三路围攻夏都帝丘。夏王姒相率城中军民拼死抵抗，终因势单力薄，挡不住寒军的强大攻势。寒军攻破帝丘，残酷地屠杀城中军民和夏后氏大臣，夏王姒相及族人皆被寒军杀死，宫室内外血流成河。至此，夏王朝正式亡国，夏王朝的统治区域全部控制在了寒浞手里。

寒浞自以为已经把夏王朝的子孙斩尽杀绝，可是他万万没有想到，夏王姒相已经怀了身孕的妃子后缗，神不知鬼不觉地从城墙下的水洞爬了出去。后缗本是有仍氏之女，她装扮成农妇逃回了娘家有仍（今山东济宁市南）。寒浞二十一年（庚子，公元前2001年），姒相的妃子后缗在有仍生下一名男孩，取名少康。姒少康在外祖父家里长大，后来当了有仍国的牧正（主管畜牧的官）。不料身份泄露，消息传到了寒浞那里，寒浞大惊，立刻派自己的儿子寒浇带人前往有仍抓捕。姒少康闻讯后逃往有虞（今河南商丘市虞城县西南）。寒浞三十九年（戊午，公元前1983年），姒少康在有虞被国君虞思招为女婿。虞思还把伦邑（今河南商丘市虞城县东）赐给他，赏他良田十顷，士兵五百名。姒少康不忘父仇和亡国之辱，刻苦习文练武，广交天下勇士贤臣，为复国准备力量。寒浞五十五年（甲戌，公元前1967年），逃亡到有鬲（夏代诸侯国，今山东德州市平原县西北）的夏朝老臣伯靡，暗中联络残存的斟灌氏和斟寻氏族人，率领他们投奔姒少康，组成了一支复国大军，向寒国宣战。

寒浞五十七年（丙子，公元前1965年），姒少康的复国大军攻打寒浇的封国，攻占过城，杀死了寒浞的长子寒浇。寒浞五十九年（戊寅，公元前1963年），姒少康命长子姒杼领兵攻打戈邑，寒浞的次子寒戏领兵迎战，被夏军击败，姒少康杀死寒戏，收复了戈邑。寒浞六十年（己卯，公元前1962年），姒少康的复国大军先后攻克了寒浞的两大封国，收复了中原地区的大部。紧接着便进军攻打寒浞的老巢斟寻都城。此时寒浞已经年近八十岁，无力征战厮杀，只好躲在深宫里苟延残喘。他的部下见大势已去，为了给自己和家人留条活路，他们在夏军围城的时候突然反叛，杀入宫中，把寒浞从妃子的被窝里拉出来，打开城门将他献给了姒少康。姒少康下令将他处以极刑，同时命令将寒浞一族斩尽杀绝。

宦官的出现及对人性文化的反思

今天古装宫廷戏总离不开一个角色，那就是宦官，有的朝代叫太监。宦官是中国古代被阉割后失去性能力而专供皇帝、君主及其家族役使的官员。

"宦"，星座之名，宦者四星在帝座之西，因用以为帝王近幸者的名称。又称阉狗、阉（奄）人、阉官、宦者、中官、内官、内臣、内侍、内监、阉竖等。对内廷工作人员进行阉割是王者的匠心，目的是防止女眷被人搞，秽乱后宫。

宦官从什么时候起开始阉割

据考证，早在夏商周时期宫廷中就有了宦官，周王朝及各诸侯国大多设置有宦官，《诗经》《周礼》《礼记》中都有关于宦官的记载。秦国宦官嫪毐受太后宠幸，权势显赫，封为长信侯。作为一种官制，宦官制度源于先秦时期，秦汉帝国建立后创立了一整套与君主专制体制相适应的宦官机构。

最初宦官是不阉割的，作为宫廷的外围服务人员，宦官很少深入禁宫。后来发生了宦官与宫人淫乱之事后，宫廷才决定对宦官进行阉割。秦国宦官嫪毐没有被阉割，说明当时宦官不被阉割或不被全部阉割，因此才发生嫪毐与赵姬淫乱生子的丑事。暴虐成性的嬴政杀死了嫪毐和他的儿子，囚禁了母亲赵姬。也许因为这一事件的缘故，从此宫廷严格把关，宦官通通阉割。宦官阉割从某种程度上讲，也是深受嫪毐、赵姬所累。

宦官何时开始干政

秦始皇统一六国后，宦官由少府管辖。西汉初年，汉高祖刘邦鉴于秦亡教训，间用文士充中常侍，以抑制宦官势力。元帝以后，宦官势力复萌。东汉时，侍从皇帝的中常侍专由宦官充任。他们传达诏令，掌理文书，左右皇帝视听。其时，外戚势大，皇帝常利用宦官牵制外戚，结果造成宦官集团专政局面。

到了唐代，宦官由内侍省、掖廷局、宫闱局、奚官局、内仆局、内府局管理。掌管宫内的簿册、门卫、病丧、仓库供应等事项。各局长官称令或丞。唐太宗时，对宦官限制较严格，规定内侍省宦官最高官阶为三品，数额亦有限制。太宗死后，制度渐弛。中宗时，宦官总数增至 3000 名，被授七品以上者多达千人。玄宗时，宦官多而滥，仅四五品者就在千人以上，授予三品左（右）监门将军衔者大有人在，安史之乱后，宦官势力膨胀，有的甚至封王爵，位列三公，部分宦官还染指军权。肃宗时，设观军容使，专以宦官中的掌权者充任，作为监视出征将帅的最高军职。从德宗开始，宦官掌握了神策军、天威军等禁军的兵权，军中的护军中尉、中护军等要职均由宦官担任，因军政大权被宦官集团把持，不仅文武百官出于其下，甚至连皇帝的废立也由他们决定。从宪宗到昭宗，其间登基的9个皇帝中有7个是由宦官拥立的，其中两个被他们杀害。宦官专政成为中、晚唐社会的一大痼疾。宋代也设内侍省，由宦官主管，但宋代宦官干政的现象不如外戚专权严重。

在明朝，明太祖朱元璋对宦官管理较严，规定宦官不得识字，压低其官阶，禁止其兼外臣的文武职衔，并悬铁牌于宫门上，明示不许干政的警戒。从永乐朝始，宦官渐受重用。皇帝亲信的太监经常被派出巡视，担任监军。永乐十八年（公元1420年）设东厂，由宦官执掌，从事特务活动，诸事直接报告皇帝。宣宗时，改太监不得识字的祖制，在宫内设内书堂，令学官教授小太监识字。成化十三年（公元1477年）在东厂外另设西厂，以宦官任提督，加强特务统治。此外，宦官任职机构膨胀，宫廷中设有司礼、内官、御用、司设、御马等12监。惜薪、钟鼓、宝钞、混堂等4司及兵仗、银作等8局，总称为二十四衙门，各设专职掌印太监。宦官人数激增，至明末多达数万之众。英宗时，掌权宦官王振网罗部分官僚为党羽，形成阉党，开明朝宦官专政先河。此后，宦官之祸迭起。成化年间的汪直、武宗时期的刘瑾、熹宗时期的魏忠贤等，都是权倾朝野、势力显赫的权宦。他们专横跋扈，排斥异己，巧取豪夺，屡兴大狱，加剧了明朝政治上的腐败，给人民带来无穷灾难。

鉴于明朝宦官为害之烈，清朝统治者采取了一些限制措施。清初规定：宦官归内务府管辖，具体由敬事房管理。敬事房亦称宫殿监办处，设总管、副总管等职。康熙时总管宦官为五品，雍正时改成四品。裁明代"二十四衙门"为"十三衙门"，人数大幅度缩减。顺治时设置宦官千余人，乾隆年间增至3000人，直至清末未过此数。宦官升迁降调由内务府移文吏部决定，宦官犯法，内务府可先拿后奏。清朝严禁宦官干政，顺治帝仿朱元璋旧制，铸铁碑立于交泰殿，明文规定凡有不法行为，均凌迟处死。这些措施得到较好贯彻，虽在清末有慈禧太后宠宦官安德海、李莲英等屡犯例禁，朝臣为之侧目，终未出现汉、唐、明等朝宦官专权现象。

宦官为祸的原因

宦官能够在政治上得势，甚至干预政治，多因为女人，没有后宫的宠幸和女人间的斗争，就没有宦官的地位。特别是皇帝死后，孤儿寡母，无依无靠，宦官往往是他们可以依赖的力量。在古代宫廷，对于女人最亲近的无非有三种人：一是宦官，一年三百六十五天都与他们生活在一起，容易结识和利用；二是外戚，也就是娘家人，与自己血脉相连，相对可靠些；三是自己的旧情人，如辽国萧太后与韩德让，清朝孝庄与多尔衮等。前两者都因为女人得势，也都因为女人而遭祸，甚至导致了王朝的灭亡，如秦、汉和明，亡国都与宦官干预有关。但也有为皇帝所用的，如明朝的东厂、西场，后来都臭名昭著，宦官也因此被人鄙视、咒骂，阉狗、阉人、阉官等都有蔑视辱骂之意。

宦官为祸主要原因有三：一是因为这个阶层整体素质是无法与通过考试选拔的官员相比的，由他们来左右大局往往是危险的；二是被阉者从生理上讲是残缺的，从心理上看是不健全的，因为生理的残缺遭至心理的病态，反观历史上许多太监，几乎人格都是不健全的，甚至心理是扭曲和阴暗的；三是价值观念畸形导致行为反常。中国人是追求生命轮回的，但更讲究血缘代代相传，许多人活着不仅为了自己，还为了子孙和家族，而对于"断子绝孙"的宦官来说，只求今生富贵和安逸，追求现世的幸福而不求其他，因此他们多是自私自利的，甚至罔顾家国兴衰存亡。由宦官把持朝政，容易带来秩序和价值取向的混乱，这个群体一方面是值得同情的，另一方面又是需要限制的，是权力压制下的社会变态。

宦官如何被阉割

对宦官如何阉割一直是秘而不宣的迷。民国时期开始出现一些著作，介绍阉割之法。阉割是极其残忍的，最初效仿动物阉割，后来方法逐步改进。据《男性太监酷刑考》述，阉割有四种方法：一是割去全部阴茎和睾丸，奴隶社会最初对于某些奴隶就是这种方法阉割；二是只割睾丸，与第一种相比有了改进；三是将睾丸压碎；四是割去输精管，大致相当于今天的结扎手术。《末代太监秘闻》还介绍有"绳系法"，即用麻绳将幼儿从睾丸根部死死系住，久而久之生殖器就失去功能，并逐渐坏死了。另一种方法是给幼儿服用一种麻醉药，然后用针不间断地扎刺睾丸，使之逐渐失去功能。阉割之后，须居密室，避风百日，露风即死，无药可救。阉割须选取未成年者为之，壮年受宫多危险。宫后，即声雌颔秃，髭须不生，宛然女子。

宦官是否允许结婚

从生理上来说，宦官是不能结婚的，因此历朝历代没有明令禁止宦官结婚。但是宦官结婚史书上并不少见，其中大多数是与宫女结成的"对食"与"菜户"关系。据《秋灯录》载，"宫中旧例，内监与宫女各配夫妇，谓之对食……偶俱相比，无异民间伉俪"。从现存史料看，最早记载宦官娶妻的是东汉。东汉宦官骄纵，多娶妻者。在唐代，尤其是唐后期，因宫室骄奢，宦官多得势，不但明目张胆的娶妻，而且还提携妻党，甚至有皇帝出面为宦官娶妻。到明代，这种畸形的两性关系就公开化和合法化了。明初，明太祖严禁宦官娶妻，违者剥其皮。但到明成祖时开始宠幸宦官，太祖禁令逐渐废弛。明代大太监魏忠贤与明熹宗朱由校的乳母客室就结为对食。

反观历史，宦官的出现，源自统治阶层由心理病态作出的违反人伦的选择，阉割是对人性的摧残，这也导致宦官心理的扭曲。宦官是距离最高统治阶层最近的人，干预政治的机会很多，由他们主导政治势必引发朝政逆行发展，宦官为祸就不足为怪了。

秩序的文化：解读领导人的中间站位

但凡有中国领导人参加的重大国际活动，中国人总是乐见自己的领导人站在或座在中间，不仅如此，几乎在中国这片土地上举行的所有社交活动，只要有秩序差异，人们就总喜欢往中间靠，这是为什么呢？因为在中国人的秩序观里，中间是主位，意味着最为尊贵。按照美国心理学家亚伯拉罕·马斯洛需要层次理论的说法，人类需求有五个层次，分别是：生理需求、安全需求、社交需求、尊重需求和自我实现需求。在社交活动中位居主位能满足人们获得尊重的需要。那么，为什么主位一定要在中间呢？这与对尊卑秩序的理解有关。

在人类社会发展中，时空观和秩序观的形成是文明进步的标志性事件。东西方文化对时空和秩序的理解在很多方面是一致的，但不同民族对其赋予的象征意义和文化内涵却是不同的，在中华民族的文化认知中对二者是有其独特的理解的。时空观是哲学世界观的重要内容和有机组成部分，是人类在长期的生产活动和生活实践中形成的关于时间和空间的根本观点。我们祖先的时空观是以"宇宙"为基本概念而建立起来的一整套时空观念系统，比如天圆地方、四极八荒、天地宇宙、流年周天、天干地支、阴阳五行、九宫八卦，等等，中国的古代哲学、天文学、社会学、管理学、史学、建筑学、风水学以及文学艺术等诸多文化领域和文化形态，无不渗透着东方文化所特有的时空观，中国人还据此建立起富有自身特色的秩序体系。

在古代中国人看来，无论是时间还是空间，都有个秩序问题，秩序之间有主次之分，也存在主从关系。在空间关系上，中央统辖四方，时间顺序上中央早于四方，价值等级上中央优于四方。所以，《韩非子·扬权》中说："事在四方，要在中央。"陈奇猷集释引旧注说："四方谓臣民，中央谓主君。"北宋文学家宋祁也在《宋景文笔记·杂说》中讲："欲正四方，先定中央。中央，君也。"

早在上古先民们造字的时候，有关"中"字的时空认知就形成了。对于汉字"中"，其创始含义与我们祖先对由"蒂"到"帝"以及对天、地、人三者关系的认识是密不可分的，其最初的含义就是：这个世界只有一个统一的王国，它就是中国。"丨，上下通"表示中国人能够上通于"天"，下通于"地"，中通于"人"。这就是"王"。"王"是帝王，是上天之子，就是天子，也就是"上帝"。因此，"中国"就是"上帝"所在的国度。以此为出发点，构建了一整套能够规范现实社会的时空秩序观。

殷商时期，人们就已开始对心目中的神秘力量秩序化，组建了一个有秩序的神的系谱。如"帝"有了诸神的权威意义，可以"令雨""令风""令霁""降祸""降食""降苦"，除了中央有象征始基意味的帝外，还象征大地的大邑商的社神和可以辅佐帝的四方之神。殷商人还将这种认识拓展到"世俗"领域，将祖灵崇拜与王权结合从而将世俗社会秩序化，建立了富有上下尊卑秩序的"家"和"国"及其维系的伦理关系。与之同步和配套的还有知识系统的秩序化。商周之后，中国人对秩序观念加以丰富，并将之发展成为指导社会行为的学问，《周礼》《礼记》就是有关秩序规范的著作。

社会规范的秩序化也带来人际关系的秩序化，中国人在社会交往中特别讲究秩序。在新中国之前的几千年里，儒家思想一直是中国社会主导思想，一贯强调象征和礼仪的儒家文化长期熏染的结果是秩序井然和等级森严。朝堂之上必有等级和尊卑差别，会议主席台座次安排、领导讲话先后等都有规矩。请客宴饮也是如此，座次有上下，饮用有先后，讲究位尊者上、位卑者下，辈长者上、辈低者下，年长者上、年幼者下。国与国交往也有礼仪，中国一向是大国，向以天朝大国自居，故一直尊大，所以与外国交常居尊位。何谓尊？中间者为大，所以在合影中，尊者居其中。加之中国人向有天朝大国的思想，因此对中国领导人在国际场合居中站位觉得理所应当，认为受到了尊重。

美国哈佛大学教授亨廷顿在谈到中国 18、19 世纪的闭关自守政策时曾说："中国的拒绝主义政策在很大程度上根植于中国作为中央帝国的自我形象和坚信中国的文化优越于所有其他文化的信念。"1793 年 10 月，乾隆皇帝在一封致英国国王的信中，拒绝英国要派常驻使节来中国的要求，其中一条理由是：倘若"仰慕天朝，欲其观习教化"，则"尔国自有风俗制度，亦断不可效法中国，即学会亦属无用"。信中，天朝上国的文化心理优势跃然纸上。从古至今，中国人都坚信"普天之下，莫非王土；率土之滨，莫非王臣"。四海咸服，唯我独尊，这也一直是中国统治者追求的至高境界。据载明代有 20 余国来朝，清朝也有若干属国，天朝大国的自尊一直保持到 19 世纪中期。虽然后来屡遭屈辱，但中国人内在的骨气、傲气还在。虽然闭关自守已被国人唾弃，但泱泱天朝高高在上的文化心理还在起作用，至今还影响着我们的政治、经济、外交等。

这一心理有它的两面性，一方面能够激起民族自豪感，变成推动民族自强不息、凝聚前进的力量；另一方面它也会让我们变得自大和虚荣，不能正视现实，甚至有时会让民族变得疯狂。失去理性的民族主义往往是非常有害的。从这个意义上，我们不一定要特别在意形式，赢得尊重是靠自身的努力。新中国成立以来，我们一路打拼，却没有赢得多少尊重。但是到改革开放以后，我们取得了辉煌成就，国力大增，作为一个负责任的大国成为维护世界和平的重要力量，也成为推动世界繁荣发展的重要力量，我们的大国风范和不懈努力赢得了国际社会包括美欧的尊重和赞誉。

如果是巨人，不论站在哪都是巨人，他都有力量。中国人应该以平常心对待名次与座次，不必年年絮叨我们排在第几，发展才是最重要的。中华民族文化心理曾经扭曲过，我们需要不断调整，让民族心理真正走到一个健康向上的发展轨道上来。全新的世界、全新的国度，需要全新的文化理念和心理。《礼记·大学》引汤之《盘民铭》曰："苟日新，日日新，又日新。"①让我们的民族在文化的创新中以宽阔的视野和海纳百川的胸怀不断走向发展繁荣。

传统文化心理与现代中国外交

1949年10月1日，中华人民共和国成立，新中国领导人开始以新的风貌出现在国际政治舞台。他们根据国际形势发展，制定出台一系列的外交政策和决策，与世界各国建立多种类型的外交关系，为国家建设与发展创造出日益宽松的外部环境。回首新中国外交史，我们能清晰地看到新中国领导人从单纯走向成熟，突破旧思维日渐务实开放，最终融入国际社会的过程。有人说，毛泽东在长江里游泳，邓小平在渤海里游泳，江泽民在太平洋里游泳，体现的是中国领导人的视野越来越开阔。毛泽东在等世界，邓小平在接纳世界，江泽民在走向世界，胡锦涛以后的领导人要学会"玩世界"和"规范世界"。

中国走向世界的过程实际上也是实现自我解放的过程：一是从旧的思维定势中解放出来；二是视野从一时一域中解放出来；三是从旧的评判是非的标准中解放出来；四是从排斥与封闭的状态中解放出来。一句话就是从旧的文化心理中解放出来。

---

①《礼记》，中州古籍出版社2015年版，第373页。

新中国是从半殖民地半封建的旧中国废墟上建立起来的，一方面仍带有传统文化的烙印。以儒家为主的传统文化熏染了中华民族几千年，许多思想、观念、做派包括思维的方式方法、是非的标准、价值取向等，无不留有传统文化的印记；另一方面现代中国人是从饱受屈辱的时代走出来的，我们怀着仇恨，带着偏执、疯狂，有时也有些怯懦。因此，新中国的外交不再是屈辱外交，但也不是起步就成熟的外交，是一种具有中国特色的外交。这种特色体现为在传统文化心理支配下具有自己标准的外交，也就是我们常说的独立自主的和平外交。这种外交无疑带有中国传统文化的气息，在外交思想上，我们从 20 世纪 50 年代的"另起炉灶""打扫干净屋子再请客""一边倒"，到 60 年代"两个拳头打人"、70 年代的"一条线、一大片"，再到改革开放以后的外交大调整，其间的政策很多都是在"中国式"的文化视野下做出的选择。

一、以德报怨，一笑泯恩仇

中华民族是个记仇又不愿结仇的民族，信守"冤家宜解不宜结"的理念，主张以德报怨、一笑泯恩仇。这与世界其他民族睚眦必报根本不同，这也是那些列强害怕中国强大后找他们复仇的原因，任你如何说我们和平崛起、我们不称霸、我们不复仇，等等，无论如何他们都不相信。这是他们从自身文化心理判断的结果。12 世纪中叶，蒙古帝国曾经外侵，占领欧洲和亚洲的大半土地，数以万计的异族人被杀戮，犯下了血腥罪行，因此欧洲人仇恨蒙古人，直到 19 世纪，许多欧洲人还对东方人反感和敌视，骂曰"可恶的蒙古人"。《圣经》上说："以牙还牙，以眼还眼"，这就是西方主流的仇怨观。而在中国，历史上曾有很多外来民族侵略、杀戮汉族，特别是蒙古族和满族，在灭掉汉族政权的过程中都曾大规模地屠城，成千上万的民众被杀戮，极其残忍，但汉族最终原谅了他们，接纳了他们。我们是个多民族国家，有 56 个民族，从历史上看任何一个民族都与汉族有过矛盾、斗争和仇杀，但最终能够和平相处，亲如兄弟，一个重要原因是他们都接纳了以儒家为主的汉文化，也自然接纳了这种文化所特有的思想，从而做出了互相体让、和谐相处的努力。

历史上，日本人曾多次侵犯中国，中国人都原谅了他们。从 1931 年起，日本人开始侵略中国东北，1936 年又发动了全面侵华战争，抗日战争爆发。经过八年抗战，我们胜利了，许多日本军人认为他们的末日到了，因为他们曾在南京对 30 万中国军民制造惨绝人寰的大屠杀，在广大农村实行"三光"政策，制造无人区，可以说，中国人对日本人仇深似海，但无论是中国共产党还是中国国民党政权都宽容了他们，只惩罚了战争罪犯。

第二次世界大战后，德国被肢解被占领被改造，大小战犯均受到严惩，上千亿美元的赔款到现在也没有付清。德国人彻底认输了，反省的结果是希特勒害了他们，纳粹主张从此在德国人人喊打。对于日本，国际社会的做法却不同，而是"根据日本人民的意愿"，天皇制被保留下来，天皇无罪。最初说中国和美国对日本实施共同占领，但中国最终也没有出兵，说好了用 15% 的日本工业设备"实物赔偿"，中国最终却没有要。蒋介石说："不念旧恶和与人为善是我们民族传统的至高至贵的德行，中国将对日本帝国的 8 年侵略战争以德报怨。"

新中国对日本采取的也是"以德报怨"路线。从 1953 年到 1977 年，日本政府和 20 多个国家签署了与战争责任有关的 54 项协议，共赔偿了大约 5000 亿日元，其中越南还让日本人赔了两次：南越 1959 年索赔的 140 亿日元没有得到北越的承认，迫使日本在越南统一后又赔了 85 亿日元，而受战争伤害最大的中国却放弃了赔偿。

二、远亲不如近邻：与邻为善，以邻为伴

"与邻为善、以邻为伴"向来是中国人处理邻里关系的准则，也是为人处世的原则。俗话说："远亲不如近邻，近邻不如对门。"中国人一向认为邻里之间，每天抬头不见低头见的，没有什么不可调和的矛盾和冲突，纵然有一些纠纷，也无非是一些大不了的琐事。所以，中国人坚持凡事要多沟通，设身处地为他人着想。中国父母总是教育子女，影响邻里关系的事不要去做，做错了事要主动消除不良后果，不要等到人家提出来、去投诉或打官司再去改正，因为等到了那个地步，彼此的关系就难处了，而且邻居之间的有些事，很难说出个谁是谁非来，所以不要为了一些鸡毛蒜皮的事，非要争个脸红脖子粗，搞到鱼死网破、你死我活，甚至兵戎相见。有什么不可以协商的呢？只要大家抱着和为贵的心态，各让一步，很多事情就可以解决。邻里需要和

睦，邻里需要往来，邻里需要相帮，这样的邻里关系，才有希望处成朋友，才胜过远亲，可依可靠。

中国人常常把这种处理邻里关系的做法用于国际交往中。比如历史上的"和亲"政策，为了民族间能和平相处，皇帝不惜将自己的女儿外嫁。最可笑的是公元1004年宋辽战争和1883年的中法战争，都取得了胜利，却都与外国签订了不平等条约，这在国际上成了笑话，很多人不理解，但如果从那个时代中国人的文化观念中去求解，就不难找到答案，这与中国人向来追求"和解""息事宁人"不无关系。与此相似，在新中国历史上，我们与印度、苏联、越南等国都曾发生过激烈的武装冲突，但最终都回到和平轨道，这与我们传统的邻里关系认知有关，我们与邻国要和平相处，要化解矛盾和冲突，要相互帮助和体恤。

改革开放后，我们需要和平发展的国际环境，需要一个友好和谐的邻里关系，所以中国开始对外交政策进行调整，对周边国家坚持"与邻为善、以邻为伴"的方针，改善与周边国家之间的关系。通过亚太经济合作组织、东盟"3+1"模式、上海合作组织等途径进一步密切了与亚太邻国、东南亚国家、俄罗斯和中亚邻国的关系，包括与曾有仇怨的国家实现了和解。胡锦涛提出建立和谐世界，也包含有邻国间和平共处、和谐发展、共同繁荣的内涵。党的十八大以后，以习近平为核心的党中央带领中国更为积极地参与世界大国博弈，提出了"一带一路"等大气磅礴的国家发展战略，更需要有一个良好的周边环境和国际关系。几代领导人秉承这种"与邻为善，以邻为伴"的文化传统和共建和谐的国际发展理念，从而开辟了中国与邻国外交的新局面。

三、有朋自远方来，不亦乐乎：我们的朋友遍天下

在19世纪，英国首相帕麦斯顿曾说过一句话："没有永远的朋友，也没有永远的敌人，只有永远的利益。"这句话体现了西方人对朋友和国家关系的看法，成为西方政治家们遵循的信条。他们是用利益来丈量友谊的，而中国将友谊看成人性的自然释放，把建立和谐的人际关系作为改善生存环境的一部分。因此，中国人历来认为"一个好汉三个帮""多个朋友多条路"。孔子曰："有朋自远方来，不亦乐乎？"说的就是有朋友的快乐。所以中国人喜欢交游、善于交游，主张广交天下朋友。

新中国刚成立时，我们的朋友很少。以美国为首的资本主义阵营把我们视为异端；以苏联为首的社会主义阵营对我们不冷不热，最终还发展到彼此仇视、谩骂的地步；第三世界或跟随美国或跟随苏联，对中国敬而远之，唯恐躲之不及，反受牵连。

为广交朋友，新中国领导人做出了艰苦努力。万隆会议是一个开端，在外交壁垒上撕开了一道口子。此后，周恩来和他的同事们，足迹踏遍了亚非拉，把友谊之手伸向世界各地，我们的朋友也越来越多。在中国恢复联合国合法席位时，周恩来曾经说过一句话："我们什么时候也不能忘记我们是被亚非拉的一帮穷朋友抬进联合国的！"这是我们交友策略的一个重大收获。

而今，我们已与世界绝大多数国家建立了外交关系，与世界主要强国保持着良好的关系。大家友好相处、和平解决争端、力图实现双赢。与几十年前相比，我们的朋友遍天下，我们不再有"你死我活"的敌人，我们获得了国际社会的普遍尊重、支持和帮助。国际社会接纳了我们，不再排斥我们。2006 年在北京举行的中非合作论坛有 50 多个非洲国家元首、政要出席，双方亲如兄弟，共叙友情，畅谈合作，热议发展，充分体现了"友谊"与和谐精神。2008 年的北京奥运会再次体现了中国与世界各国间的友谊。2004 年出席雅典奥运会的首脑级人士只有 25 人，而出席北京奥运会开幕式的国家元首和政府首脑及王室代表多达 90 多位。许多友好国家对中国的支持和帮助还体现在其他许多国际交往中。回首新中国几十年的国际交往，我们经历了一个从择友到广交朋友的转变过程，这也是我们能够走出意识形态局限和传统文化心理带来的结果。

四、重义轻利：我们抗美援朝

中华民族向来重义轻利。相传在上古尧舜时期，有一位高士叫许由，是昆吾族部落的首领，他以农耕而食，重义轻利，从而广有贤名，尧帝知道后，要把君位让给他，许由不愿做官，就逃到箕山下隐居起来，尧又请他做九州长，他跑到颍水边洗耳，表示不愿听到这种话，最后尧才把君位传给了舜。后来"重义轻利"逐步演变成人们追求的一种境界。儒家创始人孔子宣扬"仁义道德"，提出重义轻利的原则，他说"君子喻于义，小人喻于利"，明确将义与利对立起来而提倡义，把重义或重利作为划分君子和小人的标准。

在他看来，"君子义以为质"，"君子义以为上"，所以应以义规范人的行为，"见利思义"，"义而后取"。孟子也以君子言利为耻，反对君子"孜孜为利"。他说："何必曰利？亦有仁义而己矣"，主张按仁义来行动。荀子虽承认"义与利者，人之所两有也"，但仍主张"重义轻利行显明"，认为"先义后利者荣，先利而后义者辱"。秦汉以后，一些思想家进一步丰富了这种思想。董仲舒提出："正其谊（按：即义）不谋其利，明其道不谋其功。"这一倾向一直贯穿至宋明理学。朱熹说："凡事不可先有个利心，才说着利，必害于义。圣人做处，只向义边做。"这样，重义轻利便成了中国人的传统，成为人们的价值追求。这与西方重功利传统形成了鲜明对照。

中国重义轻利的外交事件有很多，最能说明问题的有两件：一是抗美援朝，二是支持西哈努克。1950 年 6 月 25 日，朝鲜内战爆发，美国立即出兵干涉。同一天，联合国安理会通过了美国提案，要求各会员国在军事上给韩国以"必要的援助"（苏联由于抗议新中国在联合国的代表权问题而缺席）。7 月 7 日，联合国安理会又通过了美国关于设立联合司令部以统一指挥在朝鲜半岛各国部队的提案。共有 19 个国家参战，它们分别是朝鲜、中国、韩国、美国、英国、加拿大、土耳其、新西兰、法国、澳大利亚、泰国、菲律宾、希腊、荷兰、比利时、哥伦比亚、埃塞俄比亚、南非联邦、卢森堡。9 月 15 日，"联合国军"在仁川港登陆。10 月 1 日越过"三八线"，19 日攻占平壤。10 月 8 日，朝鲜政府请求中国出兵援助。在义与利的选择上，新中国的领导人不惜冒打第三次世界大战的危险，毅然选择了前者。10 月 19 日，中国人民志愿军首批援朝部队 12 个师赴朝参战，战争持续了两年零九个月的时间。

诺罗敦·西哈努克，柬埔寨王国政治家，1960 年就任国家元首。西哈努克曾在 1955 年 4 月的万隆会议上帮助过中国人。在当时冷战气氛浓烈、美国积极拉拢中国周边国家参与封锁中国的大环境下，西哈努克在会上喊出中立口号，既是对美国的挑战，也等于对中国的支持。1956 年，西哈努克应毛泽东之邀首次访华。毛泽东在中南海院里迎候让他深感荣幸，毛泽东也对这位敢于抵抗美国利诱的小国元首赞赏有加。经两人的三次单独会谈，双方签署了《中柬友好联合声明》，重申柬埔寨的中立地位，强调将发展两国关系。西哈努克的中立政策和外交上的亲共倾向让美国及其盟友感到担忧。美国通过各种途径向西哈努克施压，迫其加入反共阵营，但西哈努克始终不为所动。

1970 年，受美国支持的首相朗诺发动政变，西哈努克流亡中国。他说："我可以选择去巴黎，但我深信中国会继续支持柬埔寨爱国运动，特别是支持西哈努克，另外，去巴黎意味着我放弃了为自由、独立、解放的柬埔寨而奋斗，法国不一定会支持我，只有中国会全力支持。"是的，中国人是不会抛弃朋友的，中国人信守"滴水之恩，当涌泉相报"。在 1970 年至 1975 年流亡期间，中国不仅为他提供了元首府、首相府和政府大楼等物质援助，还提供了道义与资金支持。1970 年 5 月，西哈努克在中国组成柬埔寨民族团结政府，组织柬各界力量开展抵抗运动。1972 年 2 月至 4 月，西哈努克在中国的帮助下，从北京出发，穿越著名的胡志明小道，来到柬埔寨解放区。他不仅在当地召开内阁会议，还视察了吴哥窟古迹。此行粉碎了柬解放区很小、西哈努克一回国就会被捕的说法，提高了抵抗政府的威望。西哈努克将此行称为自己一生的荣耀。

中国的无私帮助令西哈努克十分感动，在北京的最初三年里，他创作了不少歌曲，有一些是歌唱中国的，如《啊，中国，我亲爱的第二祖国》。《中华人民共和国万岁，毛泽东主席万岁》歌中唱道："呵，可爱的中国，我的第二故乡。我在厄运中遇到了莫大的幸运，我在这里找到了知己。我们目前经历的痛苦，正是中国过去的经历。它的全力支持使我完全相信，对未来的悲观失望必然一扫而光。"

五、仗义疏财：支持兄弟国家发展

中国人是重义轻利的，一个重要表现就是仗义疏财，正如元朝无名氏的戏剧《来生债》第四折中所言："则为我救困扶危，疏财仗义，都做了注福消愆。"

新中国领导人仗义疏财主要表现在对"穷朋友"的无私经济援助上。20世纪 60 年代末，中国决定建设一条贯通南北的铁路大动脉，这时非洲的坦桑尼亚和赞比亚也想建铁路，中国决定向他们提供援助，将为修建铁路准备的物质运往非洲。1970 年 10 月，坦赞铁路动工兴建，1976 年 7 月全线完成。为建设这条铁路，中国政府提供无息贷款 9.88 亿元人民币，共发运各种设备材料近 100 万吨，中国先后派出工程技术和管理人员 5.6 万人次，高峰期间有1.6 万中方人员在现场施工。在工程修建及后来技术合作过程中，中方有

64 人为之献出宝贵生命。其后，为保障铁路的正常运营，中国继续提供无息贷款，予以技术合作援助，并派出专家和技术人员参与管理或提供咨询。坦赞铁路是迄今中国最大的援外成套项目之一，东起坦桑尼亚首都达累斯萨拉姆，西至赞比亚的新卡比里姆博希，全长 1860 公里。该铁路成为把坦赞两国连接在一起的一条主要交通干线，为赞比亚出口铜提供了一条新的、可靠的出海通道，打破了当时南非种族主义政权的封锁，保证了赞比亚的主要收入来源。20 多年来，坦赞铁路促进了坦赞两国经济发展和城乡物资交流。铁路沿线涌现出不少新兴城镇，成为各地区政治、经济、文化中心。同时，这条铁路也为支援南部非洲的民族解放斗争发挥了积极作用。坦桑尼亚联合共和国和坦桑尼亚革命党的缔造者、该国第一任总统朱利叶斯·坎巴拉吉·尼雷尔曾高度评价说：中国援建坦赞铁路是"对非洲人民的伟大贡献"，"历史上外国人在非洲修建铁路，都是为掠夺非洲的财富，而中国人相反，是为了帮助我们发展民族经济"。赞比亚国父、政治家、外交家肯尼思·戴维·卡翁达也赞扬说："患难知真友，当我们面临最困难的时刻，是中国援助了我们。"坦赞两国人民乃至整个非洲把坦赞铁路誉之为"自由之路""南南合作的典范"。

新中国另一个仗义疏财的举动是援助阿尔巴尼亚。阿尔巴尼亚是东欧的一个穷国，是社会主义"小兄弟"。新中国成立后不久，尽管我们遭受封锁，存在经济困难，但我们对阿尔巴尼亚提供了大量的援助。据《耿飚回忆录》一书披露，从 1954 年至 20 世纪 90 年代，我国给阿尔巴尼亚的经济、军事援助将近 90 亿元人民币，阿总人口才 200 万，平均每人达 4000 多元。我们援阿的化肥厂，年产 20 万吨，平均一公顷地达 400 公斤，远远超过我国农村耕地使用的化肥数量。而军援项目之繁多、数量之大，也超出了阿国防需要。

从新中国成立至今，世界许多国家得到过中国的经济和军事援助。据 2004 年 10 月举行的中非合作会议披露：半个多世纪以来，中国作为发展中国家，向非洲提供了力所能及的无私援助。中国对非援助形式多样，包括无偿援助、无息贷款、低息贷款和技术合作等，主要落实到农业、基础设施建设等项目上。中国在非洲承担了近 900 个项目。近年来，在中非合作论坛框架下，中方减免了 31 个非洲重债穷国和最不发达国家 109 亿元人民币债务，对非洲 30 个最不发达国家 190 项对华出口商品给予零关税待遇，为非洲培训各类人才 14600 余名。中国的真诚帮助为非洲国家经济社会发展做出了积极贡献，给非洲人民带来了实实在在的好处，受到非洲人民的广泛欢迎。

六、君子不食嗟来之食：我们不需要援助

中华民族十分注重气节，讲究正气、志气和骨气。《礼记·檀弓下》中记载："齐大饥，黔敖为食于路，以待饿者而食之。有饿者蒙袂辑屦，贸贸然来。黔敖左奉食，右执饮，曰：'嗟，来食！'扬其目而视之，曰：'予唯不食嗟来之食，以至于斯也。'从而谢焉，终不食而死。"① 中国人用"不食嗟来之食"故事教育子孙做人要有骨气，哪怕是让自己饿死，也绝不低三下四地去接受别人的施舍。

第二次世界大战以后，美国制订了对外援助计划，但附加有条件，新中国拒绝了这种援助。1976 年 7 月 28 日，唐山发生 7.8 级地震。这次大地震导致 24 万多人丧生，重伤 16.4 万多人，15886 个家庭解体，7000 多个家庭断门绝烟，3817 人成为截瘫患者，25061 人肢体残废，遗留下孤寡老人 3675 位，孤儿 4204 人，数十万和平居民转眼变成失去家园的难民。如此重的灾情需要援助，但在当时以美国为首的资本主义阵营和以苏联为首的社会主义阵营都敌视我们。据说，当时有很多国家要给唐山经济援助，但我们拒绝了，影响我们做出这个选择的一个重要因素就是中国领导人认为"做人要有骨气""志士不饮盗泉之水，廉者不受嗟来之食""宁愿站着死，也不跪着生"。不看你的脸色，不端你的饭碗，也不受你的气，我们能够自力更生，解决自己的困难和问题。这不仅是一种气节，也是一种气度、气派和境界，这也是中华民族最值得景仰的地方，也是中华民族始终能自立于世界民族之林的一个重要原因。

七、威武不屈：一切帝国主义都是纸老虎

《孟子·滕文公下》中有云："富贵不能淫，贫贱不能移，威武不能屈，此之谓大丈夫。"② 意思是说：富贵不能迷乱他的思想，贫贱不能改变他的操

---

① 《礼记》，中州古籍出版社 2015 年版，第 60 页。
② 《四书五经》（现代版）上卷，巴蜀书社 1998 年版，第 395 页。

守，威武不能压服他的意志。这是中国人信守的做人原则。在国际关系中，中国人也信守这一点：中国人在遭到封锁、经济十分困难的情况下，没有向帝国主义低头，没有向灾害和困难低头，体现了"贫贱不能移"的精神。中国人坚持在富强后也不称霸，强大了更应遵守国际关系准则，始终遵循和平共处五项基本原则，发展与世界各国各政党的关系，体现了"富贵不能淫"的精神。从新中国成立至今，不仅"两大阵营"封锁我们，甚至周边国家也在它们的支持下侵犯我们。朝鲜战争、中印边境自卫反击战、中苏武装冲突、对越自卫还击战等，都没能让中国人屈服。毛泽东有句名言："一切反动派都是纸老虎。"这体现的是"威武不能屈"的精神。

　　1958年7月15日，美国海军陆战队在黎巴嫩首都贝鲁特附近登陆，武装干涉黎巴嫩和伊拉克内政，中东燃起战火。台湾当局伺机摆出反攻大陆的姿态。1958年夏，国际形势骤然紧张。美国在黎巴嫩登陆，扼杀黎巴嫩人民起义；英国出兵约旦，威胁伊拉克民族革命。在远东，美国重申不承认中国，并支持台湾当局在台湾海峡进行战争挑衅。毛泽东毫不畏惧，决定炮击金门，牵动全球战略格局，震慑美蒋顽固势力。他说，不要怕鬼，你越怕鬼，你就越不能活，他就要跑进来把你吃掉。我们不怕鬼，所以炮击金门、马祖。8月23日，中国人民解放军福建前线部队以空前猛烈的炮火轰击金门，仅2小时内，就有4.5万多发炮弹密集倾泻到金门岛。金门炮声，天下惊闻。摸不着头脑的美国中央情报局局长杜勒斯赶紧跑到北卡罗来纳山中地下深处的防弹掩蔽所，向总统艾森豪威尔汇报了金门的消息。艾森豪威尔急忙回到华盛顿，下令从部署中东的第6舰队调出两艘航空母舰加入第7舰队。金门守军海上补给线被截后，美台海军组成了联合舰队进行护航。福建前线部队请示打不打美台联合舰队？毛泽东命令照打。结果，解放军一通大炮，美舰顿时摘下了"盟友"的假面具，丢下台舰及运输船只，掉头遁去，急得蒋舰大骂"美国人混蛋"。

　　"一切帝国主义都是纸老虎"继承的是中华民族威武不屈的精神传统，展示的是一种气派和胆略，给因国家积贫积弱而饱受西方列强蹂躏的中国人注入一支强心剂，重新有了挺直腰板的勇气，中国外交也迎来新的时期。毛泽东"一切帝国主义都是纸老虎"与邓小平"维护独立自主、不信邪、不怕鬼"是一脉相承的。2015年5月31日，第14届香格里拉对话会在新加坡召开，中国人民解放军副总参谋长孙建国发表演讲说，新中国 60 多年成长发展的历史不断向世界证明：中国和中国军队历来不怕鬼、不信邪，服理不服霸、信理不信邪，绝不要指望我们会对歪理邪说和强权霸权屈服，绝不要指望我们会吞下损害国家主权、安全、发展利益的苦果。孙建国的这段讲话是对新中国威武不屈外交的一次很好的总结和诠释。

八、枪打出头鸟：中国韬光养晦

中国人不喜欢张扬，反对"强出头"，认为"枪打出头鸟"，刀刃越锋利越容易受到伤害，所以主张韬光养晦。《旧唐书·宣宗记》云："历太和会昌朝，愈事韬晦，群居游处，未尝有言。"韬光是隐藏自己的光芒，养晦是处于一个相对不显眼的位置。它和低调的意思基本相同，这是一种优秀的策略。韬光养晦的要旨在于：实施对象没有安全感、怕人谋害，就向他表示最大的忠诚和善意；实施对象怕有人威胁到他的位置，就向他表示自己淡泊名利的态度；实施对象害怕失去权威，就向他表达最大的敬畏与尊崇。当你成功地让实施对象相信你的这种意图，你就是一个成功地掌握韬光养晦这种艺术的人。

如果说弱势群体为了保护自己有向强势群体示弱的必要，强势群体何必韬光养晦呢？这里面也有很多奥妙。一般来说，强势群体大权在握，处在比较显眼的位置。这样，他受人关注的就必然多，所要应付的事情也必然多。这样，会让他把许多精力分散在与人周旋、应付上。一个人如果没有安静思考的时间，长期处在显眼的位置指挥、领导、周旋、应付，久而久之，精力、健康、知识、智慧，都会受到亏损。这就要求处在领导位置的人，要避开焦点和不必要的繁杂事物，回到比较隐蔽的位置，这样的位置有助于人修身养性、恢复精力，有助于反思和调整，从而拓展自己心灵的空间，强大自己灵魂的力量。这样，当人再一次投入工作时，就会获得足够的智慧和精力。所以，强势群体也常常会运用"韬光养晦"这种生存策略，只不过强势群体和弱势群体运用韬光养晦的手段和目的不一样罢了。

20 世纪 90 年代，东欧剧变、苏联解体，短期内形势发展不明。在这种情况下，中国应该怎样做？邓小平的回答是"韬光养晦，有所作为"。这后来成为邓小平外交思想的重要组成部分。从中国的外交实践看，这里的"韬光养晦"是指谦虚谨慎，不说空话，多做实事，不事张扬，不当头，不称霸。苏联解体后，发展中国家面临巨大压力。邓小平曾讲过："第三世界有一些国家希望中国当头。但是我们千万不要当头，这是一个根本国策。这个头我们当不起，自己力量也不够。当了绝无好处，许多主动都失掉了。中国永远站在第三世界一边，中国永远不称霸。中国也永远不当头。"中国是个大国，是个发展中国家，要少说多干，认真地把中国自己的经济搞上去。1989 年 9 月 16 日，邓小平在会见美籍华裔学者李政道教授时说："别国的事情，我们管不了，中国的事情我们就得管。中国不搞社会主义不行，不坚持社会主义不行。"

"韬光养晦"是不随便指责别人，过头的话不要讲，过头的事不做。尽管东欧、苏联出了问题，尽管西方七国制裁我们，我们坚持一个方针，那就是同苏联继续打交道，搞好关系；同美国继续打交道，搞好关系；同日本、欧洲国家也继续打交道，搞好关系。这一方针，一天都没有动摇过。"韬光养晦，有所作为"的前提是对中国的力量、中国的影响有个实事求是的估计，一方面看到现在的中国有不少产品的产量在世界位居第一，但中国有 13 亿多人，按人均计算并不多，和美、欧、日等西方发达国家还存在巨大差距，但我们不能只讲"韬光养晦"，而不讲"有所作为"。邓小平在 1990 年指出，世界政治格局在变化之中，将来三极也好，四极也好，五极也好，中国总是一极。"在国际问题上无所作为不可能，还是要有所作为。作什么？我看要积极推动建立国际政治经济新秩序。我们谁也不怕，但谁也不得罪，按和平共处五项原则办事，在原则立场上把握住。""韬光养晦，有所作为"是典型儒家做派，是对中国传统文化心理的延续，也是因时因事而做出的明智选择。

九、和谐世界：送给世界最好的礼物

中国传统文化的一个核心思想就是和谐。中国思想史上的各家各派，尤其是中国哲学的三大支柱儒、道、释，都不约而同地表达了对"和"的祈求与向往，这些思想相映成趣、相得益彰，积淀和凝聚为中华文化的基本精神和悠久传统，至今仍闪耀着智慧之光。

"和"的理念，最早孕育于远古的巫术礼仪之中。人类早期的这种原始文化形态逐步分化形成了"乐"与"礼"。"乐"在远古时代指的是乐、歌（诗）、舞三位一体，中国古典美学高度重视"乐"中所包含和体现的"和"。

先秦美学认为"和"之美不仅在于自然形式恰到好处的统一，更在于这种统一所显示的重大伦理道德意义，其思想显然远为丰富和深邃。

"礼"是社会发展到一定阶段的产物。在西周，礼是政治制度和道德规范的总称，也包括各种礼节仪式。周礼的核心，是奴隶制基础上的宗法等级制度。直观地看，"礼"强调的是"分""别""异"。《淮南子》上说："夫礼者，所以别尊卑、异贵贱"。① 而进一步看，"礼"强调"分""别""异"，其目的仍在"和"上。传统和谐思想是汲取"阴阳五行"和"天人合一"思想精华而得以形成和发展的，经过不同哲学体系各有侧重的发挥，逐步深化和不断丰富，最终由宋明理学加以辩证综合，形成了完整的理论体系。追求和谐也逐步成为中华民族社会和成员思想的一个主导倾向。

新中国在走过一个与国际社会激烈对抗的时期后，逐步理性地认识世界，从邓小平开始尝试重新回到和谐的轨道上来。以江泽民为核心的第三代中央领导集体，着力改善中国与世界的关系，努力营造更为和谐的国际环境。以胡锦涛为总书记的党中央坚持了这一做法，并把推动建设和谐世界作为指导中国外交的新理念。2005 年 9 月 15 日，联合国成立 60 周年首脑会议举行第二次全体会议，时任中国国家主席胡锦涛出席会议，并发表了题为《努力建设持久和平、共同繁荣的和谐世界》的重要讲话，强调"和谐"，提出建设和谐世界，促进世界和平、稳定和共同繁荣的新外交理念。建设和谐世界就是各国政治上应相互尊重，共同协商；经济上应相互促进，共同发展；文化上应相互借鉴，共同繁荣；安全上应相互信任，共同维护。党的十八大以来，以习近平为核心的党中央延续了这一国策，不仅如此，还将"和谐"作为治国理政的五大发展理念写进党的十八届五中全会报告，成为决胜全面建成小康社会纲领的重要灵魂。

长期以来，在这一思想的主导下，我国外交工作不断取得新成就。中俄两国长达 4300 公里的边界线走向已全部确定，两国还签署了关于 21 世纪国际秩序的联合声明，举行了联合军事演习，互办"国家年"活动，制定了《中俄睦邻友好合作条约》2009 年至 2012 年实施纲要。中日关系历经 5 年僵局也终于缓和，在发展战略互惠关系上达成一致，尽管近年日本政坛发生一

①《淮南子》，[汉] 刘安撰，中州古籍出版社 2015 年版，第 164 页。

些变化，但中日关系改善的势头不会改变。中欧关系也全面深入，自 2003 年双方确定发展全面战略伙伴关系以来，双方在政治对话和经贸、科技、能源、防扩散、环保等各领域的合作卓有成效，2006 年双方还一致同意启动中欧伙伴合作协定谈判。同时，中国还积极构建和谐周边发展格局，全方位推进与发展中国家关系，认真履行国际责任。这都使中国更加融入世界，世界也更加依赖中国。和谐理念，这一中国古代哲学思想在现代外交上的运用，将引导中国实现繁荣和发展，并为建立国际政治经济新秩序发挥积极作用。

由上可以看出，新中国外交的指导思想、遵循的原则、方法策略、风范做派，无不带有东方色彩。如果读史，我们能看出春秋战国时代外交与今日外交有许多相似的地方，这是传统文化心理决定的行为取向。在未来社会，中国外交会根据时代的发展和国际形势、战略格局的变化而采取新的外交思路和政策，传统文化心理还将是重要影响力量，一个被儒家文化熏染了几千年的中华民族不可能将传统精神抛弃得干干净净。

从颓废娱乐看国运兴衰

中国人对娱乐可能祸及国家早有认识，"靡靡之音"的传说就是一例。据史记载，公元前 534 年，卫灵公应邀去参加虒祁宫庆典。朝辞帝丘，暮宿濮上，夜半入眠，朦胧之中忽听到有琴鼓丝竹之音，于是披衣俯窗，侧耳细听，时隐时现，微妙悦耳，问及左右，都说听不见。卫灵公就召来乐师涓。涓听后告诉灵公："臣能识其略矣，须更一宿，臣能写之。"半夜里，玄音又响起，乃乐师涓援琴而习之，尽得其妙，卫灵公听后，龙颜大开，问其究竟。涓就讲了一个耐人寻味的故事，他说："先时，纣王命师延作靡靡之音，师延不肯，帝辛欲杀之，无奈而谱曲。纣王喜声色，朝歌暮舞，通宵达旦，遂失天下，师延乘舟濮水而下，至此投水而死，故有神曲出水，震惊世人也。"这个故事有可能是乐师涓瞎编的，其本意是想借机说服卫灵公禁声色，绝靡音，勿使政散民流，诬上行私。但是卫灵公并未听取他的意见，不介其意，越听越迷。到晋国后，卫灵公见虒祁宫富丽堂皇，诸侯济济无不称道。待酒酣将醉时，便让涓弹奏过濮水所获妙曲，涓不肯，后迫于卫灵公之威不得不弹。未等弹完，就被师旷厉声制止。师旷说："此为亡国之音，不可听。"师旷是春秋时期著名音乐家，也是著名的政治家和教育家，由他对靡靡之音的厉声怒斥可见其对音乐与国家兴衰关系是有看法的。《淮南子》上说："师旷譬而为太宰",① 他"大治晋国"，因此晋国"始无乱政"。

在中国古代，统治者是十分看重娱乐取向的，尤其是能主宰国家命运的王侯将相。他们认为，乐与礼都是关系国家治乱兴衰的。制作音乐，其目的是节制人们的欢乐之情，唯有懂得节制欢乐的君主才能居安思危、守礼修德而善始善终。音乐对社会的影响是很大的，雅正的音乐可以端正民风、鼓舞士气、补救时弊、移风易俗、帮助推行政令教化，邪僻的音乐则能使人产生淫乱邪恶的念头。因此，《礼记·乐记》说，"礼乐刑政，其极一也，所以同民心而出治道也。"② 也就是说，音乐、礼仪、政令和刑罚四者的根本目的是一致的，都是统治者用以统一民心、安定天下的重要手段。乱起于"怨"、源于"争"，而音乐的作用得到充分发挥之后，就会使人情欢洽没有怨恨，礼制的作用发挥到极点，就会使上下安分没有争夺。如此则可以实现"王道"。在古人看来，音乐有正邪之分，我们应该提倡雅正之乐，反对邪乐。邪乐产生于乱世，反观也能让世道混乱，社会动乱的时候，礼制必然废坏，音乐必然淫荡。乱世之音声调舒缓时则藏容邪恶，声调急促时能激发人的贪欲，动摇人们的正气而使人们泯灭平和的美德。如果用纯正的音乐去感染民众，就会形成一种和顺的社会风气。所以，古人认为音乐决定世风也决定国运，这就是为什么虞舜喜爱《南风歌》终得天下大治，而商纣喜爱那些市井流行的靡靡之音和北地边境粗野歌声而招致众叛亲离、身死国灭的可悲下场的一个重要原因。

古人娱乐的方式有限，主要是歌舞，因此对音乐节制从某种意义上讲也是对上至王侯将相下至普通民众娱乐行为的节制。社会娱乐行为本身是没有多大问题的，但一旦成为潮流和普遍的追逐倾向就会产生强大的社会效应，影响整个社会成员的心志和价值趋向，进而影响国家政治精英阶层，导致精

---

① 《师旷》，见百度百科。
② 《史记全本导读辞典》，周啸天，尤其主编，四川辞书出版社1997年版，第591页。

英阶层丧失斗志和进取精神，走向颓废和没落，一旦如此，离亡国也就不远了。因此，必须对整个社会的娱乐行为进行规范引导，确保沿着正确方向发展，决不允许邪恶粗鄙的娱乐活动盛行。我们反观新中国与旧中国娱乐取向的差别，就不难明白二者兴亡定数早已铸就的玄机。

娱乐生活的走向决定于文化发展方向。新中国文化发展走向是与以往任何朝代都不相同的。我们所尊崇的民族的科学的大众的社会主义新文化，早在延安文艺座谈会上，我们党就确定了未来中国文化发展的方向。这是一个正确的方向，也一直引导我们娱乐发展的方向。直到改革开放之后，我国文化受到外来不良文化的冲击，娱乐圈发生了一些变化，颓废邪恶娱乐作品层出不穷，粗鄙庸俗作品抢占娱乐空间，给民众身心带来侵害，也给社会价值追求带来挑战，甚至使越来越多的人迷失了方向。党中央也觉察到了这一问题，适时召开新的文艺座谈会，进一步明确新时期的文艺发展方向，也进一步明确了娱乐圈的发展方向，这很有必要，也十分重要。

对于当下的社会娱乐而言，本人觉得最值得反思，需要矫正某些过失，最为关键的有两个问题，一是传播正能量，二是接地气，这也是衡量娱乐品质好坏的基本标准。由此我想起了近年颇受诟病的"赵本山现象"，但我觉得赵本山的作品虽不属颓废、邪恶、粗鄙、庸俗类作品，但也有值得反省的地方。赵本山曾活跃在央视春晚十多年，其主演的小品一直是央视春晚的一道丰盛大餐，为亿万观众所期待。小品《相亲》《小九老乐》《我想有个家》《牛大叔"提干"》《三鞭子》《红高粱模特队》《拜年》《昨天今天明天》《钟点工》《卖拐》《卖车》《心病》《说事儿》《策划》《火炬手》《同学聚会》，等等，都令人百看不厌，不可否认，这些作品里面充溢着正能量，都很接地气。由他导演和主演的电视剧《刘老根》《马大帅》《乡村爱情》等也在影视圈刮起一股清新之风，让许多观众乐此不疲。

有人批判赵本山作品，一个重要借口就是其作品"俗"。何谓"俗"呢？《说文解字》云："俗，习也。"① 《周礼》有注曰："俗谓土地所生习也。""俗谓常所行与所恶也。"又曰："好恶取舍，动静无常，随君上之情欲谓之俗。"这里的"俗"是"习以成俗"的"俗"，与批评家们批判赵本山小品的

---

① 《说文解字》，[汉] 许慎撰，中华书局 2016 年版，第 163 页。

"俗"还不一样,他们所说的"俗"是"庸俗"和"低俗"的意思。何谓庸俗呢?庸俗语出晋代葛洪的《抱朴子》,是指"平庸鄙陋"和"不高尚"的意思。反观赵本山小品和电视剧,"平庸鄙陋"吗?"不高尚"吗?恐怕连批评者也不能这样说。那么,为何有些人要评判它俗呢?我觉得一个重要原因就是它过于通俗化,让许多高雅艺术曲高和寡。我觉得,通俗化从某种意义上讲也是大众化,赵本山小品和电视剧走的是大众路线,既符合党的文艺政策,也符合民众的文化需求。他演的小品取材于生活,充满了浓郁的生活气息,人物个性鲜明,故事亲切、真实、感人。由他导演和主演的电视剧,充满了乡土气息,没有官场的钩心斗角,没有偏执、吸毒、枪杀、血腥和暴力,角色虽然都是小人物,性格各异,但都很真实,都率真可爱,观众能从中找到自己或自己的父老兄弟,在心理和情感上产生共鸣。可以说,赵本山的小品和电视剧的生命力就在于这种俗性,这种俗性散发着大众气息。但赵本山作品的问题在于他混淆了通俗与庸俗的界限,通俗中有庸俗的东西,特别是他的某些弟子让作品走向庸俗化。

"赵本山现象"的产生绝不是偶然的,它与东北二人转民间艺术形式的升温,"超级女声"、"星光大道"、非常"6+1"、戏剧梨园春等引起的狂热一样,反映了大众对文化的自主选择。大众希望能看到自己喜爱的节目、民众参与的节目、更生活化的节目,而不是千篇一律强刺激的节目,中华民族有自己的文化操守、自己的文化审美、自己的文化判断和自己的文化选择,民意是不可违的,文化的大众化是不可逆转的趋势,无论你是作家、艺术家、导演还是其他文化人,必须看到这一点。再说小品,如黄宏、巩汉林的《装修》,黄宏、牛莉、雷恪生的《老弹》等都反映的是生活中的琐事,都充满生活气息,也一样受到了观众的好评。电影《英雄》和《满城尽带黄金甲》等大片,明星荟萃,阵容庞大,名导拍制,在广告宣传上也花费了很多心思,但结果如何呢?远没有张艺谋当年的《红高粱》《菊豆》《秋菊打官司》《我的父亲母亲》等电影那样广受欢迎。原因在哪?在于很多人读不懂,读不懂的艺术是脱离群众的艺术,尽管很美、很花哨、很热闹,但最终是没有多少人愿意看的,它的生命也不会长久。

新中国早期拍摄的革命题材电影和后来的农村题材电影很受民众欢迎,不仅仅是因为那时电影少,关键在于其浓重的大众口味。当前,对文化而言,我们正处在一个百花齐放、百家争鸣的时代，文化形态多如牛毛，五彩缤纷，许多难免昙花一现，这也是许多明星难以"青春常在"的原因。许多艺术面临消亡的命运，究其原因，也在于一个方向问题。如相声，只注重表演而忽视内容的挖掘，脱离实际。戏剧更是如此，远离生活、远离时代，专注表演和唱腔，忽视它的生活根基。豫剧《朝阳沟》为什么能引起轰动，关键在于它带有浓厚的乡土气息，又符合那个时代人们的价值追求。所以，只有大众的，才是永久的，才具有长远的生命力。爱国是永恒的主题，充满爱国主义情怀的歌曲《我的祖国》几十年来人们一直百唱不厌。

毛泽东曾指出，新民主主义文化是无产阶级领导的、民族的、科学的、大众的文化。在这种思想指导下，文化的大众化成为新民主主义时期文化发展的基本要求和方向。其实，不论哪个时期，大众化都是文化发展的一个方向。在新中国文化建设一个很长的历史时期里，无论是文学、艺术、电影、戏剧等基本上都是沿着这一方向发展的，但后来特别是"文革"时期，却过分强调文化内容和形式的大众化，尤其是泛政治化，而忽视了文化的其他个性。粉碎"四人帮"之后，我们重新回到"两为"和"双百"的正确道路上来，但随着形势的发展又走上了另一个极端，即过分夸大和渲染现实矛盾，着力反映腐败、犯罪、伦理、婚姻等问题，更多地展示社会扭曲的一面，以致许多文化产品充满了枪战、情杀、暴力、偏执、疯狂、变态，等等，加之文化的商业化炒作，又让许多文化产品充满了诱惑和刺激，成为美丽的"毒品"。

文化发展的另一个方向就是对历史和经典的"随意演绎"，这种不负责地解读和篡改，误导了青少年，导致青少年历史认知的混乱。社会文化导向的混乱反映了社会文化观念的混乱，它搞乱了人们的文化价值判断。同时，受精英教育的影响，文化传媒都将焦点瞄准了文化精英和精英文化上，人为地制造了精英与大众之间的分离和脱节、生产与消费之间的分离和脱节、提高与普及之间的分离和脱节，从而出现了文化脱离大众的现象，这也是为什么有些电视剧花费巨额投资却收视率极低的主要原因。此外，许多文化人盲目学习西方，照搬别国的文化观念和样子，将文化产品做得不伦不类，这也是它们不能提高文化热度的一个重要原因。这些倾向几乎在我们所有的文学、电影、电视、网络资讯等文化载体中都有所体现，最终导致了大众的视觉麻木、抵触甚至反感。

我们希望文化能够回到大众轨道上来，从高高在上回到我们的生活中，让我们在属于自己的文化氛围里，追求平静的、安逸的幸福生活。

从对国际干预的态度看东西文化思维的差异

大学课堂上，同学之间曾为"美国该不该干涉别国内政"发生争执。一派认为应该干预，以邻居家两口子打架为例，他们认为，两口子是夫妻，但他们也是社会的一部分，必须遵守道德和法律，打架不能超出道德和法律底线，必要时应对他们不当行为进行干预，如果不干预任其发展下去，说不定会出人命的，人命关天，哪有不干预的道理，国与国之间也应如此。另一派认为两口子打架是家务事，清官难断家务事，何况你是个局外人？与其解决不了问题，不如不去掺和，至于重伤或出了人命，那是法律要解决的问题。当时，只顾争论，却没有思考两派存在分歧的根本原因。后来研究文化对人们思想和行为的影响时，忽然想起当年的那场争论，发现两派观点的差异根本在于东西不同文化影响导致的思维角度的不同。

西方人更注重人权，讲究法和理，也就是更看重规范和秩序的遵守，强调外在干预的必要性。所以，欧洲人认可强权国家"管理"，认为那是一种责任，认为有人出头是件好事，有益于维护公平、正义，解决不同利益群体之间的矛盾、对立和冲突，有利于世界和平。当然，责任与利益是对等的，获取一定的利益是有情可原的。因此，他们支持美国对世界出事的地方进行干预，甚至不惜发动战争。而中国人常常把家与社会割裂开来，家庭是以血缘来维系的，家庭甚至家族里的人际关系与社会上的人际关系是不同的，不能用社会上的那套解决人人关系的法则在家族里套用。因此，对家庭暴力的解决方法通常是靠内部解决，而不需要用具有普遍意义的制度和法律，反之亦然。在具有人性化的中国，人们更看重通过协商，和平解决。回首百年来中国与西方列强冲突的历史，很多次都因为我们过分追求"息事宁人"而饱受凌辱，丧权失地。

世界有多少个民族，我们不知道，有多少种文化，我们也不知道。但我们知道文化的差异决定不同民族有不同的信仰、处事态度和行为方式，这也是世界民族不能相互接纳的心理因素。正如美国哈佛大学教授萨缪尔·亨廷顿所说的那样，各个民族国家的文明在表层上可以出现认同，但在内核上（价值观念和宗教）则难以兼容，这样由于现代化的激励，全球政治正沿着文化的界线重构。文化相似的民族和国家走到一起，文化不同的民族和国家则分道扬镳。这也许就是中国为什么与周边国家更容易接近而与西方国家长期难以兼容的一个重要原因。比如，尽管都为利益驱使，而东盟与中国的接近要远比其他国家容易得多，因为东盟成员国都曾是中华文化圈里的国家，都曾在漫长历史发展进程中饱受儒家思想的影响，对很多问题的理解都有相似的地方，更容易相互理解与沟通。

文化的最终融合是必然的趋势，但这要远比对物质形态的接纳容易。像美欧国家试图在世界各地推行他们的意识形态、价值观念、民主形式，甚至强加干预，但却遭到这些国家民众的抵制和反对，许多人宁愿死也不接受美国式的民主，正如清初很多汉人宁死不剃头一样。今天，很多国家把对自己文化个性的固守，作为保持本民族特点的根本。比如，新加坡政府就有这样的说法："尽管我们讲英语、穿西装，但新加坡人不是美国人或盎格鲁—撒克逊人。如果在更长的时间里新加坡人变得与美国人、英国人和澳大利亚人难以区别，或者更坏，成为他们可怜的仿制品，那我们就丧失了与西方社会的区别，而正是这些区别使我们能够在国际上保持自我。"[1] 同样，我们在接纳西方文化成果的同时，我们也在固守属于我们本民族的文化个性。所以我们对别国的说三道四不屑一顾，对霸权主义、强权政治深恶痛绝；我们坚持自己的人权理解，解决自己的人权问题；我们恪守自己的文化操守和境界，以我们民族特有的思维和方式处理问题，坚决反对"全盘西化"和盲从。

自一百多年前西学东渐以来，中华文化在争论中艰难前行。而今中华文化的内涵和形式都发生了变化，但其内核和精神没有变。比如我们注重修身，强调齐家、治国、平天下，追求人生境界，崇尚伦理道德的人际关系原则、重视政务的价值取向、推尊积极入世的处世哲学、维护国家统一的政治理念、追逐光宗耀祖的功名思想，等等，这些都还在深刻地影响着人们的思想和行为，这

---

①《先进文化论》黄力之，上海三联书店2002年版，第3页。

几乎是根深蒂固的。

亨廷顿教授曾指出，当今世界上一些国家的领导人有时企图摒弃本国的文化遗产，使自己国家的认同从一种文明转向另一种文明。然而这很难成功，这样的国家最终会成为精神分裂的无所适从的国家。因此，他认为："在一个世界各国人民都以文化来界定自己的时代，一个没有文化核心而仅仅以政治信条来界定自己的社会哪里会有立足之地呢？"我觉得他的话很有道理。如果我们也像美、英、法等国那样，横加干涉别国的内政，以大压小，以强凌弱，按照自己的方式和好恶来决定彼此的关系，我们势必遭到抵制和反对，势必失去朋友和友谊，我们今天与世界许多国家建立起来的良好关系就会遭到破坏。"得道多助，失道寡助"，这是我们祖先坚持的理念，今天依然是我们信奉的原则。

永远不称霸、永远不干预、永远不西化，走好自己的路，过好自己的日子，广交朋友，成为维护世界的和平力量，多结善缘，永远不做有害于世界人民的事。这样，我们就无愧于祖先的训诫，也无愧于世界人民的期望。但我们决不怕事，不会也不应屈服于任何力量。

中国古代预言与现代航母

2011 年 8 月 10 日，中国航母平台试航，可以预见，中国将有自己的第一艘航母，在未来的十年、二十年甚至更长的时间里，中国将拥有更多航母，成为航母大国。有人说，中国拥有航母是为了保护海疆，其实不全是，还为了应对未来更险恶的战争。中国最著名、最准确的预言书《推背图》曾预言未来发生的惨烈海洋大战和高科技战争，都与航母相关。其中《推背图》第四十五象为戊申，预言中日再战。

谶曰：
有客西来 至东而止
木火金水 洗此大耻

颂曰：

炎运宏开世界同

金乌隐匿白洋中

从此不敢称雄长

兵气全销运已终

金圣叹批注说："此象于太平之世复见兵戎，当在海洋之上，自此之后，更臻盛世矣。"

有人解读说，此象预言美日见中国日渐强大，成为新的世界领袖，千方遏制，又因钓鱼岛争端，中日发生冲突，美日以此为借口引发战争，企图达到全面遏制中国的目的。美日为同盟国，两个联合打中国，最终因为美国中途退出，日本战败。中国取得战争胜利。日本从此国力日衰，被世界潮流所抛弃。如果这个预言准确的话，首要的问题是我们靠什么与美日打，其他国力不说，单从军事上说，中美都是核武大国，都不敢擅自发动战争，直面冲突很危险，但介入战争就不一样。战争有可能限制在常规范围内，同时限制在中日之间，为有限的领土之争或海洋控制权之争。战争要限制在常规范围内，中国必须有航母，而且是能战争的航母，且要有不止一艘航母，否则取得战争的胜利是不可能的。

《推背图》有关未来战争的第二个预言是第五十六象，此象预言未来发生的高科技战争。

谶曰：

飞者非鸟 潜者非鱼

战不在兵 造化游戏

颂曰：

海疆万里尽云烟

上迄云霄下及泉

金母木公工幻弄

干戈未接祸连天

金圣叹批注说："此象军用火，即乱不在兵之意。颂云，海疆万里，则战争之烈，不仅在于中国也。"

"飞者非鸟 潜者非鱼"是指战争动用了飞机和潜艇。"战不在兵 造化游戏"，说的是非接触战，或网络大战，或遥控机器人大战，战争像玩游戏一样。"海疆万里尽云烟"，"上迄云霄下及泉"，预言战争规模很大很惨烈，动用了核武器，且进行了地球太空三维立体作战。"金母木公工幻弄"中的"金母"很可能就是航母，战争如梦如幻，"干戈未接祸连天"指武器还没接触，就已祸患连天，很可能就是信息战、电子战或运用了更高级的战争手段。这次战争的结果是从此再没有战争，人人都害怕战争，世界也因此进入大同。

《推背图》描述的是中国未来将参与的两场战争，为确保战争的胜利，中国人必须做好准备，居安思危，才是取胜之道。我们不仅要拥有航母，而且我们还要作好信息战、电子战、机器人大战，甚至太空战的准备，我们的领导者特别是军事领导人必须放眼世界，筹谋未来，时刻做好打大仗打恶仗的准备。

感受中华文化之社会篇

　　人集成群，群聚而成社会。因此，人有自然性，也有社会性，人之基本社会性即其向群性。社会之与人的价值在于具有塑造性，有人言社会是熔炉、是染缸，说的就是这一特性。但其往往会忽视社会的滋养性，这源于文化的力量。人生于天地间，始终面临两个生存问题：一是在与大自然的抗争中自然地生存，一是在与社会的抗争中社会地生存。前者主要解决的是衣食住行和生老病死诸问题，后者主要解决的是荣誉、地位、身份、幸福、自我实现等问题。一部社会发展史，也是人类进步史。人在改造自然的同时，也在改造人自身，人在经营自然的同时，也在经营社会。聆听千年的回声，我们能从人与社会两个视野去感受人类前行的脚步和社会发展的轨迹。

上古文化行之东南西北

中国人是什么时候开始分辨东南西北的呢？确切年份已不为人知。近年，在河南濮阳西水坡仰韶文化遗址 45 号墓发现了墓葬中用蚌壳摆成的龙虎图案，从而说明上古时代，人们已经有了方位观念。在上古，四方与四季是相匹配的，龙虎分别象征东、西两方，与之匹配的是春、秋两季。后来由四方而匹配成四季，并由此演变出十分庞杂的时空观念。1987 年，安徽含山凌家滩第四号墓出土一组玉龟玉版，上面刻有很富有神秘意味的、指向四方及八方的、外方内圆的图案，据测定距今已 4500 年左右，这说明 5000 年前，中国人不仅找到了东南西北，而且还形成了比较成熟的方位观念。

东南西北不仅是个方位问题，还是一个文化问题。从此中国人不仅有了四极八方的观念，有了空间定位，由身边的前后左右到方位的东南西北，由青龙、白虎、朱雀、玄武到二十八宿，逐步发展成为一种方位文化，不仅有其文化内涵，还有其文化的特别样式和载体。中国人谓东为青龙，西为白虎，南为朱雀，北为玄武，黄为中央正色。后来方位有四极八方，国有九州，因此大禹铸九鼎。天上按四方划分二十八宿，东方有青龙七宿：角、亢、氐（dī）、房、心、尾、箕；北方有玄武七宿：斗、牛、女、虚、危、室、壁；西方有白虎七宿：奎、娄、胃、昴、毕、觜、参；南方有朱雀七宿：井、鬼、柳、星、张、翼、轸。每一宿都赋予神灵，具有相应的传说和故事，也都有各自的价值和功能。再配以四时、阴阳、五行、天干、地支等，成为一个庞杂的知识系统，成为中国文化思想的重要组成部分。可以说，没有方位观就没有生活，就没有中华传统思想和艺术，没有方位观就没有时空观，就没有四季、月份和节气，人们也不会有过去、现在和将来的观念，更谈不上回首过去和展望未来了，所以时空观是人类发展史上最具决定意义的进步，中国人的时空观也是最具中国特色的文化景观之一。

上古文化行之感受天圆地方

在人类思想文化史上，方位观念是一个重要标志，上下和四方观念的确立，说明人类具有了空间想象的能力，由实物到想象，由具体到抽象，由感性到理性，这是人类思想进步最基本的方向。中国人的上下观念早在远古时期就有了，最初来自对天地的认识，除了日月星辰外，还有对形体的认知，其中一个重要观念就是天圆地方。1982 年在江苏武进寺墩出土的大玉琮被确认为公元前 3000 年以前的玉器，从而证明早在 5000 多年前中国人就有了天圆地方的观念。

玉琮是一种外方内圆、柱形中空、饰以动物纹样的玉器。《周礼·春官·大宗伯》中说，"以玉作六器，以礼天地四方，以苍璧礼天，以黄琮礼地"，郑玄注中说，"礼神者必象其类，碧圆象天，琮八方象地。"琮是天地贯通的象征，也是贯通天地的一项手段和法器。玉琮是玉制的，本身十分圣洁，它的外部被雕成方形，与古人心目中的大地相同，它的内部是圆的，与古人心目中的天穹相似，它的中间是空的，能够象征天地上下相通，所以可以在祭祀时供奉天地，拥有沟通天地，接引鬼神的神秘力量。

天圆地方的观念从天文学上讲是错误的，今天我们谈论其对错本身没有任何意义，关键是这一观念和由此生发的许多思想早已深入中国文化的内核，至今还在影响着我们。在漫长的历史长河中，中国人一直坚信方圆是事物的基本形态。如《管子·形势解》中说，"以规矩为方圜则成，以尺寸量长短则得。"《尹文子·大道上》上说，"生于不称，则群形自得其方圆。名生于方圆，则众名得其所称也。"《淮南子·俶真训》中说，"今盆水在庭……浊之不过一挠，而不能察方员。"同时，古人也把方圆作为处理问题的基本方法。方即正，就是要方正，做人要方正，做官也要方正，如孔子所说，"政者，正也"。所以贯通中国伦理的一个至高境界就是方正。圆即圆通，强调的是随形而变通，也即随机应变。《鬼谷子》捭阖第一中的捭阖其实就是方圆，也是一种纵横术。唐朝李华《咏史》之四曰："如何得良吏，一为制方圆。"宋朝苏轼《谢王内翰启》曰："奇文高论，大或出于绳检；比声协句，小亦合于方圆。"说的其实是一种思维方法。

方圆思想后来逐步演变为中国人的处世之道，很多思想、文化都贯穿了这样的精神。如和谐精神，其源头就起于此，中国人出世与入世相得益彰的精神也源于此，协调、调和、权变等都是圆法的不同体现。但中国人向来主张该方则方，该圆则圆，中国人的方圆本性决定了中国人具有极强的适应环境能力，进而成为一个民族极强的生命力，百折不挠、生生不息。

使用锁的历史与中华民族的安全追求

落锁是防盗的基本手段。《辞源》曰："锁，古谓之键，今谓之锁。"作为最常见的防盗器械，锁的使用在中国已有超过5000年的历史，基本上与中华文明同步。

一提到锁，人们就会想到各种各样的锁，它们几乎都是铁制的，于是就会有人质疑，我们进入铁器时代是在西周，距今不过3000多年，即使铜锁充其量也只有4000多年，因为考古发现，中国大约是在公元前3000—2000年左右才进入青铜器时代的，怎么说中国人使用锁的历史超过5000年呢？你之所以怀疑锁的历史，是你的思维还局限在金属锁上。其实，在我国古代锁有多种，有木锁、骨锁、石锁等，但并无钥匙，是以绳索或铁链束缚。直到商周时期，才出现用钥匙才能开启的铜锁、铁锁，以钥匙的不同而匹配不同的锁。

据出土文物考证和历史文献记载，中国锁具的发展至今已有5000年历史。新石器时期仰韶文化之"骨错""石错"就是锁钥雏形。"觽"，是古代用骨头制的解绳结的锥子，就是古代钥匙的雏形。所以"觽"属我国最古老的锁具之一。古锁初称牡、闭、钥、链、铃。早期为竹、木结构，起源于门闩。春秋战国时期，鲁班在木锁内设堂奥机关。据资料记载，最早的用木制成的锁，其不堪一击只能作为象征性的锁。我国的金属锁最早出现在汉代，是簧片结构锁。入唐时锁质多为金、银、铜、铁、木。明清时代是古锁的鼎盛时期，以铜质和铁质为主，有广锁、花旗锁、首饰锁、刑具锁四大类。实际上还有一类密码锁，只是不太常见罢了。历经清代、"民国"至20世纪50年代，古锁工艺更精致奥妙、文化内涵更丰富。之后，成本较低的低焊钩锁、叶片锁、弹子锁陆续进入我国市场，中国古锁从此退出历史舞台。

谈到锁的出现，有人认为与私有制同步，笔者不同意这种观点。笔者觉得锁与分配和安防思维有关，哪怕在原始社会，只要物资过剩存储，就有安防问题，不仅对人，还对动物，如何防？锁即应运而生。锁是用在门、箱子、抽屉等物体上的封缄器，它应该是与门、箱子、抽屉同步发展的。门、箱子、抽屉，谁最早出现？我们不得而知。但门的雏形可能早在我们祖先穴居于岩洞那个年代就产生了。人类产生了家居意识，也就产生了门。山顶洞人住山洞，他们在洞口挡些石块、树干之类的东西以作屏障，那就是原始的人类之门。谁是最先步入华夏建筑文化之门的第一人？上古神话的回答是：有巢氏。《韩非子·五蠹》描述："上古之世，人民少而禽兽众，人民不胜禽兽虫蛇。有圣人作，构木为巢，以避群害，而民悦之，使王天下，号曰有巢氏。"如何避群害？回答是构木为巢，试想巢能无门吗？《玉篇》称"人之所出入也"为门，而《博雅》则说："门，守也。"看似矛盾的界定，其实是道出了门的作用至少有二：一是供人"出入"，二是"守"。守者，防也。防什么？我想原始之门是为了防止野兽偷袭，且兼以御寒，而现代之门，则有防同类的责任，就是防盗贼。所以《释名》上曰"门，幕障卫也"，这是极准确而又精当的解释。门既然有安防作用，能无锁吗？最早的锁，应是为防止他人开启而设的简单的机关，应用于门上最简单的锁就是门闩了。由此推算，中国用锁的历史远在5000年之前，甚至万年以上。

锁的产生是人类文明的一大进步，也是人类文化进步的一个重要标志，它的价值远远超过它本身，由此衍生出许多思想和精神。透过泛着沧桑的古锁，我们能领略到中华博大精深的历史文化。同时，通过追寻锁的历史，我们也能从一个角度认识中华民族奋进的脚步。

远古的酿酒与源远流长的酒文化

　　中国是酒的故乡，是酒的最早发祥地之一，酒的历史在 5000 年以上。在人类漫长的历史发展过程中，中国酒形成了自己独特的风格，就是以生长霉菌为主要微生物的酒曲作为发酵剂，这成为东方酿酒业的典型特点。中国的酒主要是以粮食为原料酿制而成的，目前已发展为发酵酒、蒸馏酒和配制酒三大系列。

　　酒并不是生活的必需品，但它却具有其他物品无法替代的功能，深入社会各个领域，因此通过酒可以了解中国社会和历史文化。有了酒就有了酒文化，作为一种特殊的文化形式，酒文化在传统文化中具有独特的地位，它与政治、经济、军事、商业等都密不可分，并渗透于民俗、礼仪等领域，成为人民生活的重要内容。在古代，就有人曾把酒的作用归纳为三类：酒以治病，酒以养老，酒以成礼。几千年来，酒的作用并不限于此三类，起码还包括酒以成欢，酒以忘忧，酒以壮胆。但酒也能使人沉湎、堕落、伤身败体，历史上有不少国君因沉湎酒色引来亡国之祸。如殷人好酒，所以纣王常常整夜喝酒，对国家大事毫不关心，因此亡国。现代出土的殷代酒器极多，说明当时饮酒的风气确实很盛。其实喝酒并不是殷人独有的嗜好，历代都有嗜酒如命的名人，后代的文人几乎没有不喝酒的，包括女作家在内。他们不但喝酒，而且写酒，酒几乎成为古代文学永恒的主题。

　　酒是社会文明的标志，研究社会的文明史，就不能不研究酒文化史。酒文化的内涵极其丰富，对酒的追求体现着中国人对人世、人生、人性的看法、价值取向和境界等，酒文化不仅体现在酒的酿制工艺过程，还体现在饮用器具、酒制、礼仪以及方式方法等方面。关于酒文化是一个值得深研的课题，它让人类走出寂寞，找到了一种寄托，增添了生活的乐趣，人类的情感生活也因此变得多姿多彩。

　　但人们在感激酒给人类带来滋养的同时，也在思索一个厚重的历史问题，那就是酒是从什么时候产生的，是谁发明的，最早的酿酒者是谁？这恐怕是无法考证得到的，正如宋代《酒谱》所说："皆不足以考据，而多其赘说也。"但我们可以从文献记载大致推出我们祖先造酒的历史。

有一点可以确定，酒文化肯定晚于食文化，至于是否晚于农耕文化，值得考证。有人认为只有粮食过剩才有酿酒的可能，汉代的刘安就持这种观点，他在《淮南子》中说："清盎之美，始于耒耜。"也有人认为谷物酿酒先于农耕时代，如在1937年，我国考古学家吴其昌先生曾提出一个很有趣的观点："我们祖先最早种稻种黍的目的，是为酿酒而非做饭……吃饭实在是从饮酒中带出来。"这种观点在国外是较为流行的，但一直没有证据。时隔半个世纪，美国宾夕法尼亚大学人类学家所罗门·卡茨博士发表论文，又提出了类似的观点，他认为人们最初种粮食的目的是酿制啤酒，人们先是发现采集而来的谷物可以酿造成酒，而后开始有意识地种植谷物，以便保证酿酒原料的供应。该观点的依据是：远古时代，人类的主食是肉类而不是谷物，既然人类赖以生存的主食不是谷物，那么对人类种植谷物的解释可能也可另辟蹊径。国外发现在一万多年前，人们已经开始酿造谷物酒，而那时，人们仍然过着游牧生活。但要理解这个问题，需要弄清楚一个问题，就是谷物撒在地上能酿出酒吗？肯定不能，需要容器发酵。粮食发酵是否非要等到作物成为人类的主食后才能大量采集呢？显然不是，原始人也会为自己储存粮食或为动物储存饲料。人类从一开始就不单纯是食肉的，植物也是人类最初的重要食物来源，如植物的果实等，鼠类尚知道在秋天蓄积食物，何况人类呢？粮食的大量堆积为酿酒提供了可能，但粮食最早的来源未必就一定靠农耕收割。所以酒在有的民族那里可能早于农耕，在有的民族那里可能晚于农耕。在中国最大的可能是早于农耕。

晋代的江统在《酒诰》中写道："酒之所兴，肇自上皇；或云仪狄，一曰杜康。有饭不尽，委余空桑，郁积成味，久蓄气芳，本出于此，不由奇方。"在这里，古人提出剩饭自然发酵成酒的观点，是符合科学道理及实际情况的。江统是我国历史上第一个提出谷物自然发酵酿酒学说的人。总之，人类开始酿造谷物酒，并非发明创造，而是发现。方心芳先生则对此作了具体的描述："在农业出现前后，贮藏谷物的方法粗放。天然谷物受潮后会发霉和发芽，吃剩的熟谷物也会发霉，这些发霉发芽的谷粒，就是上古时期的天然曲蘖，将之浸入水中，便发酵成酒，即天然酒。人们不断接触天然曲蘖和天然酒，并逐渐接受了天然酒这种饮料，于是就发明了人工曲蘖和人工酒，久而久之，就发明了人工曲蘖和人工酒。"现代科学对这一问题的解释是：剩饭中的淀粉在自然界存在的微生物所分泌的酶的作用下，逐步分解成糖分、酒精，自然转变成酒香浓郁的酒。在远古时代人们的食物中，采集的野果含糖分高，无须经过液化和糖化，最易发酵成酒。

人类有意识地酿酒，是从模仿大自然的杰作开始的。我国古代书籍中就有不少关于水果自然发酵成酒的记载。如宋代周密在《癸辛杂识》中曾记载山梨被人们储藏在陶缸中后竟变成了清香扑鼻的梨酒。元代的元好问在《蒲桃酒赋》的序言中也记载某山民因避难山中，堆积在缸中的蒲桃变成了芳香醇美的甜酒。古代史籍中还有所谓"猿酒"的记载，当然这种猿酒并不是猿猴有意识酿造的酒，而是猿猴采集的水果自然发酵所生成的果酒。

远在旧石器时代，人们以采集和狩猎为生，水果自然是主食之一。水果中含有较多的糖分及其他成分，在自然界中微生物的作用下，很容易自然发酵生成香气扑鼻、美味可口的果酒，另外动物的乳汁中含有蛋白质、乳糖，极易发酵成酒，以狩猎为生的先民们也有可能意外地从留存的乳汁中得到乳酒。《黄帝内经》中记载有一种"醴酪"，就是我国乳酒的最早记载。根据古代的传说及酿酒原理推测，人类有意识酿造的最原始的酒类品种应该是果酒和乳酒，因为果物和动物的乳汁极易发酵成酒，所需的酿造技术较为简单。

酿酒历史起于何时？还应着重考证两个先决条件：一是酿酒的原料；二是酿酒容器。据考古发现，在裴李岗文化时期（公元前6000—5000年）和河姆渡文化时期（公元前5000—4000年），中国人已有了陶器和农作物遗存，具备了酿酒的物质条件。磁山文化时期距今7355—7235年，有发达的农业经济。据有关专家统计：在遗址中发现的粮食堆积为一百平方米，折合重量五万公斤，同时还发现一些形制类似于后世酒器的陶器。有人认为磁山文化时期，谷物酿酒的可能性是很大的。地处四川省广汉的三星堆遗址的埋藏物为公元前4800年至公元前2870年，出土有大量的陶器和青铜酒器，其器形有杯、觚、壶等，其形状之大为史前文物所罕见。1979年，考古工作者在山东莒县陵阴河大汶口文化墓葬中发掘到大量的酒器，尤其引人注意的是其中有一组合酒器，包括酿造发酵所用的大陶尊、滤酒所用的漏缸、储酒所用的陶瓮、用于煮熟物料所用的炊具陶鼎，还有各种类型的饮酒器具100多件。据考古人员分析，墓主生前可能是一职业酿酒者。到了龙山文化时期，酒器就更多了。国内学者普遍认为龙山文化时期酿酒业已较为发达。

那么，谁是中国最早的酿酒人呢？基于酿酒的历史悠久，远在文字能记载之前，因此谁是最早酿酒人已无法知晓。至于记载倒有几个，不过在我看来，都只是酿酒大师或技术的改进者，因善于酿酒而留名罢了。

有关最早酿酒人的传说主要有三个：一是夏朝的仪狄。据《世本》《吕氏春秋》《战国策》等先秦典籍记载，仪狄是夏禹时代司掌造酒的官员，相传是我国最早的酿酒人，为女性。公元前二世纪史书《吕氏春秋》云："仪狄作酒。"汉代刘向所著《战国策》记载："昔者，帝女令仪狄作酒而美，进之禹，禹饮而甘之，曰：'后世必有以酒亡其国者。'遂疏仪狄，绝旨酒。"大致意思是说夏禹叫仪狄去酿酒，仪狄经过一番努力后，酿出味道很好的美酒，就进献给夏禹，夏禹喝了，觉得确实美好。关于仪狄造酒的说法，《太平御览》也说："仪狄始作酒醪，变五味。"另有一种说法是"仪狄作酒醪，杜康作秫酒"。"醪"是一种糯米经过发酵而成的"醪糟儿"，性温软，其味甜，多产于江浙一带，现在的不少家庭中仍有自制醪糟儿。醪糟儿洁白细腻，稠状的糟糊可当主食，上面的清亮汁液颇近于酒。还有一种说法是"酒之所兴，肇自上皇，成于仪狄"。是说自上古三皇五帝的时候，就有各种各样的造酒方法流行于民间，是仪狄将这些造酒方法归纳总结出来，使之流传于后世的。

二是酿酒始于夏朝人杜康。东汉《说文解字》中解释酒字的条目中有"杜康作秫酒"。[①]《世本》是一部由先秦史官修撰的，主要记载上古帝王、诸侯和卿大夫家族世系传承的史籍，该书也有同样的说法。杜康又名少康，夏朝人，是中国历史上第一个奴隶制国家夏朝的第五位国王，据《史记·夏本纪》及其他历史文献记载，在夏朝第四位国王帝相在位的时候，发生了一次政变，帝相被杀，那时帝相的妻子后缗氏已身怀有孕，逃到娘家"虞"这个地方，生下儿子，因希望他能像爷爷仲康一样有所作为，所以，取名少康。少年的少康以放牧为生，带的饭食挂在树上，常常忘了吃。一段时间后，少康发现挂在树上的剩饭变了味，产生的汁水竟甘美异常，这引起他的兴趣，就反复研究思索，终于发现了自然发酵的原理，遂有意识地进行效仿，并不

---

① 《说文解字》，[汉] 许慎撰，中华书局 2016 年版，第 313 页。

断改进，终于形成一套完整的酿酒工艺，从而奠定了中国酿酒业开山鼻祖的地位，其所造之酒也被命名为"杜康酒"，所以《说文解字》注："杜，甘棠也。"①

三是酿酒始于黄帝。汉代成书的《黄帝内经·素问》中描述了黄帝与岐伯讨论酿酒的情景，《黄帝内经》中还提到一种古老的酒——醴酪，即用动物的乳汁酿成的甜酒。黄帝是中国人文始祖，很多功业都被附会在他身上，不足为信。

沐浴和斋戒在西周成为礼仪

"沐浴"即洗澡，现代口语很少说"沐浴"，但是它却是古代常用之词。《说文解字》云："沐，濯发也。"② 沐指洗头，亦即洗发；"浴"则指洗身。在古代，如遇重大事件或节日，人们要"沐浴更衣"，以示尊敬。古代皇帝祭天拜祖、僧人诵经念佛之前，先要沐浴是个定俗，表示心洁崇敬。

中国沐浴历史悠久，早在3000多年前的殷商时代，甲骨文中就有了沐浴的记载。《周礼》中也有"王之寝中有浴室"的记载。到春秋时期，中国人已开始使用专门的设备来洗澡。南朝梁简文帝萧纲曾著有《沐浴经》三卷，这是我国至今发现的最早研究洗澡的专著。

据史书记载，公元334年，东晋石虎在邺城盖了"龙温池"，这是我国较早的大型私人浴室。西安临潼闻名中外的温泉浴室"华清池"，则建于唐代。到了宋代，随着商业的繁荣，营业性的公共浴室应运而生。宋代吴曾的《能改斋漫录》中有"公所在浴处，必挂壶于门"的记载，说明宋代的公共浴室还挂有招徕顾客的标志。非但如此，当时已出现了代客擦背的专职服务人员，他们很受洗澡人的欢迎。苏东坡曾在一首《如梦令》词里赞叹过他们的劳动："寄词擦背人，昼夜劳君挥肘。"及至16世纪，我国的公共浴室就相当普

---

① 《说文解字》，[汉] 许慎撰，中华书局2016年版，第110页。
② 《说文解字》，[汉] 许慎撰，中华书局2016年版，第236页。

遍了。

上古时期，人们沐浴只有下河。随着社会的发展，人们逐渐养成了沐浴的生活习惯，在商周时期的甲骨文和金文中都有关于"沐浴"的记载。沐，字形像双手掬盆水沐发状，会意为沐，是洗发之义；浴，字形像人置身于器皿中，并在人的两边加水，会意为浴，是洗澡的意思。而用来沐浴的器皿有青铜器鉴，《说文解字》云："鉴，大盆也"①，盛水用作洗器，《庄子·则阳》有"灵公有妻三人，同滥而浴"②的记载。在铜镜尚未问世时，古人常以鉴盛水照容貌，甲骨文"监"（监、鉴为古今同字）像人俯身就皿照容之形。从"盈"字字形看，像人浴身于浴器中，与"浴"字字形相近，稍不同的地方仅是"盈"字的浴器中"见足明示裸浴"（见康殷《古文字源流浅说》）。"盈"字字形则向人们展示了先秦人用浴器沐浴的情景。

沐浴成为礼仪是在西周时期。当时，由于沐浴已经深入社会的方方面面，人们对沐浴有了深层次的理解，不仅仅把沐浴单纯看作洁身净体，润肤养身，而视为隆重礼仪。与之相关的是斋戒，古人祀神祭祖之前都要沐浴净身，这是定法，表示内心洁净虔诚。斋戒之礼始于殷商，至西周成定制，西周的戒礼十分隆重和考究，每逢重大祭祀活动前要进行两次斋戒，第一次在祭前十日或三日举行叫戒，第二次在祭前三日或一日进行叫宿，均由专职官员主持一定的仪式，要求与祭者禁食荤腥，并沐浴净身，以示对神灵的肃敬。斋戒沐浴是西周朝廷祭祀礼仪的重要组成部分，由专职官员执掌。

据《礼记·内则》记载："男女夙兴，沐浴衣服，具视朔食。"③ 居家过日子，男女要早起，沐浴更衣。作为夫妇之礼则有"不敢共湢浴"，也就是说妻子不能和丈夫共用一个浴室，即所谓"外内不共井，不共湢浴"。在家庭里还有尊老礼节，"五日则燂汤请浴，三日具浴。其间面垢，燂［tán］潘请靧［huì］；足垢，燂汤请洗"。古时候的礼节规定，晚辈要五天烧一次温水为父母洗一次澡，每三天烧一次温水为父母洗一次头。其间，父母脸上如果脏了，要烧淘米水为父母洗干净；脚脏了，则用温水为父母洗干净。诞生礼仪中沐浴亦很

---

① 《说文解字》，[汉] 许慎撰，中华书局2016年版，第296页。
② 见《庄子·则阳》，古诗文网。
③ 见《朔食》，百度百科。

重要，《礼记·内则》中记载："世子生，则君沐浴，朝服，夫人亦如之。"又载："公庶子生，就侧室，三月之末，其母沐浴，朝服见于君。"① 在往来礼节中，沐浴在西周时已是重要礼仪。《礼仪·聘礼》记载："管人为客，三日具浴，五日具浴。"又载："飧不致，宾不拜，沐浴而食之。"② 管人接待来客，要满足客人三天洗一次头，五天洗一次澡的要求，主人用飧礼招待来宾时，来宾不用拜谢，但要沐浴之后再就食，以表示对主人的尊重。《礼记·玉藻》中还规定"君子之居恒当户"，"日五盥，沐稷而靧粱，""居外寝，沐浴。"③《礼仪·士虞礼》规定，举行虞礼祭前，参加祭祀的人要先洗头洗澡，所谓"虞，沐浴"。④ 虞即虞礼，于日中致祭，以安死者魂魄的祭礼，是为虞礼。

按照周制，诸侯朝见天子时，天子要赐以王畿以内供沐浴的封邑，叫作"汤沐邑"。《礼记·王制》云："方伯为朝天子，皆又汤沐之邑于天子之县内。"⑤ 诸侯要在专供沐浴的封邑先洗头洗澡，然后才能去朝见天子，沐浴洁身以示对天子的尊重。一生以克己复礼为己任的孔子，对沐浴之礼身体力行，"孔子沐浴而朝"，早已为世人所熟知。先秦沐浴礼仪的形成并臻完备，正是对沐浴深入社会、深入生活方方面面的总结，作为定制为世人所遵循，这在世界沐浴史上是独一无二的。

彭祖养生法与现代人的健康突围

史载："彭祖者，殷时大夫也。姓钱，名铿。帝颛顼之孙，陆终氏之中子。历夏而至商末，号七百岁。"彭祖活了七百岁，唐朝张果据说活了一千多岁，前者为史书记载，后者为其本人吹嘘，但有一点，他们都是寿星，都有

①见《礼记·内则》，古诗文网。
②见《礼记·聘礼》，古诗文网。
③见《礼记·玉藻》，古诗文网。
④见《礼记·士虞礼》，古诗文网。
⑤见《礼记·王制》，古诗文网。

养生之道。

彭祖的养生之道后人称之"彭祖延年益寿养生法"，内容主要包括四个方面：一是注意锻炼身体。每日凌晨即起、端坐、揉目、按摩、砥唇咽液、意守丹田、吸气数十遍；然后起身、熊径鸟伸、运气发功等，他是气功的最早创始人，这套健身法，被后人写成《彭祖引导法》。二是思想修养。他从不计较名利得失，不追求物质享受，情绪恬静而达观。殷王赠其万金，他用来接济贫困，自己无所留。不受"慎喜毁誉"所累，经常保持良好的精神状态。三是养成良好的生活习惯。他坚持顺乎自然，不伤害身体，冬天注意保暖，夏季时常纳凉，顺应四时节气，使身体舒适安康，重视劳逸结合，用脑切忌过度，衣着求适不求华贵，男女生活饮食合理调节，并说："凡此之类，譬犹之水，用之过当反为害也。"四是注重饮食健康。彭祖作为第一个养生家，同时也是一位厨艺高超的厨师，很好地将养生和饮食结合起来。这点从彭祖使用员木果籽（茶籽）烹调的野鸡汤为尧帝调养虚弱的身体可以反映出来。《彭祖养道》上曾记载："帝食，天养员木果籽。"员木果籽（茶籽）为我国特有的物种，本身就富含多种营养物质，延缓衰老。通过彭祖为尧帝饮食的精心打理，尧帝在位七十年，终于118岁仙寿。所以饮食健康也成为其能延年益寿的一大因素。

彭祖活七百岁也好，八百岁也罢，考究真伪没有多大意义，其真正值得我们深思的是他的养生之道，能给我们现代人以启示。对于现代人类来说，健康是个大问题，可以说没有疾病的人很少，特别是成年人，三高（高血压、高血脂、高血糖）者比比皆是，人的生命从来没有像今天这样，变得异常脆弱。人不仅抗御风险的能力越来越差，而且抗御挫折和疾病的能力也越来越差，英年早逝者越来越多。许多疾病究其根源，与锻炼身体、思想修养、生活习惯、饮食健康有很大关系，快节奏和压力重的生活，让人们放弃了养生追求和休闲时间，在碌碌奔忙中耗费着生命，越来越多的人因身体过度透支常年处于亚健康状态，最终导致"过劳死"。因此，需要提醒天下"忙人"们，停下你匆匆的脚步，思考和选择一个养生之法，抽出更多的时间去养生。你不一定如彭祖娶一百个妻子，生几百个孩子，但可以如彭祖，坚持养生，让自己健康长寿，虽不能活七百岁或八百岁，但可以力争活七十岁或八十岁。

使用黄金的历史与中华金灿灿的文化梦想

时下，人们正热炒黄金，他们只知黄金贵重，却未必知道中国人使用黄金的历史。据考证，中国现存最早的文字是商朝的甲骨文和西周的金文，里面都有金字，不过这里的金未必指黄金。《尚书》是中国最早的一部史书，出现的第一个与"金"字有关的字是"锡"，第二个字是"镂（刻刀）"，第三个字是"铚"（镰刀），它们出现在三皇五帝时期，都与黄金无关。最早发掘的金饰物产自殷商时代，殷商时代为公元前1600年至公元前1046年，距今超过了三千年。由此可见，中国是世界上最早使用黄金的国家之一。

我们常说的"五金"指金、银、铜、铁、锡。它们出现的顺序为锡、铜、金、银、铁。早在远古时代，人们便发现并使用锡了。在我国的一些古墓中，便常发掘到一些锡壶、锡烛台之类锡器。据考证，周朝时锡器的使用已十分普遍了。其次是铜，再次是黄金。在我国，黄金的使用早于白银，这跟冶炼技术的难易有密切关系。在殷商时代，人们便已掌握了黄金最富延展性的特征，并利用它生产了许多金饰物。从许多商代遗址中已发现为数不多的小件金饰。在安阳殷墟，发现有眼部贴金的虎饰及金片、金叶、金箔等饰件。在晋代遗址中还发现有金耳环、金钏。在四川广汉三星堆遗址，发现了金杖、金面罩、虎形金饰等。这些都是最早的黄金制品，这说明商代已掌握了浇铸黄金的技术，但此时尚未出现金器皿。

世界最早的金币出土于现在的埃及，考古学家估计已有近4700年的历史，是公元前2700年左右制造的，这种埃及出土的古币主要是用于一种礼品，而不是流通的货币，是古埃及贵族们互相赠送的奢侈品。公元前600年左右，金币开始变成古埃及的官方货币。在古代中国，金币的流通大约出现在公元前600年至公元前500年。春秋战国时黄金成为一般等价物，成为贵重的货币。

黄金与铜币相比有两个显著特点：一是铜币流行一般有一定国界和地域的限制；黄金则是一种不受国家和地域限制的跨国货币，在各个国家和地域均可流通。二是铜币一般在民间流行，黄金则一般在统治阶级的各种活动中使用。

春秋战国时期使用黄金时，以镒或斤为重量单位。1 镒重 20 两或 24 两。1 斤约合今 250 克左右。春秋时期已有黄金的使用，当时常常在大宗价值转移时以黄金为支付手段，同时也以黄金的多少作为衡量财富的标志。如《国语·晋语二》载晋公子夷吾以"黄金四十镒，白玉之珩六双"送秦公子絷，就是以黄金作为支付手段的事例，至于子贡"家累千金"和陶朱公"三致千金"，则是以黄金作为价值尺度和作为衡量财富标志的事例。战国时，随着商品经济的发展和政治交往的频繁，黄金作为价值尺度和作为支付、储藏手段大量使用。如孟尝君"至楚，献象床，直千金""孟尝君有一狐白裘，直千金，天下无双，入秦献之昭王"，有一把宝剑值"千金"，有千里马值"千金"，有"璞玉"值黄金"千溢（镒）"，秦国买韩国的美人，价值"三千金"等。封建统治阶级的地租收入，有时也用黄金计算。如战国后期西周辖地温囿所收地租"岁利八十金"。封建主的家产也常常以金计，有"千金之家""万金之家"。孟尝君说服田婴曰："齐不加广而君私家富累万金"。这都说明当时贵重东西的买卖和在封建统治阶级中黄金的流通是广泛的。在政治斗争中，各国也以重金收买，去达到其政治目的，这方面事例很多。如齐威王八年（公元前349年）楚发兵攻齐，齐王使淳于髡去赵请救兵，威王先给"赍金百斤，车马十驷"，后又"益赍黄金千溢，白璧十双，车马百驷。髡辞而行，至赵。赵王与之精兵十万，革车千乘。"

古人把新房叫洞房与风水有关

自古写洞房花烛的诗词歌赋很多，如唐朝诗人朱庆馀写的《近试上张水部》："洞房昨夜停红烛，待晓堂前拜舅姑。妆罢低声问夫婿，画眉深浅入时无?"此外，像白居易、岑参、张籍、鲍君徽、柳永等都写过此类诗词。最喜欢的洞房花烛诗是岑参写的那首《春梦》："洞房昨夜春风起，故人尚隔湘江水。枕上片时春梦中，行尽江南数千里。"

在中国古代，人们认为，人生最快乐的事情有四件，也即人生四喜：久旱逢甘露、他乡遇故知、洞房花烛夜、金榜题名时。结婚是人生大事，也是喜事，中国人很看重，围绕新婚嫁娶精心谋划，许多婚制习俗世代传承，形成具有东方特色的婚姻礼俗和婚恋文化。

在中国，人们把结婚的人叫新人，男的叫新郎，女的叫新娘，把新郎、新娘结婚的房子叫新房。与新婚有关的这些都有个"新"字，最基本的含义是指新婚男女新生活的开始。可是"新房"还有个名字，叫"洞房"。为什么把新房叫洞房呢？传说至少有六个（见百度词条）解释，但它们都有个共同点，就是与在山洞中结婚有关。对这些传说，我觉得都有些牵强附会，多半是后人杜撰的，因为疑点很多。

疑点一：如果把新房叫洞房与在山洞中结婚有关，那么早期人类多住山洞，为什么不叫洞房呢？以山洞为房不叫洞房，却为何单单把结婚的房子叫洞房呢？按此推理，洞房当与在山洞里结婚无关。

疑点二：洞房本意与山洞无关。什么叫洞房，字典解释说：深邃的内室，新房。洞是什么意思呢？我们可以查查词源。洞本是形声字，从水同声，本义为水流急，如《说文解字》言："洞，疾流也。"①《说文解字》是中国第一部系统分析汉字字形和考究字源的字书，为汉代许慎著，成于汉安帝建光元年（公元121年）。也就是说在汉朝时，洞并没有窟窿的意思，更没有幽深、广阔、清澈、透彻等含义。山洞说至少在汉朝以前是不成立的。

疑点三：洞房是不是一开始就叫洞房呢？我们查查洞房的由来，可知洞房最早见于西晋文学家陆机的《君子有所思行》："甲等高闳，洞房结阿阁。"后来还有北周庾信《和咏舞》诗："洞房花烛明，燕余双舞轻。"这里的洞房的确是指新房。说明洞房在西晋时已经用来专指新房了。

笔者以为，把新房叫洞房，跟风水有关。中国风水学起源于原始时期，雏形于尧舜时期，成熟于汉唐时期，鼎盛于明清时期。风水学是人类在长期居住实践中基于朝阳光、避风雨、防火灾、近水源、利出行等形成的最基本的居住理论。风水分为龙、穴、砂、水、向、意、形、天（天体布局），其核心是风和水。在传统的天人合一观念中，山犹如人之骨骼，水犹如人之血脉，

---

① 《说文解字》，[汉] 许慎撰，中华书局2016年版，第230页。

草木犹如人之毛发。水对人为生命之源，对阴宅阳宅则为财源，有财方有和谐富足的生活。结婚建新房当选址在有水且水能聚合的地方。如晋朝集风水学之大成者郭璞曾言："气乘风则散，界水则止"，"古人聚之使不散，行之使有止，故谓之风水"①。有水且能聚合的地方叫什么呢？叫洞，因为洞字从水从同，同为会意字，从冃从口。冃（mào），意重复，本义为聚集。《说文解字》曰："同，合会也。"② 所以洞的本意为奔流交汇的水流，在这样的地方建房，风水先生们称之为洞房。汉晋时代，风水之习盛行，风靡民间，洞房随之成为新房的代名词。

远古时代十个伟大女性传说及其传递的文化精神

中华文化的源头也是中华民族精神的源头，中华民族精神的构筑不仅仅是男人们的事情，正如我们身躯流淌着母系的血脉一样，中华民族的血脉也一直流淌着无数中华女性的优秀品质和精神，无数杰出女性为中华民族精神注入了灵魂，仅远古时代有文字记载的就有十位女性。

一、华胥氏

华胥氏是我国上古时期母系氏族部落的一位杰出女首领，神话传说中女娲和伏羲的母亲，是华夏之根。相传华胥氏是风兖部落的女首领，年轻有为，与族叔风偌率族人逐水草而居，过着浪漫的游牧生活。有一次华胥氏外出，在雷泽湖边（今山东鄄城）无意中看到一个特大的脚印，好奇的华胥用她的脚踩了一下，感应受孕，怀胎十二年后，生下伏羲。《春秋世谱》中说："华胥生男名伏羲，生女名女娲。"《山海经·内东经·郭注》中说："华胥履大迹生伏羲。"华胥氏生下伏羲和女娲，开辟了中华民族的发展史。司马迁《史记·五帝本纪》开卷写道：有文字记载的历史，从华胥氏开始，她是中华民

①《葬书》，[晋] 郭璞著，见百度阅读。
②《说文解字》，[汉] 许慎撰，中华书局 2013 年版，第 153 页。

族的始祖母。华胥氏生伏羲、女娲，伏羲、女娲生少典，少典生炎黄二帝。正是由于华胥氏生养了伏羲、女娲，再由伏羲女娲结合成婚，才繁衍出中华民族。

二、女娲

女娲是中国上古神话中的创世女神。传说女娲时代，在自然界发生了一场特大灾害，天塌地陷，猛禽恶兽都出来残害百姓，女娲熔炼五色石来修补苍天，又杀死猛禽恶兽。还有传说女娲用黄土仿照自己造成了人，创造了人类社会。另传说女娲制造了一种叫笙簧的乐器，于是人们又奉女娲为音乐女神。《风俗通义》记载她替人类建立了婚姻制度，使青年男女相互婚配，繁衍后代，因此被传为婚姻女神。关于女娲的传说很多，一直流传至今，影响甚为广泛深远。至今中国云南的苗族、侗族还将女娲作为本民族的始祖加以崇拜。

三、宓妃

宓妃又叫洛神，是伏羲氏的女儿，因迷恋洛河两岸的美丽景色，降临人间，来到洛河岸边。那时，居住在洛河流域的是一个勤劳勇敢的部族有洛氏。宓妃便加入有洛氏当中，并教会有洛氏百姓结网捕鱼，还把从父亲那儿学来的狩猎、养畜、放牧的好方法教给了有洛氏的人们。另有传说宓妃在洛水渡河不幸被淹死，后来便做了洛水的女神。她在生前以美丽闻名于世，因此赢得后世诗人极好赞誉。曹植曾在《洛神赋》中赞美说："其形也，翩若惊鸿，婉若游龙，荣曜秋菊，华茂春松。髣髴兮若轻云之蔽月，飘飖兮若流风之回雪。远而望之，皎若太阳升朝霞。迫而察之，灼若芙蕖出渌波。秾纤得衷，修短合度。肩若削成，腰如约素。延颈秀项，皓质呈露，芳泽无加，铅华弗御。云髻峨峨，修眉联娟，丹唇外朗，皓齿内鲜。明眸善睐，靥辅承权，瑰姿艳逸，仪静体闲。柔情绰态，媚于语言。奇服旷世，骨象应图。披罗衣之璀粲兮，珥瑶碧之华琚。戴金翠之首饰，缀明珠以耀躯。践远游之文履，曳雾绡之轻裾。微幽兰之芳蔼兮，步踟蹰于山隅。于是忽焉纵体，以遨以嬉。左倚采旄，右荫桂旗。攘皓腕于神浒兮，采湍濑之玄芝。"

四、羲和

羲和，中国神话中太阳神的名字，传说是帝俊的妻子，与帝俊生了十个儿子，都是太阳，住在东方大海的扶桑树上，轮流在天上值日。有关羲和的传说，最早见于《山海经》："东南海之外，甘水之间，有羲和之国，有女子名羲和，方浴日于甘渊。羲和者，帝俊之妻，生十日。"[1] 也就是说，羲和国中有个女子名叫羲和，她是帝俊的妻子，生了十个太阳。"太阳之母"是关于羲和的传说之一。羲和又是太阳的赶车夫。《楚辞·离骚》说："吾令羲和弭节兮，望崦嵫而无迫。"（弭：平息；崦嵫：古代指太阳落山的地方）。诗句的意思是：羲和不慌不忙地赶着马车，和太阳一起走在归家的路上。羲和掌握着时间的节奏，每天由东向西，驱使着太阳前进。因为有着这样不同寻常的本领，所以在上古时代，羲和又成为制定时历的人。《尚书·尧典》说："乃命羲和，钦若昊天，历象日月星辰，敬授民时。"[2]

五、精卫

传说精卫是太阳神炎帝的女儿，是个没成年的小姑娘，名叫女娃。女娃是个懂事的好孩子，爸爸不在家，她就自己玩。她常常穿着一双小红鞋跑到田野里，把很多花插在自己头上，打扮得漂漂亮亮的。她在田野里看着火红的太阳从东方升起，高高兴兴地沐浴着阳光，欣赏着周围的一片生机。有时候，她跑到东海边上去看日出，当她看到霞光万道、光芒四射，一轮红日从海面上跳出来的时候，她喜欢极了。因此很想去看看东海以外太阳升起的地方。有一次，她不听话，等爸爸走了以后，自己跳到东海里游泳，遇到风浪沉入东海，再也没有回来。但女娃的精魂没有死，化作小鸟，头上的野花化作脑门的花纹，脚上的小红鞋变成红爪，她发誓要填没东海。为了壮大自己的力量，精卫就和海燕结成配偶，繁衍后代，让自己的精神世世代代流传下去，以继续填海的事业，直到把大海填平为止。精卫和海燕生下的孩子，雌的像精卫，雄的像海燕。精卫鸟一刻不停地从西山衔来石子和树枝，往东海

---

①《帝王世纪·山海经·逸周书》，辽宁教育出版社1997年版，山海经卷，第66页。
②《尚书全鉴》，道纪居士解译，中国纺织出版社2016年版，第4页。

扔。早也扔，晚也扔，今天扔，明天也扔，即使遇到狂风暴雨，它也在风雨中穿行。有时候，它离水面太近，海上的恶浪又一次把它吞没，可是，它仍然不罢休，还有新的精卫鸟继续来填海。精卫填海的事惊动了天神。天神共工很佩服精卫的精神，于是就降下洪水，把高原上的泥沙冲进大海，把海水都搅黄了。于是，人们把东海北部发黄的海域叫作黄海。当大海发觉自己真有被填平的危险时，赶紧采取措施，把那些泥沙用潮汐推向岸边，泥沙在岸边沉淀下来，形成海涂。海涂厚了、大了，人们就把它围起来，改造成良田。人们忘不了这片土地是精卫填海而来的，就教育自己的子子孙孙，世世代代都要爱鸟、护鸟，学习精卫精神，矢志不渝地朝着既定的目标去奋力拼搏。

六、嫫母

嫫母，又名丑女。5000 年前，黄帝为了制止部落抢婚事件，专门挑选了品德贤淑、性情温柔、面貌丑陋的丑女（封号嫫母）作为自己第四妻室。黄帝还说："重美貌不重德者，非真美也，重德轻色者，才是真贤。"相传嫫母为方相氏，中原之南的苗族后裔。据唐代《琱玉集·丑人篇》中描述，嫫母的尊容是"锤额颥頞，形篦色黑"，即额如纺锤，塌鼻紧蹙，体肥如箱，貌黑似漆，乃"黄帝时极丑女也"。嫫母因为貌丑而成逐疫驱鬼之神，据说后世巫医神汉祛除瘟疫跳大神时所戴的面具，就是嫫母的遗像，形状极为丑恶。据记载远古历史传说的书籍《轩辕本纪》（唐代王瓘著）上说，嫫母与嫘祖关系不错。传说，黄帝在带着元妃嫘祖巡视天下时，嫘祖不幸逝世，黄帝为她举行了盛大的祭奠，封嫘祖为"祖神"，同时让嫫母"监护于道"。这其实就是守墓，是一件很苦的差事，每年都要在嫘祖埋葬的地方守着，组织老百姓按时祭祀。屈原在《楚辞·九章》中歌颂道："妒佳冶之芬芳兮，嫫母姣而自好。"《吕氏春秋·遇合篇》中记载，嫫母与黄帝感情深厚，并假借黄帝的话教训那些长相自卑的女人："厉女德而弗忘，与女正而弗衰，虽恶奚伤?"[1]意思是说：不能忘记修养你们的道德，不能衰退你们内心的纯正。这样做了，虽然长得丑又能伤害谁呢!《淮南子·修务训》也拿美女西施与丑女嫫母比较道："不待脂粉芳泽而性可悦者，西施、阳文也"；"虽粉白黛黑弗能为美者，

---

[1]《吕氏春秋》，[战国] 吕不韦编著，中州古籍出版社 2015 年版，第 203 页。

嫫母、仳倠也。"① 意思是西施为自然美，而嫫母是心灵美。后世还有"嫫母有所美，西施有所丑""嫫母有傀，善誉者不能掩其丑""次妃嫫母，貌恶德充"等赞誉。

七、玄女

玄女，或称九天娘娘、九天玄女，道教神仙之一，人头鸟身。道教谓皇帝与蚩尤战于涿鹿，帝不能胜，叹于太山之阿，感于王母，乃命九天玄女下降，授帝以遁甲、兵、符、图、策、印、剑等物，并为制夔牛鼓八十面，遂大破蚩尤而定天下。葛洪《抱朴子内篇·极言》云：黄帝"论道养则资玄、素二女"。《云笈签》卷一百《轩辕本纪》云：黄帝"于玄女、素女受房中之术"。明代董斯张《广博物志》卷九曾引《玄女兵法》文，亦记上述故事。文曰："蚩尤幻变多方，征风召雨，吹烟喷雾，黄帝师众大迷。帝归息太山之阿，昏然忧寝。王母遣使者被玄狐之裘，以符授帝，符广三寸，长一尺，青莹如玉，丹血为文。佩符既毕，王母乃命一妇人，人首鸟身，谓帝曰：'我九天玄女也。'授帝以三宫五意阴阳之略，太乙遁甲六壬步斗之术，阴符之机，灵宝五符五胜之文，遂克蚩尤于中冀。又数年，王母遣使白虎之神，乘白鹿集于帝庭，授以地图。"唐末杜光庭的《墉城集仙录》记载的道教仙女中也有关于九天玄女的记载：九天玄女者，黄帝之师，圣母元君弟子也……帝用忧愤，斋于太山之下，王母遣使披玄狐之裘，以符授帝曰："精思告天，必有太上之应。"居数日，大雾冥冥，昼晦。玄女降焉。乘丹凤，御景云，服九色彩翠之衣，集于帝前。帝再拜受命。玄女曰："吾以太上之教，有疑可问也。"帝稽首曰："蚩尤暴横，毒害蒸黎，四海嗷嗷，莫保性命。欲万战万胜之术，与人除害，可乎？"玄女即授帝六甲六壬兵信之符。②

八、娥皇、女英

传说聪明美丽的娥皇和女英，是上古时尧帝的两个女儿，也称"皇英"。尧帝晚年，想物色一个满意的继承人。他看到舜是个德才超群的大贤人，于

---

①《淮南子》，[汉] 刘安撰，中州古籍出版社 2015 年版，第 298 页。
②以上见《玄女》，百度百科。

是就把帝位传给了舜，并让娥皇和女英作了舜的妻子。娥皇封为后，女英封为妃。舜不负尧的信任，让禹治洪水，使人民过上了安定的生活，娥皇、女英也鼎力协助舜为百姓做好事。舜帝晚年时，九嶷山一带发生战乱，舜想到那里视察一下实情。舜把这想法告诉娥皇、女英，两位夫人想到舜年老体衰，争着要和舜一块去。舜考虑到山高林密，道路曲折，于是只带了几个随从，悄悄地离去。娥皇、女英知道舜已走的消息，立即起程。追到扬子江边遇到了大风，一位渔夫把她们送上洞庭山。后来，她俩得知舜帝已死，埋在九嶷山下，便天天扶竹向九嶷山方向泣望，把这里的竹子染得泪迹斑斑。后来，她俩投湘水而亡，成了湘水之神。汉代刘向《列女传·有虞二妃》云："有虞二妃，帝尧二女也，长娥皇，次女英。"《山海经》载：洞庭之中，"帝之二女居之，是常游于江渊""出入必以飘风暴雨。"[1] 晋张华《博物志·史补》云："舜崩，二妃啼，以涕挥竹，竹尽斑。"今江南有"斑竹""湘妃竹"之说，盖出于此也。娥皇、女英二妃的美丽动人的形象，历来成为吸引诗人、画家的创作题材。我国最伟大的诗人屈原《九歌》中的《九歌·湘君》《九歌·湘夫人》，是最早歌颂二妃的不朽诗篇。

九、嫦娥

相传，远古时候有一年，天上出现了十个太阳，直烤得大地冒烟，海水枯干，老百姓眼看无法再生活下去。这件事惊动了一个名叫后羿的人，他登上昆仑山顶，运足神力，拉开神弓，一气射下九个多余的太阳。后羿立下盖世神功，受到百姓的尊敬和爱戴，不少志士慕名前来投师学艺。奸诈刁钻、心术不正的逢蒙也混了进来。不久，后羿娶了美丽善良的妻子，名叫嫦娥。后羿除传艺狩猎外，终日和妻子在一起，人们都羡慕这对郎才女貌的恩爱夫妻。一天，后羿到昆仑山访友求道，巧遇由此经过的王母娘娘，便向王母求得一包不死药。据说，服下此药，能即刻升天成仙。然而，后羿舍不得撇下妻子，只好暂时把不死药交给嫦娥珍藏。嫦娥将药藏进梳妆台的百宝匣里，不料被逢蒙看到了。三天后，后羿率众徒外出狩猎，心怀鬼胎的逢蒙假装生病，留了下来。待后羿率众人走后不久，逢蒙手持宝剑闯入内宅后院，威逼

---

① 《帝王世纪·山海经·逸周书》，辽宁教育出版社1997年版，山海经卷，第44页。

嫦娥交出不死药。嫦娥知道自己不是逢蒙的对手，危急之时她当机立断，转身打开百宝匣，拿出不死药一口吞了下去。嫦娥吞下药，身子立时飘离地面，冲出窗口，向天上飞去。由于嫦娥牵挂着丈夫，便飞落到离人间最近的月亮上成了仙。傍晚，后羿回到家，侍女们哭诉了白天发生的事。后羿既惊又怒，抽剑去杀恶徒，逢蒙早逃走了。气得后羿捶胸顿足哇哇大叫。悲恸欲绝的后羿，仰望着夜空呼唤爱妻的名字。这时他惊奇地发现，今天的月亮格外皎洁明亮，而且有个晃动的身影酷似嫦娥。后羿急忙派人到嫦娥喜爱的后花园里，摆上香案，放上她平时最爱吃的蜜食鲜果，遥祭在月宫里眷恋着自己的嫦娥。百姓们闻知嫦娥奔月成仙的消息后，纷纷在月下摆设香案，向善良的嫦娥祈求吉祥平安。

十、妇好

妇好是商王武丁第一任王后，60多位妻子中的一位，即祖己的母亲。死后庙号"辛"，生活于公元前12世纪前半叶武丁重整商王朝时期，是我国最早的女政治家和军事家，中国历史上第一位有据可查的女英雄。商朝的武功以武丁时代最盛，武丁通过一连串战争将商朝的版图扩大数倍，而为武丁带兵东征西讨的大将就是他的王后妇好。甲骨文记载，有一年夏天，北方边境发生战争，双方相持不下，妇好自告奋勇，要求率兵前往，武丁犹豫不决，占卜后才决定派妇好起兵，结果大胜。此后，武丁让她担任统帅。从此她东征西讨，打败了周围二十多个方国，那时作战，出动的人数都不多，一般也就上千人，和大规模械斗差不多，但是根据记载妇好攻打羌方的时候一次带兵就有一万三千多人，也就是说占都城十分之一的军队都交给她了。妇好不但能带兵打仗，而且还是国家的主要祭司，经常受命主持祭天、祭先祖、祭神泉等各类祭典，又任占卜之官。商朝是个迷信鬼神的国家，所谓"国之大事，在祀与戎"。妇好又会打仗，又掌握了祭祀与占卜的权力，可能连武丁都要怕她三分。

从以上十个伟大女性传说，我们能够感受到我们祖先女性的至高追求和境界，感受到伟大母性的人格魅力。由此我们可探知，在远古时代，我们祖先崇尚的是母性功德，歌颂的是胸怀天下、造福世界和敢与世界及邪恶抗争的精神，同时也歌颂智慧、贤德、爱情等。这些伟大女性像标杆一样，不仅为后世女性树立了榜样，也为整个人类树立了榜样，她们永远值得我们缅怀和学习。

中国旅游始兴于东周

旅行作为一种社会行为，古代即已存在，中国是世界文明古国之一，旅行活动的兴起同样也居于世界前列，早在公元前 22 世纪就有了。史书记载，舜帝曾南巡至苍梧，一路游览了许多山川河流。再就是大禹，为了疏浚九江十八河，游览了大好河山。之后，就是周穆王，他曾八驾西行，直到瑶池见到西王母。还有春秋战国时的老子和孔子，老子传道骑青牛西去，孔子讲学周游列国。汉时张骞出使西域，远至波斯（今伊朗和叙利亚）。唐时玄奘取经到印度，明时郑和七下西洋，远至东非海岸，还有大旅行家徐霞客作了游记。

但人们对旅行有深入认识是在殷周，而旅游成为一种社会现象则是在东周，这与春秋战国时期的社会现状有关。早在殷周之际，人们已经开始注意旅行的类别，殷人和周人习惯用"旅"字，专指当时最活跃的一种旅行——商旅。《易经》中专讲行商客贾的一卦叫作"旅"卦。"旅"字之所以用于商旅，一是"旅"本来就含有行走之意，二是"旅"常被古人假借为"庐"，与"庐"字相通的"旅"字便成了当时商业旅游的专称。东周时期，旅行分类更加清楚，东周人除了沿用殷周以来的说法，以"旅"称商旅，以"征"称军旅，以"归"称婚旅，以"巡"称天子之旅，以"迁"称迁徙之旅，特别是他们用"旅"字为中国旅游史引进了现代"旅游"的概念。

"游"的字义是浮行于水中，指人能像鱼一样无拘无束，自由自在地"泳之游之"，[1] 当然是一件令人高兴的事情。所以当时人们把那些随心所欲，"优哉游哉"[2] 的旅行活动，如游猎、游览、游学等概称为"游"。"游"的提出，说明东周人已经有了比较明确的旅游范畴，能够把旅游与商旅、聘旅

---

[1]《诗经今注》，上海古籍出版社 1984 年版，第 49 页。
[2]《史记全本导读辞典》，四川辞书出版社 1997 年版，第 989 页。

级行役（礼节性外交和长途公差）等功利性的旅游区别开来，标志着中国古代旅游从此进入了自觉的认识阶段。

有关"旅游"一词，最早见于六朝，齐梁时著名政治家、诗人沈约《悲哉行》中有云："旅游媚年春，年春媚游人"，用以专指个人意志支配的，以游览、游乐为主的旅行，以此区别于其他种种功利性的旅行。

华诞的"诞"字本意是啰唆

生活中，我们经常用到诞生、诞辰、寿诞、华诞等词，如纪念邓小平诞辰 100 周年、庆祝中国共产党 90 华诞。在许多人心目中"诞"就是出生的意思，其实"诞"的本意与出生一点关系都没有，其本意是啰唆的意思。

诞，形声。从言，延声。言，说话也；延，无止境或无边际，诞为言、延合，意指不停地说话或说话没谱。有书注解说"诞"本义是说大话，这不确切，准确的说法是本意为不停地说话或说没谱的话，后来演变为说大话、说假话。不停地说话指啰唆。最初，孩子出生叫生，孩子生，家添人口，给周围的人带来许多话题，父母、爷奶从此变得啰唆，于是戏称诞，孩子生日也因此叫诞日。在古代，只有年龄高或辈分高的人过寿，父母在，子女不能称寿，只能叫生日。人到了过寿的年龄，也到了嘴碎啰唆的年龄，废话多起来，言不由衷或不能实现的大话、假话也多起来，寿龄也即诞龄，故而有了寿诞之说。《说文解字》上说："诞，词诞也。"[1]《尚书·酒诰》曰："诞惟民怨。"《尚书·大诰》曰："肆朕诞以尔东征。"[2]《汉书·郊祀志上》云："言神事如迂诞。"隋唐时期的经学家颜师古曰："诞，大言也。"

"诞"后来引申为荒诞与此无关，这源自中国古代神话志怪小说《神异经（西南荒经）》。该经说："西南荒中出讹兽，其状若菟，人面能言，常欺人，言东而西，言恶而善。其肉美，食之，言不真矣。"这种动物叫什么名字呢？

---

①《说文解字》，[汉]许慎撰，中华书局 2016 年版，第 50 页。
②《尚书全鉴》，道纪居士解译，中国纺织出版社 2016 年版，第 183、197 页。

该兽名之曰诞，此后"诞"成了夸大、虚妄、怪异的意思，如诞诈（诞妄奸诈）、诞辞（虚诞的言辞）、诞言（夸大的话），等等。

周朝时中国人就有了生日歌

今天，人们在生日聚会（birthday party）上，经常要唱《生日快乐歌》（Happy Birthday to You）。谁都知道，这首歌来自哥伦比亚，是洋歌，后来风靡世界，成为国际流行的生日歌。其实在很多国家，人们都过生日，有生日歌的国家当不属少数，中国早在周朝时就有了生日歌，《诗经》里有记载。《诗经·小雅·南有嘉鱼之什·南山有台》就是一首典型的颂德祝寿歌，全文是：

南山有台，北山有莱。乐只君子，邦家之基。乐只君子，万寿无期。
南山有桑，北山有杨。乐只君子，邦家之光。乐只君子，万寿无疆。
南山有杞，北山有李。乐只君子，民之父母。乐只君子，德音不已。
南山有栲，北山有杻。乐只君子，遐不眉寿。乐只君子，德音是茂。
南山有枸，北山有楰。乐只君子，遐不黄耇。乐只君子，保艾尔后。

"万寿无期""万寿无疆""德音不已""遐不眉寿""德音是茂""遐不黄耇""保艾尔后"都是祝寿的好词句，不过这首祝寿歌只适合老人或长辈，孩子是不宜使用的，这与那首洋歌不同，也是局限，它受限于中国森严的家庭等级思想。

由爱情表达看中华早期的情感文化

爱情是神圣的，也是神秘的。追逐爱情和幸福是人的本性，也是天经地义、合乎伦理的。爱情很美好，表达爱情的过程更美好。人与鸟兽不同的是对爱的表达已超出简单的性强迫而充满人性和技巧。远古时期，男女表达爱情的方式有哪些？我们不知道，因为没有可信的文字记载，但从周朝甚至更早的情形我们却能发现一些端倪，比如从《诗经》里我们就可以找到当时男女多种表达爱情的方式。

唱情歌

今天，一些少数民族还保留着青年男女对歌的习俗。其实这种方式早在周朝就有。比如《国风·周南·关雎》《国风·邶风·静女》《国风·王风·采葛》，从内容上看都是男女以对歌方式唱出的情歌。还有《国风·郑风·野有蔓草》，就是一个男子在野外遇到自己思慕已久的姑娘，于是唱歌表达自己的相思。《国风·陈风·东门之池》写的是一个男子对女子唱情歌，表达自己的爱慕之情。《诗经·国风·陈风·泽陂》写的是男子爱上了女子，朝思暮想不得亲近，于是唱歌表达相思之苦。当然也有女子述说衷肠的，比如《国风·桧风·隰有苌楚》，就是女子爱上了男子唱歌表达爱情的诗歌。

跳 舞

跳舞是上古男女非常普遍的交际方式，也自然成为男女表达爱情的绝好方式。《周礼·地官·媒氏》记载："中春之月，令会男女。于是时也，奔者不禁。若无故而不用令者，罚之。司男女之无夫家者会之。"[1] 据此，周代有的地方，民间每年开一次男女舞会，会中由男女自由订婚或结婚。《国风·召南·摽有梅》就是舞会中女子们共同唱的歌，通过唱情歌，可以激发男女的性情和冲动。除此之外，当时宫廷、富豪之家也常举办舞会，为青年男女提供接触的机会，许多人借机寻找自己的意中人，适时表达爱情。

赞 美

上古时期男女通过赞美与对方增进好感，拉近彼此距离，特别是男女一见钟情，即抓住机会赞美对方，这往往成为产生爱情的开端。如《国风·邶风·泉水》写卫君在公庭大开舞会，一个贵族妇女爱上了领队舞师，于是作诗赞美

---

① 《周礼》，吕友仁、李正辉、孙新梅注译，中州古籍出版社 2018 年版，第 139 页。

他，言语之间流露出缠绵与爱意。《国风·郑风·有女同车》写的是一个贵族男子与一个贵族美女同车而行，作诗歌来赞扬她，以这种方式表达自己对女子的欣赏与暗恋。此外还有《国风·魏风·汾沮洳》，也是一个男子的赞美示爱诗。

挑　逗

汉朝之前，不像后来讲究男女授受不亲，男女封闭，彼此见面含蓄羞涩。那时的情况跟今天相近，没有成家的男女见面打情骂俏，彼此挑逗勾诱非常正常。《国风·召南·野有死麕》写的就是一个打猎的男子引诱一个漂亮姑娘，最终打动了她的芳心，于是引他到家中相会的情形。《国风·郑风·山有扶苏》写一个姑娘到野外去，没见到自己的恋人，却遇到一个恶少来挑逗她，姑娘竟喜欢上了他，彼此嬉骂之中含蓄有爱。挑逗还有激将的方式，如《国风·郑风·褰裳》中女子戏谑她的恋人，说你不爱我，我就爱别人，既有警告，也有挑逗。

承　诺

男女相爱常好承诺，或彼此海誓山盟，不管能否兑现，但至少可以印证彼此相爱的程度。如《国风·卫风·木瓜》就是这样，用诗歌的语言，向对方表达愿意永结恩情的决心。

求　婚

求婚是男女示爱的一种最直接的方式，就是主动向对方求婚。如《国风·郑风·丰》写的就是一个男子向一个女子求婚的事，可惜的是她没有理睬他，等愣过神来，机会已错过了，于是一个人在那后悔。

约　会

仅仅靠唱歌、跳舞等暗示是不够的，要向前发展最好是约会，让恋情进一步升华。约会通常在夜间，彼此相会，述说衷肠。《国风·唐风·绸缪》写的就是男女夜间幽会缠绵的诗。不过幽会有风险，弄不好会惹来非议。《国风·郑风·将仲子》写的就是一个女子劝告她的恋人不要夜间跳墙和她相会，怕她的父母和哥哥们责备她，也怕旁人会议论她。可见，在周朝幽会也要讲究方式。

托　媒

周朝时，托媒也是一种较常见较正规的求爱方式。男女一旦看上了对方，可以托媒人上门说亲。《国风·豳风·伐柯》写的就是男子看上了女子，请媒人吃饭，委托他介绍说媒。

当然，还会有其他方式，不过从总体上看，古今相差不大。今天多了手机、电脑等多种先进交流手段，方式也更加便捷和直接。

中华伦理文化的起源

中国是一个重伦理的国度，特别讲人伦。伏羲与女娲兄妹结合纯属不得已，据说从女娲起就定了人伦，禁止乱伦，特别是在性方面，世人不齿乱伦败德行为。夏启曾淫乱于野，所以导致"五子内讧"、太康失国。历经夏商周之后，中国的伦理思想更趋成熟，逐步形成一整套为社会公允的秩序与规范。

在埃及，法老可以娶他的妹妹为王后，他死后，王后又嫁给她的姥爷。据说本·拉登的女儿是奥马尔的妻子，奥马尔的女儿又是本·拉登的妻子。这在中国绝对是天理不容的。我国现存最早的诗歌总集《诗经》曾经收录七首乱伦诗，由这些诗可见早在周朝，中国人已强烈反对乱伦行为，并作诗以挞伐。

卫宣公给他的儿子伋娶齐国之女，为了迎娶新娘，在黄河边上筑了一座新台。卫宣公见新娘很美，就把她截下，占为己有，这就是宣姜。卫人不耻，作《新台》诗讽刺他：①

新台有泚，河水弥弥。燕婉之求，蘧篨不鲜。

新台有洒，河水浼浼。燕婉之求，蘧篨不殄。

鱼网之设，鸿则离之。燕婉之求，得此戚施。

---

①《诗经今注》，高亨注，上海古籍出版社 1984 年版，第 61 页。

卫宣公死后，其妻宣姜与他的庶子顽公然姘居，生了三个儿子即齐子、戴公、文公，两个女儿宋桓夫人、许穆夫人。卫人鄙视他们的荒淫无耻生活，作诗《墙有茨》和《君子偕老》以讽刺：①

墙有茨，不可埽也。中冓之言，不可道也。所可道也，言之丑也。

墙有茨，不可襄也。中冓之言，不可详也。所可详也，言之长也。

墙有茨，不可束也。中冓之言，不可读也。所可读也，言之辱也。

还有《国风·鄘风·君子偕老》：②

君子偕老，副笄六珈。委委佗佗，如山如河。象服是宜。子之不淑，云如之何？

玼兮玼兮，其之翟也。鬒发如云，不屑髢也；玉之瑱也，象之揥也。扬且之晳也。胡然而天也！胡然而帝也！

瑳兮瑳兮，其之展也，蒙彼绉绤，是绁袢也。子之清扬，扬且之颜也，展如之人兮，邦之媛也！

齐襄公原来和他的同父异母妹妹文姜通奸。鲁桓公三年，桓公娶文姜为妻，十八年后和文姜到齐国去，发觉了他们兄妹的奸情，斥责文姜。文姜告诉了襄公，襄公恼羞成怒，派公子彭生杀死桓公。这件丑事被曝光后，齐人作《南山》诗以讽刺：③

南山崔崔，雄狐绥绥。鲁道有荡，齐子由归。既曰归止，曷又怀止？葛屦五两，冠緌双止。鲁道有荡，齐子庸止。既曰庸止，曷又从止？蓺麻如之何？衡从其亩。取妻如之何？必告父母。既曰告止，曷又鞠止？析薪如之何？

①《诗经今注》，高亨注，上海古籍出版社1984年版，第65页。
②《诗经今注》，高亨注，上海古籍出版社1984年版，第66页。
③《诗经今注》，高亨注，上海古籍出版社1984年版，第133页。

匪斧不克。取妻如之何？匪媒不得。既曰得止，曷又极止？

鲁桓公在齐国被杀以后，鲁国立文姜生的儿子为君，是为庄公。文姜做了寡妇，经常由鲁国到齐国去，和齐襄公幽会，齐人作《敝笱》和《载驱》歌以讽刺：①

敝笱在梁，其鱼鲂鳏。齐子归止，其从如云。
敝笱在梁，其鱼鲂鱮。齐子归止，其从如雨。
敝笱在梁，其鱼唯唯。齐子归止，其从如水。②

载驱薄薄，簟茀朱鞹。鲁道有荡，齐子发夕。
四骊济济，垂辔濔濔。鲁道有荡，齐子岂弟。
汶水汤汤，行人彭彭。鲁道有荡，齐子翱翔。
汶水滔滔，行人儦儦。鲁道有荡，齐了游敖。③

陈国大夫夏御叔的妻子夏姬美丽而淫荡，生子名徵舒字子南。御叔死，陈灵公和大夫孔宁、仪行父均与夏姬私通。三人常坐着车子到夏姬家去。后来灵公被徵舒杀死，孔宁、仪行父也逃往楚国。陈国人作诗《株林》讽刺他们：④

胡为乎株林？从夏南！匪适株林，从夏南！
驾我乘马，说于株野。乘我乘驹，朝食于株！

先周之时，人们已痛斥乱伦，可是后世乱伦者仍不绝于书，最要命的是隋炀帝杨广、唐玄宗李隆基、齐废帝刘子业之流。杨广霸占了自己的小妈和

①《诗经今注》，高亨注，上海古籍出版社 1984 年版，第 137 页。
②《诗经今注》，高亨注，上海古籍出版社 1984 年版，第 137 页。
③《诗经今注》，高亨注，上海古籍出版社 1984 年版，第 138 页。
④《诗经今注》，高亨注，上海古籍出版社 1984 年版，第 185 页。

妹妹，李隆基娶了自己的儿媳妇，刘子业与自己的姐姐和姑姑淫乱，并占为己有，可耻至极。

《诗经》中的"喜新厌旧"

喜新厌旧是许多男人的通病，古已有之。《诗经》是中国最早的诗歌总集，里面自然收集了不少反映男子喜新厌旧给女人留下创伤的诗，而今读来仍能感受到几千年前许多女人彻心彻肺的辛酸与苦痛，也能依稀感受到几千年来无数被遗弃女人的斑斑血泪。悲哉，女人！惜哉，女人！为什么流泪的总是女人呢？

第一首喜新厌旧诗是《国风·召南·鹊巢》，其内容是："维鹊有巢，维鸠居之。之子于归，百两御之。维鹊有巢，维鸠方之。之子于归，百两将之。维鹊有巢，维鸠盈之。之子于归，百两成之。"① 可解读为：原配夫人被废，诸侯又娶了新妻，百辆车马接送，有谁知道旧夫人在哪呢？她的血和泪有谁知道呢？

第二首喜新厌旧诗是《国风·召南·江有汜》，其内容是："江有汜，之子归，不我以。不我以，其后也悔。江有渚，之子归，不我与。不我与，其后也处。江有沱，之子归，不我过。不我过，其啸也歌。"② 可解读为：江有汜呀，出于江又归于江，这个人回乡，不要我了，终有一天他会带我回去的！可怜女子，被夫抛弃，望江自怜，空守着辛酸与希望。

第三首喜新厌旧诗是《国风·邶风·谷风》，其主要内容是："习习谷风，以阴以雨。黾勉同心，不宜有怒。采葑采菲，无以下体？德音莫违，及尔同死。行道迟迟，中心有违。不远伊迩，薄送我畿。谁谓荼苦，其甘如荠。宴尔新婚，如兄如弟。泾以渭浊，湜湜其沚。宴尔新婚，不我屑以。毋逝我梁，毋发我笱。我躬不阅，遑恤我后。就其深矣，方之舟之。就其浅矣，泳之游

---

① 《诗经今注》，高亨注，上海古籍出版社1984年版，第16页。
② 《诗经今注》，高亨注，上海古籍出版社1984年版，第29页。

之。何有何亡，黾勉求之。凡民有丧，匍匐救之。不我能畜，反以我为仇。既阻我德，贾用不售。昔育恐育鞫，及尔颠覆。既生既育，比予于毒。我有旨蓄，亦以御冬。宴尔新婚，以我御穷。有洸有溃，既诒我肆。不念昔者，伊余来墍。"① 可解读为：狠心的丈夫呀，我与你辛勤劳动，才有了今天的富裕生活，可是你又娶了新妻，却把我赶走，你只顾新婚燕尔，为什么一点都不眷顾曾与你同甘共苦的结发妻子呢？该诗字字流泪，句句滴血，读来令人心酸不已。

第四首喜新厌旧诗是《国风·卫风·氓》，其内容是："氓之蚩蚩，抱布贸丝。匪来贸丝，来即我谋。送子涉淇，至于顿丘。匪我愆期，子无良媒。将子无怒，秋以为期。乘彼垝垣，以望复关。不见复关，泣涕涟涟。既见复关，载笑载言。尔卜尔筮，体无咎言。以尔车来，以我贿迁。桑之未落，其叶沃若。于嗟鸠兮！无食桑葚。于嗟女兮！无与士耽。士之耽兮，犹可说也。女之耽兮，不可说也。桑之落矣，其黄而陨。自我徂尔，三岁食贫。淇水汤汤，渐车帷裳。女也不爽，士贰其行。士也罔极，二三其德。三岁为妇，靡室劳矣。夙兴夜寐，靡有朝矣。言既遂矣，至于暴矣。兄弟不知，咥其笑矣。静言思之，躬自悼矣。及尔偕老，老使我怨。淇则有岸，隰则有泮。总角之宴，言笑晏晏，信誓旦旦，不思其反。反是不思，亦已焉哉！"② 可解读为：夫君呀，你原本农民，家境贫寒，我与你相爱结婚，日出而起，日落而回，辛勤劳作，终于苦尽甘来，家境富裕，可是我已年老色衰，你竟将我遗弃。忆往昔，不堪回首，我诅咒呀，我怨恨，叹这苦痛何日才是个尽头！

第五首喜新厌旧诗是《国风·王风·中谷有蓷》，其内容是："中谷有蓷，暵其干矣。有女仳离，嘅其叹矣。嘅其叹矣，遇人之艰难矣。中谷有蓷，暵其修矣。有女仳离，条其啸矣。条其啸矣，遇人之不淑矣。中谷有蓷，暵其湿矣。有女仳离，啜其泣矣。啜其泣矣，何嗟及矣。"③ 可解读为：谷中有蓷草呀，虽然生在潮湿的土壤，却早已干枯了，我这个被遗弃的女人呀，何以嫁错了人，让我痛苦到这种地步呀！诗歌充溢着伤决与啜泣的泪水。

---

① 《诗经今注》，高亨注，上海古籍出版社1984年版，第48页。
② 《诗经今注》，高亨注，上海古籍出版社1984年版，第84页。
③ 《诗经今注》，高亨注，上海古籍出版社1984年版，第100页。

第六首喜新厌旧诗是《国风·秦风·晨风》，其内容是："鴥彼晨风，郁彼北林。未见君子，忧心钦钦。如何如何，忘我实多！山有苞栎，隰有六驳。未见君子，忧心靡乐。如何如何，忘我实多！山有苞棣，隰有树檖。未见君子，忧心如醉。如何如何，忘我实多！"① 可解读为：鹞鹰呀，你飞吧，飞过山林，却不见你我的夫君，我忧心钦钦你看见了吗？难道你真的把我忘记了吗？从诗中我们能听到一个女子撕心裂肺的呼喊，而负心的男人你听到了吗？你是否能对一颗流血的心有丝毫的感动呢？

第七首喜新厌旧诗是《国风·桧风·羔裘》，其内容是："羔裘逍遥，狐裘以朝。岂不尔思？劳心切切。羔裘翱翔，狐裘在堂。岂不尔思？我心忧伤。羔裘如膏，日出有曜。岂不尔思？中心是悼。"② 可解读为：你穿着羔裘逍遥自在，穿着狐裘出入朝堂，夫君呀，你只顾新欢，是否知道我想你，是否知道我心中的忧伤！诗歌反映了一贵族妇女失宠独处，朝暮思念丈夫，黯然神伤，因此作诗献给丈夫，希望他能回心转意，这是怎样的妄想啊！

第八首喜新厌旧诗是《小雅·谷风之什·谷风》，其内容是："习习谷风，维风及雨。将恐将惧，维予与女。将安将乐，女转弃予。习习谷风，维风及颓。将恐将惧，置予于怀。将安将乐，弃予如遗。习习谷风，维山崔嵬。无草不死，无木不萎。忘我大德，思我小怨。"③ 可解读为：谷风习习，天将下雨，在你惊惧忧患时，只有我助你，你把我抱在怀里，而今到了安乐时，你却抛弃了我，夫君呀，无草不死，无木不萎，你忘我大德，思我小怨，实在不应该呀！

中国古代的三秋是指哪三秋

我们常用"一日不见，如隔三秋"来形容相思之苦，但我们未必知道什么是三秋，三秋指哪三秋。

---

①《诗经今注》，高亨注，上海古籍出版社 1984 年版，第 172 页。
②《诗经今注》，高亨注，上海古籍出版社 1984 年版，第 188 页。
③《诗经今注》，高亨注，上海古籍出版社 1984 年版，第 306 页。

据考证，中国古代的三秋有三种含义。

一是指时间。最早见于诗经，《诗经·王风·采葛》云："一日不见，如三秋兮。"①孔颖达疏："年有四时，时皆三月，三秋谓九月也。"也就是说，最早的三秋指的是时间九个月。另见晋·陆机《挽歌》："三秋犹足收，万世安可思！"宋·李弥逊的《水调歌头·次向伯恭芗林见寄》："不见隐君子，一月比三秋。"《燕山外史》卷二："室迩人遐，每切三秋之感。"在这些著述中一秋则代指一年，三秋指三年。

二是指时令。古时，人们将秋季的七、八、九月份分别称为孟秋、仲秋、季秋，合称"三秋"，代指秋天。"三秋"有时亦指秋季的第三个月，即农历九月，如北周的庾信在《至仁山铭》云："三秋云薄，九日寒新。"唐代诗人王勃《滕王阁序》有"时维九月，序属三秋"句。唐朝诗人白行简在《李都尉重阳日得苏属国书》中曰："三秋异乡节，一纸故人书。"

三是特指秋收、秋耕、秋种，一般用在特殊语境中。

古代立秋都有哪些习俗

立秋，是二十四节气中的第13个节气。二十四节气起源于黄河流域，早在春秋战国时期，中国就已经能用土圭来测量正午太阳影子的长短，以确定冬至、夏至、春分、秋分四个节气。到秦汉年间，二十四节气已完全确立。公元前104年，由落下闳、邓平等制定的《太初历》正式把二十四节气定于历法，明确了二十四节气的天文位置。立秋在每年8月7日、8日或9日。上古时期的先民没有夏和冬的概念，只有春和秋的概念。"立秋"指暑去凉来，意味着秋天的开始。到了立秋，树开始落叶，于是有"落一叶而知秋"的俗语。从文字角度看，"秋"字由"禾"与"火"组成，是禾谷成熟的意思。立秋是秋季的第一个节气，而秋季又是由热转凉，再由凉转寒的过渡性季节。因此，立秋有了纪念意义，也因此形成许多民俗。在古代中国，与立秋有关

---

①《诗经今注》，高亨注，上海古籍出版社1984年版，第103页。

的民俗很多，如立秋节、摸秋、秋忙会、秋收互助、秋田娱乐、贴秋膘、啃秋、秋社等，成为一种别具特色的民俗文化。

立秋节，也称七月节。时间在公历每年8月7日或8日开始。在周代这一天天子要亲率三公六卿诸侯大夫到西郊迎秋，并举行祭祀少暤、蓐收的仪式，（见《礼祀·月令》）。汉代仍承此俗。《后汉书·祭祀志》云："立秋之日，迎秋于西郊，祭白帝蓐收，车旗服饰皆白，歌《西皓》、八佾舞《育命》之舞。并有天子入圃射牲，以荐宗庙之礼，名曰驱刘。杀兽以祭，表示秋来扬武之意。"到了唐代，每逢立秋日，也祭祀五帝。《新唐书·礼乐志》上说："立秋立冬祀五帝于四郊。"宋代立秋之日，男女都戴楸叶，以应时序。有以石楠红叶剪刻花瓣簪插鬓边的风俗，也有以秋水吞食小赤豆七粒的风俗（见《临安岁时记》），明承宋俗。清代在立秋节这天，悬秤称人，和立夏日所秤之数相比，以验夏中之肥瘦。民国以来，在广大农村立秋这天的白天或夜晚，有预卜天气凉热之俗。还有以西瓜、四季豆尝新、奠祖的风俗，以及在立秋前一日，陈冰瓜、蒸茄脯、煎香薷饮等风俗。

夏历八月十五日，是中秋节。这天夜里婚后尚未生育的妇女在小姑或其他女伴的陪同下，到田野瓜架、豆棚下暗中摸索摘取瓜豆，故名摸秋。俗谓摸南瓜，易生男孩；摸扁豆，易生女孩；摸到白扁豆更吉利，除生女孩外，还是白头到老的好兆头。按照传统风俗，是夜瓜豆任人采摘，田园主人不得责怪。姑嫂归家再迟，家长也不许非难。此俗清代以前就有，民国以来仍流传在民间。如在商洛竹林关一带，中秋节夜里，孩子们在月亮还未出来时，照例钻进附近的秋田里摸一样东西回家。如果摸到葱，父母就认为这孩子长大后很聪明；如果摸到瓜果，父母就认为孩子将来不愁吃喝，事事顺利。人们视"摸秋"为游戏，不作偷盗行为论处。过了这一天，家长要约束孩子，不准到瓜田里拿人家的一枝一叶。商南县的居民，在中秋节的晚上，吃罢月饼后，不肯长高的小孩去摸高粱；没有男孩的人家去摸茄子；没有女孩的人家去摸辣子；小孩不聪明的人家去摸葱。

秋忙会一般在农历七八月份举行，是为了迎接秋忙而做准备的经营贸易大会。有与庙会活动结合起来举办的，也有单一为了秋忙而举办的贸易大会。其目的是交流生产工具，变卖牲口，交换粮食以及生活用品等。其规模和夏忙会一样，设有骡马市、粮食市、农具生产市、布匹、京广杂货市等。现今把这类集会，都叫作"经济贸易交流大会"。过会期间还有戏剧演出、跑马、耍猴等文艺节目助兴。

秋忙开始，农村普遍有"秋收互助"的习俗，你帮我我帮你，三五成群去田间，抢收已经成熟的玉米。玉米要掰四次：头茬、二茬、三茬、捞空茬。妇女、老人、十来岁的小孩，他们手提竹笼，一排接一排，一株接一株，挨着个儿去掰。切忌"猴子掰玉米，掰一个撂一个"。而是掰一个放在笼子里，然后放在地头玉米穗堆子里，最后用大车拉回家。头茬先掰已经成熟了的玉米穗，未成熟的玉米穗，留下来二茬再去掰。二茬、三茬是用同样的办法去掰。最后捞空茬，把剩余的玉米穗，不管老嫩一齐掰回家中。看谁家的玉米成熟得早，先给谁家掰，既不违农时，又能颗粒归仓。

秋天，特别是秋忙前后，农事虽忙，秋种秋收，忙得不亦乐乎。但忙中也有乐趣，常见一些青年人和十余岁的孩子，在苞谷、谷子、糜子生长起来以后，特别是苞谷长成一人高初结穗儿的时候，田间里正是他们玩耍、嬉戏的场所。他们把嫩苞谷穗搬下来，在地上挖一孔土窑，留上烟囱，就是一个天然的土灶，然后把嫩苞谷穗放进去，到处拾柴禾，苞谷顶花就是很好的燃料，加火去烧。一会儿一全窑的苞谷穗全被烧熟了，丰硕的苞谷宴就在田间举行。他们还上树捉麻雀蛋，就地打兔子，能吃的野味很多，都可以在野地的锅里，烧制出来。有荤有素，百味俱全。他们还把打来的柿子，弄来的红苕，放在土窑洞里，温烧一个时辰，就会变成香甜的柿子。这种秋田里的乐趣，一代一代地传承下来。

民间流行在立秋这天以悬秤称人，将体重与立夏时对比。因为人到夏天，本就没有什么胃口，饭食清淡简单，两三个月下来，体重大多减少一点。秋风一起，胃口大开，想吃点好的，增加营养，补偿夏天损失，补的办法就是"贴秋膘"：在立秋这天炖肉烤肉做红烧肉，等等，"以肉贴膘"。

"啃秋"在有些地方也称"咬秋"。天津讲究在立秋这天吃西瓜或香瓜，称"咬秋"，寓意炎炎夏日酷热难熬，时逢立秋，将其咬住。江苏等地也在立秋这天吃西瓜以"咬秋"，据说可以不生秋痱子。在浙江等地，立秋日取西瓜和烧酒同食，民间认为可以防疟疾。城里人在立秋当日买个西瓜回家，全家围着啃，就是啃秋了。而农人的啃秋要豪放得多，他们在瓜棚里，在树荫下，三五成群，席地而坐，抱着红瓤西瓜啃，抱着绿瓤香瓜啃，抱着白生生的山芋啃，抱着金黄黄的玉米棒子啃。啃秋抒发的实际上是一种丰收的喜悦。

秋社原是秋季祭祀土地神的日子，据史书记载，秋社始于汉代，后世将秋社定在立秋后第五个戊日。此时收获已毕，官府与民间皆于此日祭神答谢。宋时秋社有食糕、饮酒、妇女归宁之俗。晚唐五代诗人韩偓有首《不见》诗："此身愿作君家燕，秋社归时也不归。"在一些地方，至今仍流传有"做社""敬社神""煮社粥"的说法。

三伏起源于春秋时期的秦国

对于三伏，中国人是再熟悉不过，常言道："冷在三九、热在三伏。"提到三伏，人们就会想起炎炎夏日。对于三伏，你是否知道什么是三伏，你又是否知道中国人是从什么时候开始过伏的吗？

所谓三伏，是初伏、中伏和末伏的统称，是一年之中最热的时节。每年出现在阳历 7 月中旬至 8 月中旬。其气候特点是气温高、气压低、湿度大、风速小。"伏"表示阴气受阳气所迫藏伏地下。按我国阴历（农历）气候规律，前人早有规定："夏至后第三个庚日开始为头伏（初伏），第四个庚日为中伏（二伏），立秋后第一个庚日为末伏（三伏），每伏十天共三十天。"有的年份"中伏"为 20 天，则共有 40 天。

据说中国人是从春秋时期开始过三伏的。《史记·秦本纪第五》中记载秦德公"二年，初伏，以狗御蛊"。① 唐人张守节曰："六月三伏之节，起秦德公为之，故云初伏，伏者，隐伏避盛暑也。"也就是说，三伏是由春秋时期秦国国君秦德公确定的。公元前 676 年，秦德公下令在历法中设立伏日，并下令修建在伏日祭祀的伏祠。有关三伏起源的说法是可信的，因为在此之前，秦国没有伏天的说法，周朝和其他诸侯国也不存在。

有了伏天的说法以后，人们一听说入伏，就会想到盛夏来临了。伏天盛暑天热，容易致病，人们要想办法避暑、少动，自我保养的意识就提高了许多。

---

①《史记全本导读辞典》，周啸天，尤其主编，四川辞书出版社 1997 年版，第 61 页。

三伏与三伏文化

历史上一个不经意的事件，历经几世发展最终往往会演变为一种文化现象，三伏也是如此，它源自文化，本身也是文化的产物，像清明、端午等节日一样最终演变出一种三伏文化。

三伏与清明、端午等节日相同之处在于都与历法有关，不同之处是三伏源自五行思想。五行是中国古代的一种物质观，多用于哲学、中医学和占卜方面。阴阳五行是中国古代文化思想的一个核心内容，五行指金、木、水、火、土。在古代中国，人们认为大自然由五种要素构成，随着这五个要素的盛衰，而使大自然产生变化，不但影响到人的命运，同时也使宇宙万物循环不已。"伏"是五行家对季节的另类安排，表示阴气受阳气所迫藏伏在地下的意思。春、夏、秋、冬四季被五行家冠以木、火、金、水，由秋到冬金生水、水生木、木生火，自然循环。但是由夏到秋则不然，火克金，金不敢出来。就要潜伏一段时间，"潜伏"就是"伏"的本义。"伏"又称"长夏"，五行家对其冠以"土"。一年五季春、夏、长夏、秋、冬，按木、火、土、金、水的相生关系可以自然循环。秋天属"庚辛金"，所以"入伏"要从"庚日"开始。温度最高，需要潜伏的时间要在夏至后二十天以后，所以从夏至后第三个"庚日"开始。"庚日"是"甲子记日"，和夏至等节气的时差不定，这就会出现四十天"伏"和三十天"伏"。

三伏历经漫长的历史演变，逐步形成了具有自身特色的文化现象。三伏作为季节起源于春秋时期秦国国君秦德公，秦德公定三伏初衷是为了避暑和养生，三伏能被民众所接受也在于此。每逢三伏，古人一方面以清凉饮料避暑，另一方面又举行相应的风俗活动，如"饮酒避恶"等。久而久之，形成了一种独特的三伏食俗文化。

伏日与食俗相联系是在汉代。据《汉旧仪》载，"汉魏伏日有酒食之会"，说的就是饮酒聚会。《汉书》曰："田家作苦，岁时伏腊，烹羊炮羔，斗酒自劳。"按说，三伏日吃羊是不合时理的，农家为何要在伏腊日烹羊斗酒呢？这一方面是羊肉有大补身体的作用，但最主要的原因是，农人把"伏腊"作为节庆看待，所以要像过年一样庆贺一番。汉代除了民间这样做，宫廷也同样有伏日赐肉的宫俗。

三伏日吃凉冰可以说是最佳消暑食物了。我国早在西周就有伏日掘井藏冰的做法。约到晋十六国，出现伏日赐冰的宫俗。晋《邺中记》中说，在彭德府临漳县有铜雀、金虎等三座井台，十六国君王石季龙曾于"井台藏冰，三伏之月冰赐大臣"。从此这种宫俗流传不息。唐代三伏吃冰的花色品种就多了，如长安就有"冰盘""冰瓜"等，豪富们甚至会举行"冰宴"。据《天宝遗事》记载："杨家（杨贵妃家）直弟每至伏中，取大冰使匠琢成山，周围于宴席间。"虽然是盛夏，但个个赴宴者都冷得面露寒色。宫廷内还按地位高低赐冰镇食物。宋代朝廷盛夏赐冰传承了唐代的传统，但宋代宫廷赐冰的对象很有限，只有近臣和史官才有受赐的份，其他官员只是放几天假而已。据《岁时杂记》载："京师三伏唯史官赐冰，百司休务而已。自初伏日为始，每日赐近臣冰，人四匣，凡六次。"又赐黄绢为囊的甜蜜一碗和冰面三瓶。近臣是皇帝身边的大臣，与皇帝关系最为密切，受到特殊照顾是不足为奇的。但史官与近臣为什么有同样的待遇呢？原来宋代史官伏日不放假，工作性质不同，才有这样例外的待遇。到了清朝，宫廷三伏赐冰已普及每一位官吏。据清《燕京岁时记》中云："京师自暑伏日起，至立秋日止，各衙门例有赐冰。届时由工部颁给冰票，自行领取，多寡不同，各有等差。"发冰票领冰还是历史上头一回，这种做法一直传沿下来。清代民间的三伏凉冰也是丰富多彩的。《清嘉录》记载江浙一带的农人三伏担卖凉冰的情景，其中冰镇食品有"杂以杨梅、桃子、花红之属，俗呼冰杨梅、冰桃子。"《清稗类钞》则记有北京夏日用"冰果"宴客的风俗。其文载："京师夏日宴客，订盘既设，先进冰果。冰果者，为鲜核桃、鲜藕、鲜菱、鲜莲子之类，杂置小冰块于中，其凉彻齿而沁心也。其后，则继以热荤四盘。"

我国幅员辽阔，朝代不同，各个地区风俗也不尽相同。诸如北宋夏日节食是"伏日绿荷包子"，"绿荷"即荷叶，用荷叶裹包子有清暑的作用。浙江台州三伏日，老年人有食鸡粥的风俗，名为"补阳"。中原地区也有三伏喝绿豆汤消暑和食老鸭汤滋补的习俗。

端午节为什么又叫女儿节

在中国传统节日中，端午节是最文化的，其叫法之多列中国节日之首，据统计有二十多个，如端午节、端阳节、重午节、天中节、夏节、五月节、菖节、蒲节、龙舟节、浴兰节、屈原日、浴兰节、女儿节、午日节、地腊节、诗人节、龙日、午日、灯节、五蛋节，等等。在这些叫法中有一种叫法许多现代人不理解，那就是端午节也叫女儿节。

对于为什么端午节又叫女儿节，史书中有两种说法：第一种说法是为纪念杰出女政治家武则天。相传唐朝武德六年（公元 624 年）的端阳节这一天，蜀北重镇利州（今四川广元）城外嘉陵江一"江潭"之处，有一官船正荡桨于此。船上管弦悠扬、轻歌曼舞。忽然，天上乌云密布，江面波翻浪涌。只见一道电光霹雳一闪，从江心猛然腾出一条金龙来。那金龙在天上一阵狂舞后便直扑官船而来，顿时将端坐于船上的利州都督夫人杨氏吓昏过去。当这位花容月貌的都督夫人醒来后，风已停浪也静，那满天的乌云也消去无影无踪，只有明媚的阳光正温暖地洒在清清的江面上。桨橹款款，风和日丽，一切是那样的宁静而又安详，好像刚才什么也没发生一样。都督夫人回去不久便有了身孕，后来生下了一个女婴，再后来这个女婴长大成人，在历经了一段艰辛后就成为中国漫长历史长河中唯一的女皇帝，她就是中国封建社会杰出的女政治家、代唐而主天下的大周朝"金轮圣神皇帝"武则天。唐时的利州为纪念在此诞生的这位杰出的女性，当地民众便在杨氏感龙交而孕生武媚娘的"利州江潭"边上的乌龙山上修建了一座祭庙"皇泽寺"，那碧波荡漾的江潭也被称为"金轮感孕所"。每年在武则天生日这天都将举行盛大的庆祝纪念活动，全城妇女将身着艳丽服装倾城而出汇集嘉陵江两岸。她们移舟江潭，载歌载舞，翼求金龙再现、再感龙孕、再多生出几位为天下妇女扬眉吐气的女豪杰来。这一习俗沿袭至今，这便是多姿多彩、引人神往的"广元女儿节"。

第二种说法是出嫁女归宁的节日。明代沈榜在《宛署杂记》上说："五月女儿节，系端午索，戴艾叶，五毒灵符。宛俗自五月初一至初五，饰小闺女，尽态极妍。出嫁女亦各归宁。因呼为女儿节。"在中国，春节是最隆重的节日，拜年是主要活动，拜年最晚能到农历二月二，但拜年是男人们的事，女人是不出门的，等到拜年罢，女人们走动又没有了气氛，加上农忙已开始，又没有走动的时间了，怎么办呢？于是古人就选中了端午节。女人选择端午节回门有很多好处，但有一点是古人最看重的，那就是双五在八卦中为"比和"之象，大吉，利出行。因此，出嫁的女人纷纷回娘家省亲，女儿节由此得名。

其实，端午节叫女儿节还有一种解释，很多人不知道。古人认为，惟初太极，道立于一，造分天地，化成万物。太极生两仪，这两仪就是阴阳。阴和阳是相对的，如男和女相对一样，因此古人在许多问题的设计上都是二极思维，在节日设计上也是这样，所以一年有男人的节日，也有女人的节日，因此中国出现了三个女儿节，分别是端午节、七夕节和重阳节，五月初五、七月初七、九月初九，都是阳数相重，取自阳极为阴，故作女儿节。七夕当在最前，属小闺女节；重阳其次，属已嫁闺女节；最后为端午，属老闺女节，也属于所有已嫁闺女的节日。

屈原之前就有端午节

有关端午节由来的传说很多，大致有六种：一是屈原纪念日。此说最早出自南朝梁代吴均《续齐谐记》和北周宗懔《荆楚岁时记》的记载。二是孝女曹娥纪念日。此说出自东汉《曹娥碑》。三是迎涛神，也即伍子胥的纪念日。四是龙的节日。这种说法来自闻一多的《端午考》和《端午的历史教育》。五是蓄兰沐浴日。据《礼记》载，端午源于周代的蓄兰沐浴。六为夏至。见刘德谦《"端午"始源又一说》和《中国传统节日趣谈》。以上说法都欠考证，均为谬传，其实这个节日早在夏朝前就有了，闻一多的说法有些道理，但绝不是什么历法日和个人纪念日。

人类最早的节日有四类：一是崇拜日，包括图腾崇拜、信仰、迷信、祭祀等；二是历法日，源于人们对天文和自然的认识；三是庆祝日，如丰收、战胜等；四是灾难纪念日，出现了灾难，告知子孙世代不能忘记等。端午节属于哪一类呢？我觉得当属第四种。

端午节，从字面理解，端即开端、初之意，"午"通"五"，指午月，《尔雅·释天》讲，"岁阴者，子、丑、寅、卯、辰、巳、午、未、申、酉、戌、亥"为月。天干地支纪年就是历法纪年，相传历法创于伏羲，后来有黄帝、颛顼、夏、商、周、鲁六家历法，殷墟甲骨文中已经有了历法纪年，《尚书·尧典》有春分、夏至、秋分、冬至四节气的划分，战国时发展为 24 节气，但没有端午节。可见，端午节源自历法是牵强的。

端午源自龙崇拜，一个重要依据是龙舟比赛，过端午节的人群范围很大，并不都要举行崇拜或祭祀，此说也缺乏可信的考证。但端午也绝不是庆祝活动，从习俗内容看，找不到任何庆祝的因素，倒是纪念和辟邪居多。纪念意义是后来加上去的，辟邪恐怕是最原始的内容。

为什么要避邪呢？因为有邪，人们在年复一年的生活中，感觉到这是一年灾厄发端的日子。按天干地支纪年，"午"就是"忤"，指万物已过极盛之时，又是阴阳相交的时候。端午节界于芒种和夏至之间。芒种前后，我国长江中下游地区，雨量增多，气温升高，进入连绵阴雨的梅雨季节，空气非常潮湿，天气异常闷热，各种器具和衣物容易发霉，因叫"霉雨"季节。此时也是各类疾病、瘟疫多发季节。《周礼·天官·冢宰》记载：疾医"掌养万民之疾病。四时皆有疠疾"[1]。《吕氏春秋·季春纪》记载：季春"行夏令则民多疾病"。[2] 有些疾病是可以治疗的，但有些疾病是一时难以治疗或无法治疗的，当时人们常将难以治疗的疾病视为邪辟，与天降灾厄或鬼神为祸相连，由于这种现象具有往复性，所以人们在五月五日这个灾厄发端的日子想方设法驱鬼辟邪，如挂菖蒲、蒿草、艾叶、薰苍术、白芷，喝雄黄酒、做香角子、贴五毒贴符、放黄烟子等，久而久之，五月五日就成为节日。由于这个灾厄发端的日子正值五月开端，也是夏季炎热的开端，因此叫端午，作为节日，就叫端午节。端午时值仲夏，是皮肤病多发季节，于是古人以兰草汤沐浴去

---

①《周礼》，吕友仁、李正辉、孙新梅注译，中州古籍出版社 2018 年版，第 61 页。
②《吕氏春秋集释》，许维遹撰，中华书局 2016 年版，第 52 页。

污为俗。汉代《大戴礼记》云："午日以兰汤沐浴。"《九歌·云中君》亦有"浴兰汤会沐芳"之句。《荆楚岁时记》曰："五月五日，谓之浴兰节。"

端午节到底是从什么时候开始的呢？"端午"二字最早见于西晋人周处《风土记》："仲夏端午，烹鹜角黍。"那么端午节是不是就是从这时开始的呢？肯定不是。如果是因驱鬼辟邪成习俗最终成为节日的话，源头当在夏之前。早在三皇五帝时代，中国的秩序神已基本定位，以一定形式驱避疫鬼邪神也应该在这个时候就有了。《礼稽命征》云："颛顼有三子，生而亡去，为疫鬼：一居江水，是为疟鬼；一居若水，为魍魉；一居人宫室区隅，善惊人小儿，为小鬼。"如果从治病角度来说成俗最后成节，其源头更久，当与中医有关。中医产生于原始社会，近年考古发现，原始社会后期，中医就达到了相当水平。夏商周时期，人们就知道从植物取药治病防病，五月五日是取药的好日子，也是预防疾病的好日子，据传商周时代就有了午日以兰汤沐浴的习俗，至少在屈原之前就应该有这样的习俗，甚至是节日了，这应该是端午节最早的源头。

吃粽子与"祛病辟邪"

据考证，吃粽子的风俗早在屈原时代就有了，吃粽子的目的也不是为了纪念谁，而是为了祛病辟邪。

关于端午节的很多传说都是后人嫁接的，纪念屈原、伍子胥和曹娥纪念父亲等传说都不足信，那不过是后人加进去的内容。有关龙崇拜祭祀的说法也是后代学者的猜测。其实端午节早在屈原之前就有了，只是叫法和内容与后世有所不同。

从百度搜索到的解释是：端午节为每年农历五月初五，又称端阳节、午日节、五月节、五日节、艾节、端五、重午、午日、夏节，本来是夏季的一个驱除瘟疫的节日。端午节是我国汉族人民的传统节日，这一天必不可少的活动逐渐演变为吃粽子，赛龙舟，挂菖蒲、蒿草、艾叶，薰苍术、白芷，喝雄黄酒。据说，吃粽子和赛龙舟，是为了纪念屈原，所以新中国成立后曾把端午节定名为"诗人节",以纪念屈原。至于挂菖蒲、艾叶,薰苍术、白芷,喝雄黄酒,则是为了避邪。

这段有关端午节的解释有一点是正统的,也是最原始的说法,即端午节是一个辟邪的日子,我们祖先在这一天进行的所有活动都是为了辟邪,吃粽子也不例外。我们从端午节的别名可窥探一二。

端午节最早叫浴兰节。因为端午时值仲夏,是皮肤病多发季节,所以古人以兰草汤沐浴去污为俗。汉代《大戴礼记》云:"午日以兰汤沐浴。"也就是说在端午节这一天,人们要以兰汤沐浴,目的是防治皮肤病。端午节还有个名字叫菖蒲节。在上古时期,人们认为"重午"是犯禁忌的日子,此时五毒尽出,因此端午风俗多为驱邪避毒,如在门上悬挂菖蒲、艾叶等,故端午节也称"菖蒲节"。既然很多活动都是为了辟邪祛病,吃粽子怎么会不是呢?

另一个证据是粽子果然能祛病辟邪。据史书记载,古人吃的粽子是用菰芦叶包的。何谓菰芦呢?查阅《全国中草药汇编》,能获得如下信息。所谓菰芦,菰指菌类植物,芦即芦苇。【申集上】【艸字部】菰【唐韵】古胡切。【博雅】菰,蒋也。其米谓之胡。【西京杂记】菰之有米者长安人谓之雕胡,有首者谓之绿节。【别名】茭白、茭儿菜、茭笋、菰实、菰米【来源】禾本科菰属植物菰,以茭白、根及果实(菰实、菰米)入药。夏秋采,分别晒干。【源形态】多年生浅水草本,高达2米。根状茎粗短肥厚,生有多数匍枝及粗壮须根,埋于泥中。嫩茎秆被黑粉菌寄生而肥大成茭白。【性味归经】茭白:甘,凉。菰根、菰实:甘,寒。【功能主治】茭白:清热除烦,止渴,通乳,利大小便。用于热病烦渴,酒精中毒,二便不利,乳汁不通。菰根:清热解毒。用于消渴,烫伤。菰实:清热除烦,生津止渴。用于心烦,口渴,大便不通,小便不利。由以上可知菰可药用,用菰叶做食物,也当有药用效果。古人以菰叶包粽子,目的也是为了祛病辟邪。再就是用芦叶包,古人认为芦叶也能祛病辟邪,特别是芦根,为中药材,性甘、寒,能清热生津,治热病烦渴,牙龈出血,鼻出血,胃热呕哕,肺热咳嗽,肺痈等。所有这些病在古人多是怪病,端午节吃粽子能够防病。因此说,上古时期,我们祖先吃粽子,其目的只有一个,那就是祛病辟邪。

中秋节的起源

对于中秋节的起源，我们一般认为源于唐朝，理由有三：一是有史书记载，如《新唐书·卷十五志第五·礼乐五》载："其中春、中秋释奠于文宣王、武成王"，"开元十九年，始置太公尚父庙，以留侯张良配。中春、中秋上戊祭之，牲、乐之制如文"。二是有诗见证，如王建的《十五夜望月》、刘禹锡的《八月十五夜玩月》等。三是唐朝人有八月十五日赏月的习惯。但我觉得以此认定中秋节源于唐朝过于草率，我认为有关中秋节的由来至少还有五种可能：第一种是中秋节是伏羲、女娲的结婚纪念日；第二种是黄帝战胜蚩尤的庆祝日；第三种是嫦娥奔月日；第四种是夏启秋娱启动日；第五种是西域民族的节日。

伏羲女娲的结婚纪念日

据《独异志》记载：昔宇宙初开之时，只有女娲兄妹二人在昆仑山，而天下未有人民，议以为夫妻，又自羞耻。兄即与其妹上昆仑山，兄曰："天若遣我兄妹二人为夫妻而烟悉合；若不使，烟散。"于是烟即合，其妹即来就兄，乃结草为扇，以障其面。

由于春、夏季节潮湿，树木不易燃烧，所以女娲兄妹最有可能在秋天和冬天燃烧树木，但冬天昆仑山严寒，如何上山？秋天，秋高气爽，人心情好，天气好，正可拾柴燃烧，还能结草为扇。加之天气渐渐变凉，兄妹同穴，当思契合之时。结婚了，这个日子一定要记住，年年纪念，最终成了习惯，后经代代传承，成为节日。

黄帝战胜蚩尤的庆祝日

史载涿鹿之战爆发后，适逢浓雾和大风暴雨天气，这很适合来自东方多雨环境的蚩尤族展开军事行动。所以在初战阶段，适合在晴天作战的黄帝部族处境并不有利，曾经九战而九败（九是虚数，形容次数之多）。然而，不多久，雨季过去，天气放晴，这就给黄帝族转败为胜提供了重要契机。黄帝族把握战机，在玄女族的支援下，乘势向蚩尤族发动反击。其利用特殊有利的天候——狂风大作，尘沙漫天，吹号角，击鼙鼓，乘蚩尤族部众迷乱、震慑之际，以指南车指示方向，驱众向蚩尤族进攻，终于一举击败敌人，并在冀州之野（今河北地区）擒杀其首领蚩尤。涿鹿之战最终以黄帝族的胜利而宣告结束。战后，黄帝族乘胜东进，一直进抵泰山附近，在那里举行"封泰山"仪式后方才凯旋西归。由涿鹿之战的环境描述可推知黄帝战胜蚩尤之日正值中秋前后，庆祝是肯定的，由于具有永久意义，年年庆祝也是可能的。如果是这样，那么中秋日有可能是战争胜利日，也可能是封泰山之日。还有一种可能，据历史记载，黄帝发明了历数、天文、阴阳五行、十二生肖、甲子纪年、祭祀、祠庙、占卜等，出现中秋节和在中秋祭拜天神都有可能，况且那时已有了专司祭祀的官"四史"。

嫦娥奔月日

《淮南子·览冥训》："羿请不死之药于西王母，姮娥窃以奔月，怅然有丧，无以续之。"[1] 高诱注："姮娥，羿妻；羿请不死药于西王母，未及服食之，姮娥盗食之，得仙，奔入月中为月精也。"这说明嫦娥奔月日的传说在西汉时就有了。后羿是夏朝的国君，有关他妻子的传说肯定是在他之后，最有可能源于他对妻子的祭奠，八月十五日很有可能就是姮娥去世的日子。民间传说印证了这一点。民间传说嫦娥偷吃了丈夫从西王母那儿讨来的不死之药后，飞到月宫。但琼楼玉宇，高处不胜寒，所谓"嫦娥应悔偷灵药，碧海青天夜夜心"，正是她备感孤寂之心情的写照。嫦娥向其丈夫倾诉懊悔后说："平时我没法下来，明天乃月圆之候，你用面粉作丸，团团如圆月形状，放在屋子的西北方向，然后再连续呼唤我的名字。到三更时分，我就可以回家来了。"翌日，羿照妻子的吩咐去做，届时嫦娥果然由月中飞来，夫妻重圆，中秋节做月饼供嫦娥的风俗也由此形成。夫妻重圆的日子很有可能就是当年夫妻分离的日子。

---

[1]《淮南子》，[汉] 刘安撰，中州古籍出版社2015年版，第104页。

夏启的秋娱日

相传夏启晚年生活腐化，整日饮酒作乐，歌舞游猎。每年秋季都在野外举行盛大的娱乐活动，传说《九韶》乐舞就是为这一娱乐活动创作的。有关这一活动后来史书有一些零星描述，只说这些活动很过分，比如与女人公开性交等，连启的儿子们都看不过去了。所以后世有夏启失德，五子内讧，最终导致太康失国的说法。夏启的秋娱活动日是像春节一样的节日，如庙会一样要延续一段时间，启动的日子可能是在八月十五日这一天，主要的仪式包括祭月神。后来夏启死了，但这一天作为一个固定节日被后人传了下来，作为拜月祭神的日子。《礼记》中记载："天子春朝日，秋夕月。朝日之朝，夕月之夕。"《周礼·春官》中记载，周代已有"中秋夜迎寒""中秋献良裘""秋分夕月（拜月）"的活动。这些活动也许不是开始于夏启，但早在夏商周时代，中秋祭拜已成为习俗。

西域民族的节日

八月十五日，中国民间有吃月饼的习惯。相传月饼最初起源于唐朝军队祝捷食品。唐高祖时，大将军李靖征讨突厥靠月饼隐蔽的传话得胜，八月十五日凯旋，此后吃月饼成为每年的习俗。当时有经商的吐鲁番人向唐朝皇帝献饼祝捷，高祖李渊接过华丽的饼盒，拿出圆饼，笑指空中明月说："应将胡饼邀蟾蜍"，说完把饼分给群臣一起吃。吐鲁番人为什么向唐朝皇帝祝捷要献月饼呢？不排除有一种可能，每年的八月十五日这一天，西域人都要吃月饼，因此送月饼。由此汉族人开始效法，中秋节由此产生。

中秋过后是重阳

在中国的传统节日中，最能引人怀想和伤情的节日有四个：清明、七夕、中秋和重阳。后三个节日发生在夏秋之交，从心理学上讲，这个时候人们的情绪最容易波动，沧桑感最强烈，对于文人来说也最容易宣泄自己的情绪。

面对中秋清朗月色，任何文人都不会无动于衷，所以李白"举头望明月，低头思故乡"，所以苏轼才"明月几时有？把酒问青天"，感慨"人有悲欢离合，月有阴晴圆缺"，希望人长久，共婵娟。对于重阳节，人们更是如此，除思念先人、故人、情人外，还登高眺远，思念兄弟和朋友。如王维的《九月九日忆山东兄弟》："独在异乡为异客，每逢佳节倍思亲。遥知兄弟登高处，遍插茱萸少一人。"每到重阳节这一天，总能勾起人们对亲人的无穷思念。

对重阳日庆祝活动的记载最早见于《吕氏春秋》，该书《季秋纪》曰："（九月）命家宰，农事备收，举五种之要。藏帝籍之收于神仓，祗敬必饬。""是日也，大飨帝，尝牺牲，告备于天子。"可见，当时九月已经有了在农作物丰收之后祭飨天帝和祭祖活动。汉代《西京杂记》记载："九月九日，佩茱萸，食蓬饵，饮菊花酒，云令人长寿。"相传自此时起，有了重阳求寿之俗。对于重阳节的最早记载，则见于三国时期曹丕《九日与钟繇书》所云："岁往月来，忽复九月九日。九为阳数，而日月并应，俗嘉其名，以为宜于长久，故以享宴高会。"

古时候，人们度重阳节的方式主要有四种：一是祭祀，感恩天帝和祖先。二是"享宴高会"，庆祝丰收。三是佩茱萸，食蓬饵，饮菊花酒，这是自汉代起就有的习俗，唐朝更盛。四是登高。唐朝以后，历代在九月重阳，皇宫上下都要一起吃花糕庆祝，明代皇帝还亲自到万岁山登高，以畅秋志。高和糕谐音，作为节日食品，最早是庆祝秋粮丰收、喜尝新粮的用意，之后发展为登高吃糕，取步步登高的吉祥之意。

不管重阳节人们安排哪些活动，笔者觉得有一点是最重要的，那就是寻求健康。祭祀是为了放松心情，消除劳累和烦躁；佩茱萸，食蓬饵，饮菊花酒，是从食物或药物上消除"秋火"和烦躁之气；登高是为了在金秋九月天高气爽之日，通过登高远望达到心旷神怡、健身祛病的目的。这对于今天终日忙碌于生存的人们来说，轻步度重阳特别有意义。由此笔者想起毛泽东的那首《采桑子·重阳》来："人生易老天难老，岁岁重阳。今又重阳，战地黄花分外香。一年一度秋风劲，不似春光。胜似春光，寥廓江天万里霜。"即便在战火纷飞的岁月，人家还能以舒畅的心情和别样的方式度重阳，很了不起，值得我们学习。

黄河是什么时候开始叫"黄河"的

黄色是华人的肤色，也是中华民族的本色，中华民族把自己的人文始祖叫黄帝，把脚下的大地叫黄土地，把流经中华心脏的母亲河叫黄河。其实，"黄河"并不是它最初的名字。凡读过上古文献的人都知道，它叫"河"，那么它是什么时候开始叫黄河的呢？我们无从考证，但我们知道大致的年代。

公元前4世纪黄河下游因河水混浊即有"浊河"之称。公元1世纪初，有人指出"河水重浊，号为一石而六斗泥"。这个时间中国正处于战国到秦汉时期，成书于先秦的《诗经》有"坎坎伐檀兮，置之河之干兮，河水清且涟漪"等诗句，可见那时黄河仍然叫"河"。而成书东汉初约公元1世纪的《汉书》就已称黄河了，《汉书·沟洫志》中有云："中国川源以百数，莫著于四渎，而黄河为宗。"由此可推知，黄河的称呼应该源自西汉。《中国历史地图集》认为汉朝没有黄河这个名字，统称为河水，截段为名。此观点显然有失偏颇，至少东汉时已经有黄河的称呼了。

中国历史上最牛的家族

如果问哪个家族是中国历史上最牛的家族？很多人会脱口而出：蒋宋孔陈。其实不然，中国历史上除皇族外，最牛的家族当属东汉时期的梁氏家族。

早在西汉末年，梁氏家族就是一个拥有上千万家产的大富豪。梁氏家族兴旺从梁子都开始，他是河东郡人，为了做生意，搬到通向西域的要道附近。发财后，其子梁桥又迁回内地茂陵，在茂陵住了两代，到了梁延任西域司马，故又迁往安定郡。梁延生梁统，他是梁冀的高祖。梁统在新莽离乱之际，曾当过酒泉太守，新莽政权倒台，西北地方势力推窦融为河西大将军，梁统为武威太守，拥兵保境。东汉王朝建立后，窦融和梁统望风归顺，刘秀待之为开国功臣。窦融因功封安丰侯，梁统封成义侯。建武十二年（公元 36 年），梁统与窦融至洛阳，窦融任大司空，梁统封高山侯，任太中大夫，并且窦、梁两家都与皇室联姻，刘秀将他的女儿午阴公主嫁给梁统的儿子梁松为妻。从此，梁家的子女就取得了选配皇后的资格。

梁松的弟弟梁竦，有二女，被选为章帝贵人，小贵人生有皇子，窦后不孕，"养以为子"，梁家私下庆喜，窦家恐梁氏因此得志，遂阴谋杀害梁氏两贵人及其父梁竦。章帝死，十岁的和帝即位，窦太后临朝听政，和帝不知自己生母为梁氏。永元九年（公元 97 年）窦太后死，梁家告发窦家，说明真相，于是和帝追尊自己生母为恭怀皇后，梁竦的儿孙均升官封侯。和帝死，曾出现过邓太后和阎太后短暂的临朝听政。梁氏曾遭到窦氏、邓氏、阎氏等外戚的压制和打击，在宦海中几度浮沉，到了顺帝时则登上了权势的顶峰。

十一岁的顺帝即位，即封梁竦之孙梁商为乘氏侯。阳嘉元年（公元 132 年）立梁商女为皇后，从此梁商地位日益显赫，阳嘉三年（公元 134 年）攫取了权柄倾朝的大将军要职。梁商虽然"以戚属居大位"，但有所约束，不敢十分专横跋扈。他"礼贤下士"，优容社会名士如李固、周举等人，因而梁商的名声并不太坏，但却为他的儿子梁冀专权铺平道路。永和元年（公元 136 年）梁商的儿子梁冀被任命为河南尹，这是管理京都地区的要职。5 年后，梁商死，梁冀当上大将军，独揽大权。梁冀专断朝政 20 多年，顺帝死后，他先后立冲、质、桓三个皇帝。他另一个妹妹做了桓帝的皇后，他更有恃无恐。当时，宫中大小政事都要经梁冀来决定，百官升迁无不由他亲自过问。无论什么官职，到任前必须到他门下谢恩，然后才敢去见皇帝。各地方官员给朝廷上贡，也要先将上等财宝送给他。汉质帝只当众说了他一句"跋扈将军"，竟被他用鸩毒死。

梁氏家族最牛的地方有三：一是其家族兴盛时间之长，很少有家族能与之相比。仅从梁子都到梁冀，兴盛时间长达 150 多年，一个半世纪，其时间跨度几乎与东汉王朝等同。二是高官之多，除历代皇族外，没有哪个家族能与之相比。据统计，梁氏家族在东汉前后有七人封侯，出了三个皇后、六个贵人（皇帝的妃子）、两个大将军，妻子被封食邑的七人，皇室中有三个公主嫁给梁家，做卿、将、尹、校的 57 人。三是积累家财古今没有哪个家族能与之相比。据记载，梁氏家族敛财 30 万万两，相当于国库全年收入的一半，这比清朝的大贪官和绅还多出八万万两。

由亲子鉴定看千年人伦态度

亲子鉴定虽然没有五千年历史，但想鉴定是不是亲子的想法却远超过五千年。五千年来，不仅鉴定的手段变了，更主要的是人们的态度也几度变化，耐人寻味。

4000 多年前，帝喾的妻子邰氏女姜原回到娘家住，不知什么原因怀上了孩子，怎么办呢？那时没法堕胎，只有把孩子生下来。孩子生下后，没法跟老公交代就把孩子扔了，可是后来又不忍心，将孩子拾了回来，并编了神话，结果竟蒙混过关了，帝喾竟没有做亲子鉴定。这事在正史《史记·卷四·周本纪第四》中有记载：周后稷，名弃。其母有邰氏女，曰姜原。姜原为帝喾元妃。姜原出野，见巨人迹，心忻然说，欲践之，践之而身动如孕者。居期而生子，以为不祥，弃之隘巷，马牛过者皆辟不践；徙置之林中，适会山林多人，迁之；而弃渠中冰上，飞鸟以其翼覆荐之。姜原以为神，遂收养长之。帝喾为什么没做亲子鉴定呢？原因可能有三：一是当时没法做，恨得牙疼，却苦于没有办法。二是愚昧，相信了瞎话；三是帝喾不育，故意为之。显然后两个原因不存在，主要是没办法，从帝喾冷遇后稷可知，帝喾是很在意这件事的，只是不说而已，加上帝喾有圣德，最终就这样了。

公元前 259 年，即秦昭王四十八年正月，赵国都城邯郸，一个孩子呱呱坠地，他就是后来的秦始皇嬴政。这孩子出生后，关于他的血统引发争议，因为他的母亲赵姬先是吕不韦的妾，被秦国王子异人看中了，就领家里去。当时去的时候，也没有检查有没有怀孕，孩子出世后才想起这码事，已无法说明孩子到底是谁的，吕不韦的？异人的？还可能是其他人的，因为赵姬天生放荡。等到异人即位，做了庄襄王，要立太子，这事就不一般了，要做亲子鉴定，滴血认亲。这个亲子鉴定是有漏洞的，主要验明是不是吕不韦的，却没验明是不是异人的。这说明异人是没有信心的，不过在他看来，只要不是吕不韦的就行。对于吕不韦而言，忐忑不安，是福是祸不定，希望是又不希望是。结果是皆大欢喜，最高兴的是赵姬，只有她知道是谁的，她也许信心满满，验就验，谁怕谁，就是你异人的；也许她心惊肉跳，你吕不韦也不阻止一下，测出是你的怎么办？也许她私下得意，连我都不知是谁的，难道靠个滴血认亲就能鉴别出来了？结果到底让赵姬笑了，她也许私下里自言自语说：还是科技不发展的好，没那么多事！

1000 多年前的三国时代，有个叫谢承的人多事，研究出滴骨验亲法，就是将生者的血液滴在死人的骨骸上，若血液能渗透入骨则断定生者与死者有血缘关系，否则就没有。宋代法医宋慈更是多事，写了本《洗冤集录》，用他的理论使亲子鉴定成为可能。但在孔夫子的伦理约束下，这种科学方法并不实用，所以 1000 多年里，没有听说做过几个亲子鉴定。

时光一晃到了 20 世纪，蒋中正据说没有生育能力，又没与老婆住在一起，可老婆却生了个儿子，就是后来的蒋经国，这问题就大了，派人去查，结果一查，可能性最大的竟是自己的叔叔。下属问需不需要再做亲子鉴定，蒋某人骂道：丢人，以后不许再提！

5000 年后的今天，鉴定亲子的方法越来越科学了，但人们却忽然发现要做亲子鉴定的人越来越多，其结果不是亲子也越来越多。随着社会发展，人们贞洁意识日渐淡薄，"混血儿"也将越来越多，做亲子鉴定将失去其意义。相信有一天，人们会对是不是自己的孩子不再特别在意。

走近中华食文化

中华食文化是世界食文化的一大景观。中国有五千多年文明史，饮食文化与烹调技艺是其文明史的一部分，是中国灿烂文化的结晶。几千年来，中国人在"吃"上投入太多的时间、精力、思想、情感和智慧，把中华民族对世界、对人生、对生命的理解都融入"吃"上了，形成了具有东方精神的食文化，既滋养着中华民族的体质，也孕育了中华民族的许多精神品质。

由于中国疆域辽阔，气候多样，热带、亚热带、温带、亚寒带兼而有之，加之地形多样，江河湖海，山川平原，无一不备，为中国的饮食与烹调提供了不同种类、不同品质的鱼肉禽蛋、山珍海味、瓜果蔬菜等丰富的动植物原料、调料。中国人在数千年的吃喝中积累了精湛的烹调技艺，仅烹调的操作方法就有：烧、炸、烤、烩、熘、炖、爆、煸、熏、卤、煎、汆、贴、蒸等近百种，从而形成了各式各样、千差万别、风味各异的菜系和品种。据不完全统计，现在全国约有各式菜肴一万多种。著名的清朝宫廷宴席菜肴"满汉全席"，仅此一桌的冷热大菜就有 120 余种。以这种大菜为代表的中华食文化，显示出华丽、气派的"天朝"和"帝王"心态，表现出中华传统文化的普遍特点。

中餐菜肴以色艳、香浓、味鲜、型美而著称于世。其型美，尤以花式冷拼盘最为突出。它造型别致、五彩缤纷、栩栩如生，呈现出富有意境的景色和图案。那山川树木、亭台楼阁、花鸟鱼虫、珍禽异兽，尽收盘中，仿佛是一幅美丽的图画，给人以享受。

中餐菜肴的名称也别具匠心，富有中国传统文化特色，给人以美好的回味。如游龙戏珠、阳春白雪、银珠牡丹、金玉围翠、玉手摘桃、宫门献鱼，等等，五花八门，应有尽有，充满了诗情画意，有时就是一种立体的诗配画。

在中国，真可以说走到哪里、吃到哪里。全国各地的饭店、酒家、餐馆、食摊比比皆是。尤其是各大中城市，仅在一地，就可以品尝到南北各地的饮食风味，荤素名菜，点心面粥，应时小吃，即便是在国外，中式餐馆也有很多，几乎遍布世界各地，并且这些中餐馆常常是宾客满座，应接不暇，生意十分兴隆。在美国，中餐馆更是多得惊人，仅纽约一个城市，就有五千家以上。

中国幅员辽阔，是世界上最重视"吃"的民族，经过几千年的发展，形成了博大精深的"食文化"。长期以来，各地由于选用不同原料、不同配料，采用不同的烹调方法，因而形成各自的独特风味和不同菜系，其中较为著名的有川、鲁、粤、苏、湘、闽、徽、浙八大菜系。此外，还有许多地方菜系和品种繁多的地方风味。由于我国的烹饪技术精湛，源远流长，食文化始终贯穿中华文明发展史，随着社会的进步，中国饮食文化一定会更加繁荣兴旺。

史载最铺张的一桌宴席

历史上最铺张的一桌宴席是南宋大将张俊摆给宋高宗的。史载绍兴二十一年十月，张俊大排筵宴，以奉高宗，留下中国历史上最铺张的一桌筵席。铺张到什么程度呢？由御宴食单可见一斑。御宴食单如下：

绣花高一行：八果垒、香橼、真柑、石榴、枨子、鹅梨、乳梨、楂、花木瓜。

乐仙乾果子叉袋儿一行：荔枝、圆眼、香莲、榧子、榛子、松子、银杏、梨肉、枣圈、莲子肉、林檎旋、大蒸枣。

缕金香药一行：脑子花儿、甘草花儿、朱砂圆子、木香丁香、水龙脑、使君子、缩砂花儿、官桂花儿、白术人参、橄榄花儿。

雕花蜜煎一行：雕花梅球儿、红消花、雕花笋、蜜冬瓜鱼儿、雕花红团花、木瓜大段儿、雕花金橘、青梅荷叶儿、雕花姜、蜜笋花儿、雕花枨子、木瓜方花儿。

砌香咸酸一行：香药木瓜、椒梅、香药花、砌香樱桃、紫苏奈香、砌香萱花柳儿、砌香葡萄、甘草花儿、姜丝梅、梅肉饼儿、水红姜、杂丝梅饼儿。

脯腊一行：肉线条子、皂角铤子、云梦儿、是腊、肉腊、奶房、旋炸、金山咸豉、酒醋肉、肉瓜齑。

垂手八盘子：拣蜂儿、番葡萄、香莲事件念珠、巴榄子、大金橘、新椰子象牙板、小橄榄、榆柑子。

再坐——切时果一行：春藕、鹅梨饼子、甘蔗、乳梨月儿、红柿子、切枨子、切绿橘、生藕铤子。

时新果子一行：金橘、咸杨梅、新罗葛、切蜜蕈、切脆枨、榆柑子、新椰子、切宜母子、藕铤儿、甘蔗奈白香、新柑子、梨五花子。

雕花蜜煎一行：同前。

砌香咸酸一行：同前。

珑缠果子一行：荔枝甘露饼、荔枝蓼花、荔枝好郎君、珑缠桃条、酥胡桃、缠枣圈、缠梨肉、香莲事件、得药葡萄、缠松子、糖霜玉蜂儿、白缠桃条。

脯腊一行：同前。

酒十五盏：

第一盏：花炊鹌子、荔枝白腰子。

第二盏：奶房签、三脆羹。

第三盏：羊舌签、萌芽肚胘。

第四盏：肫掌签、鹌子羹。

第五盏：肚胘脍、鸳鸯炸肚。

第六盏：沙鱼脍、炸沙鱼衬汤。

第七盏：鳝鱼炒鲎、鹅肫掌汤齑。

第八盏：螃蟹酿枨、奶房玉蕊羹。

第九盏：鲜虾蹄子脍、南炒鳝。

第十盏：洗手蟹、鲫鱼假蛤蜊。

第十一盏：五珍脍、螃蟹清羹。

第十二盏：鹌子水晶脍、猪肚假江。

第十三盏：虾枨脍、虾鱼汤齑。

第十四盏：水母脍、二色茧儿羹。

第十五盏：蛤蜊生、血粉羹。

插食：炒白腰子、炙肚胘、炙鹌子脯、润鸡、润兔、炙炊饼、炙炊饼骨。

劝酒果子库十番：砌香果子、雕花蜜煎、时新果子、独装巴榄子、咸酸蜜煎、装大金橘、小橄榄、独装新椰子、四时果四色、对装拣松番葡萄、对装春藕陈公梨。

厨劝酒十味、江、炸肚、江生、蛴蚌签、姜醋生螺、香螺炸肚、姜醋假公权、煨牡蛎、牡蛎炸肚、假公权炸肚、蟑炸肚。

准备上细垒四卓。

又次细垒二卓：内有蜜煎咸酸时新脯腊等件。对食十盏二十分：莲花鸭签、茧儿羹、三珍脍、南炒鳝、水母脍、鹌子羹、鱼脍、三脆羹、洗手蟹、炸肚。

此宴餐饮名目浩繁，可谓蔚为大观，令人叹为观止，由此可以体现宋朝官场的奢靡之风。宋朝到南宋时期，国家风雨飘摇，内忧外患无以复加，而王侯将相依然如此追逐奢华，大宋王朝焉有不亡之理。

一个具有长久生命力的文化形态

《武林风》是继《梨园春》之后，河南电视台推出的又一具有浓厚文化底蕴的节目，该节目以搏击比赛为主干，由《绝活》《名人》《表演》《参与》四大板块组成，以弘扬中华武学文化、宣传河南武术优势为己任，以"武术艺术化、娱乐化"为指导，让观众在精彩与快乐中体会"搏艺有道，娱乐无边"的魅力。该栏目 2004 年开播后，受到了广大电视观众的欢迎，特别是中外武术对决，更是扣人心弦。据说该节目最高收视率达到 13.96%，平均收视率 9.45%，居河南台前三位。强大的市场份额，固定的收视群，让《武林风》迅速成为全国自办栏目中耀眼的关注焦点，成为众多武术爱好者追逐的目标。

《武林风》的成功不仅仅在于它的包装，还在于武学本身。我国武学文化源远流长，武术伴随中华民族走过了几千年，健身强体、保家卫国一直是中国人的精神境界和理想追求。

武术，又名功夫、武功、国术、武艺，是中国传统体育项目之一。其内容是把踢、打、摔、拿、跌、击、劈、刺等动作按照一定规律组成徒手的和器械的各种攻防格斗功夫、套路和单势练习。武术具有极其广泛的群众基础，是中国人民在长期的社会实践中不断积累和丰富起来的一项宝贵的文化遗产。

武术起源于原始社会。那时，人类需要用棍棒等原始工具作武器同野兽进行斗争，一是为了自卫，二是为了猎取生活资料。后来，人们为了互相争夺财富，进而制造了更具杀伤力的武器。如《山海经·大荒北经》就有"蚩尤作兵伐黄帝"的记载。人类通过战斗，不仅制造了兵器，而且逐渐积累了具有一定攻防格斗意义的技能。在殷商时期，青铜业发展，以车战为主，出现了一些铜制武器，如矛、戈、戟、斧、钺、刀、剑等。同时也出现了这类武器的用法，如劈、扎、刺、砍等技术。为了提高战斗力，这时已有了比赛形式。如《礼记·王制》所载"凡执技论力，适四方，裸股肱，决射御"，意即较量武艺高低。

春秋战国时期，铁器出现，步骑兵兴起，为了在步骑战中发挥作用，长柄武器变短，短柄武器变长，武器的内容也更为丰富，武术的技击性进一步突出，同时武术的健身作用也受到重视。这时比试武艺的形式已广泛出现，更加推动了武艺的发展。到了汉代，有了剑舞、刀舞、双戟舞、钺舞等，武舞已有明显的技击性，有招法，又多以套路形式出现，同时还形成了多种技术风格的流派。

唐朝开始实行武举制，并用考试办法授予武艺出众者以相应称号，既选拔了人才，又使习武之风盛行。随着步骑战的发展，戈、戟逐渐被淘汰，剑作为军事技术多被刀所代替，但作为套路的演练仍在发展。

宋代出现了民间练武组织，这些组织因陋就简，"自置裹头无刃枪、竹标排、木弓刀、蒿矢等习武技"，在城市街头巷尾打场演武，十分热闹。表演的武艺有角抵、使拳、踢腿、使棒、弄棍、舞刀枪、舞剑以及打弹、射弩等，对练叫"打套子"，有"枪对牌""剑对牌"等，这时，集体项目也发展较快，例如《东京梦华录》卷7载："两人出阵对舞如击刺之状……出场凡五七对，或以枪对牌、剑对牌之类。"但对抗性的攻防技术由于受到宋代理学家倡导"主静"的影响，逐渐走向衰微。

明代是武艺大发展的时期，出现了不同风格的技术流派，拳术、器械都得到了发展，特别是在理论上总结了过去的练武经验，具有代表性的著作有《纪效新书》《武篇》《耕余剩技》等。这些著作不同程度地记载了拳术、器械的流派、沿革、动作名称、特征、运动方法和技术理论等，有的还附有歌诀及动作图解，为后世研究武术提供了重要依据。清代、民国时期，武术得到进一步的传承和发展。

新中国成立后，武术被作为优秀民族遗产加以继承、整理和提高，尚武精神也得到发扬光大，除成立有各类武术研究机构、举行各类武术比赛外，各体育学院、体育系相继设立武术课和武术专业班，大中小学也把武术列为体育课教学内容，青少年业余体校也建立武术班，各地武术协会设立各种形式的武术辅导站，吸引着大批武术爱好者习武健身疗病。

可以说，武术从它诞生之日起就充满魅力，它的魅力来自它能够让人变得健康、强壮、勇毅和不可战胜，弱者能够通过习武掌握技击术，增强战胜比自己强大对手的可能性。对于国家而言，武术能够提高国力，特别是在冷兵器时代，军队的强悍意味着国力的强大，决定军队强弱的因素有哪些？古印度早期治国大师考底利耶认为，主要是"知识、军事力量和勇气"，[1] 卡尔·冯·克劳塞维茨也认为："斗争是双方精神力量和物质力量通过物质力量进行的一种较量。"[2] 人的战斗能力，特别是通过习武培养出的大气、勇气、豪气和力气以及由此衍生出的精神和品格等，都是其他教育形式所难以达到的，都是战争胜负的影响因素。因此，我们古人把"智、仁、信、勇、严"作为人才的标准，把"勇"看成人才必备的素质和品格。

由于武术格斗和战争密不可分，所以习武的目的也就不再限于健身强体，它与国家荣辱紧密相连，尚武者追求的最高境界就是保家卫国。古往今来，凡武学大家都主张爱国、报效国家，那些武学传奇也多是为这些人撰写的。从先秦时期的剑客到汉代的飞将军，从三国时期群雄逐鹿到隋唐英雄，从少林寺十三棍僧救唐王到宋朝的杨家将、岳家军，从明朝戚继光抗倭到清末乱世豪侠、抗击列强入侵的众多英烈，他们传承着中华武学精神，小说《三国演义》《隋唐演义》《三侠五义》《杨家将》《岳飞传》《水浒传》《武林志》等书中的许多侠义故事，都脍炙人口，家喻户晓，使尚武成为代代相传的习俗。近年来，金庸等撰写的武侠著作更加牵动人们的情感，"金庸现象"让武学文化大放异彩，特别是青年人格外热衷，对小说和武打片百看不厌。各类武术学校、大学里的武术课都非常热门，特别是太极拳，更为普及。

作为一种文化形态，武术有其自身独有的特点：一是寓技击于体育之中。练武的最初目的在于杀伤、限制对方，它常常以最有效的技击方法，迫使对方失去反抗能力。这些技击术至今仍在军队、公安中被采用。武术作为体育运动，技术上仍不失为攻防技击的特性，将技击寓于搏斗与套路运动之中。后来，武术兼具了体育功能，成为人们健身强体的重要途径。二是内外合一、形神兼备。

---

①《政事论》第2卷，[印度]考底利耶，R.P. 坎格尔译，孟买大学1972年第二版，第319页。

②《战争论》第1卷，[德]卡尔·冯·克劳塞维茨，战士出版社1978年版，第101页。

武术既讲究形体规范，又追求精神传意。内外合一的整体观是中国武术的一大特色。所谓内，指心、神、意等心志活动和气的运行；所谓外，即手、眼、身、步等形体活动。内与外、形与神是相互联系统一的整体，对习武者要"内练精气神，外练筋骨皮"。比如太极拳主张身心合修，要求"以心行气，以气运身"。形意拳讲究"内三合，外三合"，少林拳也要求精、力、气、骨、神内外兼修。此外，武术套路在技术上往往要求把内在精气神与外部形体动作紧密相合，完整一气，做到"心动形随"，"形断意连"，"势断气连"，以"手眼身法步，精神气力功"八法的变化来锻炼身心。这一特点反映了中国武术作为一种文化形式在长期的历史演进中倍受中国古代哲学、医学、美学等方面的渗透和影响，形成了独具风格的练功方法和运动形式。三是广泛的适应性。武术的练习形式、内容丰富多样，有竞技对抗性的散手、推手、短兵，有适合演练的各种拳术、器械的对练，还有与其相适应的各种练功方法。不同的拳种和器械有不同的动作结构、技术要求、运动风格和运动量，分别适应人们不同年龄、性别、体质的需求，人们可以根据自己的条件和兴趣爱好进行选择练习，同时它对场池、器材的要求较低，俗称"拳打卧牛之地"，练习者可以根据场地的大小变化练习的内容和方式，即便一时没有器械也可以徒手练参、练功。一般来说，受时间、季节限制也很小。较之不少体育运动项目，具有更为广泛的适应性，武术能在广大民间历久不衰，与这一特点不无关系。

需要我们深思的是，在人类文化发展史上，有很多文化形态，都随着社会的发展进步最终被湮没在历史的尘土里，像秦砖汉瓦一样被埋葬。戏剧、电影等文化形式只有几百年甚至不到一百年的历史，就已面临被拯救的命运。然而武术，这一古老的文化形态虽历经数千年仍长盛不衰，它的生命力来自哪里？我们说，它的长久生命力来自它始终瞄准的是人类所追求的永恒主题——生命、健康、安全、坚强，这些才是生命的真正意义，才是人们追求的最真的东西。世俗所热衷的多是身外之物，人只有活着它们才有意义。没有健康、安全、坚强，也就没有幸福，失去幸福的生活是黑暗的，生活在黑暗中又有何乐趣可言呢？我们不能选择出生、机遇、贵贱，但我们能够选择运动、健康和勇气，能够让自己变得豪迈和坚毅，我们能够在武术套路的屈伸、回环、平衡、跳跃、翻腾、跌扑中找到运动的乐趣，在对速度、力量、灵巧、耐力、柔韧的不断把握中强筋骨、壮体魄，理脏腑、通经脉、调精神，感受生命的气息和愉悦。也正是在这样的过程中，我们会忘记许多琐事、俗事、烦恼事，让自己独守一份恬静，在砥砺精进中让自己变得更勤奋、更刻苦、更果敢、更顽强、更加虚心好学、更加英勇无畏、坚韧不屈。

世界上没有哪一种文化形态能够像武术这样对人具有永久的价值和意义，即使是电视、网络甚至连科技也做不到，这些文化在惠及人类的同时也在危害人类，让人们不得不去思考如何去消除危害，拯救自己。比如农药、化肥的发明和农业技术的进步，让粮食增产了，解决了人们的温饱问题，可是环境污染了，人类又不得不面临各种各样的健康问题。通信技术的进步大幅度提高了交流速度，缩短了人与人之间的距离，却也破坏了许多家庭和人际关系，同时电辐射也威胁着人们的健康。可以说，人类文明的进步从相反的方向讲也是在倒退，所以很多文化都具有两面性，武术作为健身文化也有两面性，但它的度是可以控制的，它对社会的负面影响可以通过道德和法加以控制，不像水、空气、食物中的污染，是很难处理的。兴起20世纪中叶的美国安利公司之所以在50多年里业务越做越大，除了它有一套科学的管理方法之外，还在于它像武术一样，瞄准的是人类追求的永恒主题——健康、快乐、幸福、爱、梦想和超越。

这对我们现实中的文化建设也是一个提醒。党的十七大提出"推动社会主义文化大发展大繁荣"，强调了文化的凝聚功能、激发创造功能以及提高国家软实力、保障人民权益，使社会文化生活更加丰富多彩，人民的精神面貌更加昂扬向上等。但我觉得这仅仅是一方面，更重要的是如何让文化滋养民生，让民众如何更好地生活，如何更好地享受人生。如果我们把所有人都变成纯劳动和创造的机器，不去享受文化给人带来的愉悦和快乐，那么生有何欢？创造和民族振兴又有什么意义呢？文化也就失去了它应有的价值。

东方人心中的女人与月亮

早在上古时期，我们的祖先就坚持认为，阴阳媾和而生万物，先秦诸家如荀子言："天地和而万物生，阴阳接而变化起。"古人还认为阴阳对立，就是说世间一切事物或现象都存在相互对立的阴阳两个方面，如上与下、天与地、动与静、升与降、日与月、男与女，等等，其中上属阳，下属阴；天为阳，地为阴；动为阳，静为阴；升属阳，降属阴；日属阳，月属阴；男属阳，女属阴。正因如此，中国人向来将女人与阴性物相连，月与女人同属阴性，也自然多与女人相联系。

月与女性多有相同处。月亮温柔甜蜜，触手可及，就像女人；月亮寂寞冰冷，遥不可及，就像女人。月光轻柔如水，女人娴静亦如水。古时女子多幽居深宅大院，喜夜阑人静时邀月寄情……古往今来，有多少女子与清月为伴，或赏月漫步，或抚琴品茶，或作文歌舞，或纺织教子，或向亲人述说衷肠，不知有多少女子与月的诗歌代代传唱。从这个意义讲，月属于女人，月夜是女人专属的世界，月也因此成就了无数女子，让中华民族女性序列变得光灿照人。

一万多年前，一女子身束兽皮，跪于河边，仰望星月，喃喃私语：天啊，难道我一定要嫁给我的哥哥吗？明月如洗，似有窃语：是的，为了人类，你别无选择！这女子就是中华民族伟大的母亲女娲。

四千多年前，一女子站于窗前，身边是男人深沉的鼾声，窗外是皎洁的明月，她泪流如雨：天啊，难道我真的要舍弃这温情的世界，去那清冷如冰的月宫吗？月光如水，窃窃低语：是的，为了苍生，你别无选择！这女子就是舍身赴月的嫦娥。

二千年前，汉宫深深，一女子身着嫁衣，仰望皓月，似乎听见塞外嘶嘶马鸣，泪光里幽幽叹息：天啊，难道我一定要去关山大漠吗？月牙撒下怜悯的泪滴，似在轻声絮语：是的，为了这个民族，你别无选择！这女子就是和亲公主王昭君。

一百多年前，一女子独立庭院，手执长剑，仰望明月，长叹道：天啊，难道我一定要舍家离国东渡日本吗？月亮散发出慈爱的光：是的，为了这个山河破碎的国家，你别无选择！这女子就是鉴湖女侠秋瑾。

三十多年前，一女子脚戴镣铐，衣衫褴褛，月光凄凄，她毅然决绝的目光里闪动着晶莹的泪水：天啊，我快受不了了，难道我一定要走下去吗？月亮伤心地钻进乌云，无可奈何地叹息：是的，为了真理，你别无选择！这女子就是百折不回的张志新。

……

是的，回首万年，有多少女子面对明月，为人类、为民族、为国家、为真理做出自己的选择，她们是中华民族伟大母性的代表，是中华民族文化天空中的明月，她们像太阳一样光辉灿烂，娇艳美丽，她们是中华民族得以生存繁衍的血脉，体现着中华民族精神的灵魂，让我们为这些伟大的女性呼喊万岁吧！

六位母亲引领的道德取向

春秋战国时期是秩序倒悬时期，也是伦理混乱时期，君臣、父子、兄弟、夫妇、朋友五种人伦关系屡遭破坏，忠、孝、悌、忍、善还没能成为天下人都能接受的道德准则。可以说，春秋战国时期是中华民族伦理的再造期。对于任何一种伦理规范的探索都出现了正面和反面的教材，对于如何做母亲也一样。出现在这一时期历史书籍中的母亲有六位值得提一提。

第一位：偏心的母亲

《左传》和《东周列国志》都记载有《黄泉见母》的故事。说郑武公娶姜氏为妻，生有两个儿子，大儿子叫寤生，二儿子叫段。因为段长得一表人才，姜氏便偏爱他，希望郑武公立段为太子，未能如愿，姜氏一直怀恨在心。等武公去世后，寤生继承王位，号郑庄公。姜氏多次向庄公提出无理要求，庄公碍于母亲情面，都满足了她。但是姜氏毫不知足，居然煽动次子段篡位。但后来被庄公识破，段自刎而死，庄公大怒之下把母亲从京城赶到颍地，还发誓说：不到黄泉不相见。可是他事后非常后悔，毕竟姜氏是他的生母。当时颍地的官员叫颍考叔，为人正直无私，一向有孝顺爱友的美誉。他见庄公把母亲安置这里，便对人说：母亲虽然不像母亲，但儿子不能不像儿子。于是抓了几只小鸟来见庄公。庄公问：这是什么鸟？颍考叔说：这种鸟叫号鸟，最不孝道，母亲把它养大，但他长大后反过来却啄食母亲，所以抓来准备吃掉它。庄公听后哑然无语。时值膳房送来一只蒸羊，庄公割下一条羊腿给考叔，考叔却将羊肉撕下放于袖中。庄公不解。考叔说：我家母亲因家中贫困，从不曾吃过如此美味，我要拿回家给母亲食用。庄公不觉凄然。考叔知道已经说动了庄公，却因为有"不到黄泉不相见"的誓言所阻，于是献计，挖掘地下，直到泉水涌出时，建一地下室，然后把母亲接来居住。最后终于使庄公母子团聚。这个故事告诉我们，母亲对儿子要不偏不倚，同是自己的孩子，心要端正，不能因个人好恶而有偏私，否则会造成不良后果。在这个故事中，如果没有母亲的一再纵容，段也不至于身死，段死时却埋怨母亲道："姜氏害我！"

第二位：自私害人的母亲

周惠王五年己酉（公元前 672 年），晋献公出兵攻灭骊戎部落，骊戎被涂炭，宗社被凌辱，骊戎部落国破家亡，被迫献上两位公主作为晋献公的宠妃：长女骊姬，生子名叫奚齐；次女少姬，生子名叫卓子。骊姬入晋之后，凭着美色和智慧获得了晋献公的专宠，逐步参与晋国的朝政。周惠王十一年（公元前 666 年），骊姬用计使晋献公将太子申生、王子重耳和夷吾调往外地镇守，只留奚齐、卓子在都城。周惠王二十一年（公元前 656 年），骊姬设下各种计谋，除去太子申生，不久又赶走王子重耳、夷吾，晋献公立骊姬为夫人，封少姬为次妃，立奚齐为太子。她的计谋几乎使晋国覆灭。周襄王元年（公元前 651 年），晋献公死去，骊姬扶立奚齐继位，被大夫里克等杀死，再立卓子继位，又被里克杀死。骊姬眼见大势已去，复仇无望，毅然投湖自尽。多部史书都记载了这件事。作为母亲，骊姬是自私的，为了能够让自己儿子做国君，不择手段迫害大臣和各位公子，给晋国带来灾难，但自己也没有得到什么好处，最终落个走投无路、绝望自杀的下场。

第三位：贤德明理的母亲

年幼时，孙叔敖勤奋好学，尊敬长辈，孝敬母亲，很受邻里的喜爱。有一次，孙叔敖外出玩耍，忽然看到路上爬着一条双头蛇。他以前听别人说，谁要是看见两头蛇，谁就会死去。孙叔敖乍一见这条蛇，心中不免一惊。他决定马上把这条双头蛇打死，不能再让别人看见。于是他拾起路边的大石块，打死了双头蛇，并把它深深地埋起来。回到家里，孙叔敖闷闷不乐，饭也不吃，一个人坐在油灯前看书发呆。他母亲看到便问他道："孩子，你今天是怎么啦？"孙叔敖抬头看了看母亲，摇摇头说："没什么。"然后低下头去，依然无精打采。母亲伸出手，摸了摸他的额头说："是不是生病了？"孙叔敖再也憋不住了，一下扯住母亲的衣袖伤心地哭起来。孙叔敖边哭边说："今天我在外面看到了一条双头蛇。听人说，看见这种蛇的人会死去的，要是我死了，我就再也见不到您了……"母亲边安慰他边问道："那条蛇现在在哪里呢？"孙叔敖边擦眼泪边回答说："我怕再有人看见它也会死去，就把它打死后，埋起来了。"听了孙叔敖的话，母亲很感动地说："好孩子，你做得对，你的心眼这么好，你一定不会死的，好人总是有好报的。"在孙叔敖成为楚国丞相之前，他仁爱的品德就已经深入人心，广为流传。孙叔敖具有美德不是天生的，也不是偶然的，这与母亲的教导和影响是分不开的。母亲不仅是位慈母，而且还是一位有见地、明事理的母亲，她能在孩子困惑时，给予恰切的暗示和勉励，她是智慧、冷静和沉着的，这些个性和品质，从后来孙叔敖的表现我们能够看到他母亲对他的影响。

第四位：糊涂的母亲

公元前718年，齐僖公长女宣姜到了适婚年龄，卫国派出使者为卫国太子向宣姜求婚。卫国使者趋炎附势，在卫宣公面前进谗言，劝说卫宣公纳宣姜为妻。于是卫宣公在淇水之畔修了一座藏娇的行宫，名为"新台"，娶了自己的儿媳，这就是历史上有名的"新台纳媳"。宣姜给卫宣公生了两个儿子：姬寿和姬朔，从而当上了卫国国母。姬朔想要当太子，逼死了太子姬汲的生母夷姜，夷姜既死，宣姜欲立寿，乃与寿弟朔谋构汲子。宣公听了朔的谗言想要杀汲，宣姜知道后不忍心，于是告诉自己的儿子寿，寿为人和善，一直很尊敬大哥汲。这就是《诗经·二子乘舟》所说的："二子乘舟，汎汎其景。愿言思子，中心养养。二子乘舟，汎汎其逝。愿言思子，不瑕有害。"[1] 姬寿在船上追上姬汲，但汲是君子，不相信父亲要杀他，寿只好灌醉汲，假冒成汲，替自己的哥哥去死，奈何姬汲看见寿死后，不愿独活，暴露身份也被杀手杀死。朔如愿当上了太子，后来顺利成了卫惠公。姬朔无道，卫国贵族乘姬朔离国之时立他人为国王。宣姜落在了左公子泄手中，宣姜请求泄杀了她，

---

[1]《诗经今译》，高亨注，上海古籍出版社1984年版，第62页。

但卫国贵族怕得罪齐国。齐襄公为防卫国杀了宣姜，也为了维护齐卫两国的关系，力主宣姜嫁给与汲一个母亲所生的亲兄弟昭伯顽（儿子娶父亲的老婆在春秋时是平常的事）。卫国乐得以此降低宣姜的名号。昭伯顽纳宣姜为夫人，后来生了三男两女，长子齐子早逝，次子卫戴公姬申，三子卫文公毁，长女嫁给了宋桓公，次女嫁给许穆公。宣姜本是政治斗争的工具，受人摆布，先嫁给公公，后嫁给儿子，落下千古笑柄，总算能做一次主，还助纣为虐，害人害己，着实糊涂，如果不是后面有个强大的齐国背景，其或将死无葬身之地。

第五位：不守妇道的母亲

秦昭襄王时，赵国在名将廉颇的指挥下，两度击败了秦国的进攻。秦国被迫把太子安国君的儿子异人送入赵作为人质，异人在赵国过着被囚禁的生活，觉得自己此生就这么毁了。就在他抑郁寡欢之时，遇到了一位颇有政治眼光的珠宝商人——吕不韦。吕不韦精明地意识到把宝押在这位暂时不得志的王子身上，比买卖珠宝更有利可图。于是吕不韦先设法结交了监督异人的卫兵，方便自己与异人结交。当然最重要的还是取得异人的信任，这一点并不算太难，因为异人身在异乡，举目无亲，可算有个人愿意听他诉说苦楚，替他设想将来的政治路途，他真是感激涕零，很快就视吕不韦为心腹。吕不韦首先买通了华阳夫人的姐姐，因为华阳夫人是安国君最宠爱的姬妾，但是无子嗣，于是华阳夫人的姐姐说服华阳夫人收异人为义子，并在安国君那里吹枕边风，说异人如何如何孝顺、有作为，应该立他为太子。安国君同意了华阳夫人的请求，这样，吕不韦就迈出了第一步。吕不韦又从邯郸诸姬中选中了一个美女，她聪明伶俐，妖媚异常，这就是后人所称的赵姬。吕不韦告知她要如此这般就能当上王妃，赵姬听了欣然应允。于是二人便行夫妻之礼，不久，赵姬怀有身孕，吕不韦将她献给异人，后来赵姬产下一男婴，取名为政，嬴姓，即后来的秦始皇。昭襄王不久病殁，安国君嗣位，即秦孝文王，异人理所应当地当上了太子，但离王位还是差一步，吕不韦可等不了了，他与赵姬商议，以酒色迷住秦孝文王，秦孝文王整天过着花天酒地的生活，不久就因贪欢过度而一命呜呼，异人终于登上了王位，即秦庄襄王。华阳夫人为皇太后，政为太子，吕不韦为相邦，封文信侯，食邑十万户。随着秦国国力日益强盛，吕不韦功高盖主，异人知道他精明异常，渐渐对他警惕起来。而吕不韦也有所察觉，他怎可束手待毙？于是与赵姬密议，要除掉异人，立政为王，让赵姬当上太后。于是赵姬夜夜献宠，使尽妖媚之能事，逼得异人贪欢成瘾，不久便衰弱不堪，36 岁时一命归西。庄襄王驾崩，政登上国君的宝座，仅十三岁。赵姬为太后，尊吕不韦为仲父，国事全部委任于他。政虽幼，却有统治天下的野心和斗志，他知道吕不韦是他最大的障碍，而吕不韦也知道政非等闲之辈，两人都在暗暗地较量。但祸事最终出在赵姬身上，她年轻守寡，不甘寂寞，又与吕不韦有旧情，两人便秘密来往，吕不韦经常随意出入宫闱。但他也害怕政知道此事，像赵姬这样不知检点迟早会出事，自己不能不收敛一些。于是吕不韦找到了一个名叫嫪毐的人，此人别的不会，只在房帏之事上能力异常，吕不韦把他献给太后。从此赵姬与嫪毐在后宫朝夕不分，不久就怀孕了。太后寡居有孕，是何等耻辱的大事，为了不使政知道，她与嫪毐躲到距咸阳西北二十里处一座幽静而华丽的雍宫居住，并先后产下了两个男孩。日子一长，政也有所耳闻，但此时的秦王政把精力正全部放在吞并六国的宏图伟略上，只好忍而不发。嫪毐想，自己虽得太后宠爱，可日后一旦政发觉，自己将死无葬身之地，于是暗地里起了篡位之心。他收买党羽，与太后密谋，欲除秦王。嫪毐毕竟是市井小人，小人得志，忘乎所以。一天他与朝臣饮酒，酒后无意间说出了自己的野心，朝臣（侯肥）慌忙报告给政，政早就看嫪毐不顺眼，当即令昌平君逮捕嫪毐，五马分尸，惨不忍睹。又发兵包围雍宫，搜出太后私生的两个儿子，当场杀死。后把太后驱往棫阳宫监禁。后经众多朝臣以死劝谏，才与太后和好。政为了巩固自己的权力，顺势将吕不韦贬居蜀中。吕不韦接到旨意后，矛盾万分，若说出实情，秦王政生性暴戾高傲，自己难再活命，眼看自己费尽心机几十年的功绩宣告破产，吕不韦绝望之中饮鸩自尽。赵姬闻讯后，想到与他共度的几十年风雨，真是痛不欲生，三四年后抑郁而死。赵姬无论是为人妻还是为人母都是不合格的，她不幸的是遇到了吕不韦，幸运的是生了千古一帝秦始皇，不然，她的结局将更惨。

第六位：注重教育的母亲

孟子很小的时候，父亲就死去了，母亲守节没有改嫁。一开始，他们住在墓地旁边，孟子就和邻居的小孩一起学着大人跪拜、哭号的样子，玩起办理丧事的游戏。孟子的母亲看到了，就皱起眉头："不行！我不能让我的孩子住在这里了！"孟子的母亲就带着孟子搬到市集，靠近杀猪宰羊的地方去住。到了市集，孟子又和邻居的小孩，学起商人做生意和屠宰猪羊的事。孟子的母亲知道了，又皱皱眉头："这个地方也不适合我的孩子居住！"于是，他们又搬家了。这一次，他们搬到了学校附近。每月夏历初一这个时候，官员到文庙，行礼跪拜，互相礼貌相待，孟子见了之后都学习记住。孟子的母亲很满意地点头说："这才是我儿子应该住的地方呀！"于是居住在这个地方。后来，大家就用"孟母三迁"来表示人应该接近好的人、事、物，才能学习到好的习惯。这也说明了环境能改变一个人的爱好和习惯。孟子的母亲是位好母亲，虽然寡居，却很守妇道，勤俭生活，精心抚养教育孩子，没有母亲的悉心教导，也许就没有名垂千古的亚圣孟子。

垂钓与青史留名的钓鱼人

周末相约去野外钓鱼，垂钓之际，忽想起古今垂钓之事，觉得古时渔者多以鱼为生，也有以渔为乐者。回首古今历史，名留青史者确有不少。

1. 中华垂钓第一人——舜。《孟子·离数篇》说："舜生于诸冯（今山东诸城），卒于鸣条（河南开封附近），东夷人也（舜居住地在东方）。"相传舜出巡时喜钓鱼，主要是为了获得食物，这与后世娱乐性垂钓是不相同的。

2. 中华垂钓第二人——周穆王姬满。据《穆天子传》记载，周穆王在东征途中常在水边垂钓。西征时，有一次出巡到因氏国，他在黄河边上一边钓鱼，一边观看河边参天的古木。周穆王时期（公元前976—924年），周天子是天下宗王，诸侯朝贡的玉帛、兽皮、珍玩和地方特产很多，富甲天下的周穆王能在黄河之畔垂钓，已不是为了获得食物，而是消遣娱乐了。

3. 中华垂钓第三人——姜太公。《史记·齐太公世家》中记载："吕尚盖常穷困，年老矣，以鱼钓奸（地名，即兹泉），周西伯（即周文王）猎，果遇太公于渭之阳。"白居易在《渭上偶钓》诗中曾评论说："昔有白头人，亦钓此渭阳。钓人不钓鱼，七十得文王。"姜尚在渭水钓鱼，实际上是等待时机。自遇到周文王，他从此放下钓竿，辅佐文王和武王，打败纣王，成为历史上有名的功臣。

4. 中华垂钓第四人——屈原。屈原在楚襄王时期受令尹子和上官大夫陷害，被放逐到江南。他经洞庭湖溯沅水到辰阳、溆浦等地，又沿湘水到了今湖南湘阴罗，投江而死。在放逐期间，屈原曾垂钓于资水，至今湖南桃江县还有屈原钓鱼台遗迹。

5. 中华垂钓第五人——范蠡。春秋时期，越国大夫范蠡离开越王勾践后，驾一只小船到了洞庭湖中的钓洲，由于遇到大风浪，他就停舟靠岸，在钓洲钓鱼。钓到大鱼做熟而食之，钓到小鱼者放生湖里。后人为了纪念范蠡，把它放生的鱼称作"范蠡鱼"。

6. 中华垂钓第六人——庄子。庄子是我国先秦时期伟大的思想家、哲学家和文学家，原系楚国公族，楚庄王后裔，后因乱迁至宋国蒙，是道家学说的主要创始人。相传庄子喜欢钓鱼，有几位国君请他出来做官他都不干。《庄子·刻意》说："就薮泽，处闲旷，钓鱼闲处，无为而已矣。"

7. 中华垂钓第七人——李白。唐代杰出诗人李白是位钓鱼爱好者，曾把对垂钓的感受融注于诗歌之中，使后人分享他的快乐。李白在《行路难》中写道"闲来垂钓碧溪上，忽复乘舟梦日边"。

8. 中华垂钓第八人——杜甫。唐代著名诗人杜甫酷爱钓鱼，他在《江村》中写道："清江一曲抱村流，长夏江村事事幽。自去自来堂上燕，相亲相近水中鸥。老妻画纸为棋局，稚子敲针作钓钩。"淡淡数笔，生动再现了唐代一个小渔村的生活图景。

9. 中华垂钓第九人——柳宗元。唐代文学家、哲学家柳宗元特别喜爱钓鱼，他在《江雪》一诗中写下脍炙人口的佳句："千山鸟飞绝，万径人踪灭。孤舟蓑笠翁，独钓寒江雪。"

10. 中华垂钓第十人——张志和。唐代诗人张志和是人所共知的钓鱼能手。他隐居垂钓江湖，写过《渔歌子》五首，其中一首："西塞山前白鹭飞，桃花流水鳜鱼肥。青箬笠，绿蓑衣，斜风细雨不须归。"这一首是最为脍炙人口的。明刻本《诗余划谱》刊了一幅《渔父》，描绘了张志和烟波垂钓的情景。

11. 中华垂钓第十一人——司空曙。唐代诗人司空曙在《江村即事》诗中写道："钓罢归来不系船，江村月落正堪眠。纵然一夜风吹去，只在芦花浅水边。"诗人描述了在孤独寂寞的自然景色中垂钓的高雅情趣，想来他也一定喜欢钓鱼。

12. 中华垂钓第十二人——邵雍。宋代哲学家邵雍幼居河南辉县，非常熟悉农村生活。他在《渔樵问答》一书中对垂钓工具曾作过详细的讲述："钓者六物：竿也，线也，浮也，沉也，钩也，饵也。一不具，则鱼不可得。"他所说的六物，至今仍是竿钓的基本钓具。

13. 中华垂钓第十三人——苏轼。北宋大文学家苏轼爱钓鱼，他在诗中写道："湖上移鱼子，初生人不畏。自从识钓饵，欲见更无烟。"可见，他的垂钓情趣。

14. 中华垂钓第十四人——陆游。南宋大诗人陆游晚年回到故乡绍兴鉴湖边，"闲时钓秋水"，他在《鹊桥仙·一竿风月》词中写道："一竿风月，一蓑烟雨，家在钓台西住。时人错把比严光，我自是无名渔父。"他迷于垂钓，到了想当渔夫的地步。

15. 中华垂钓第十五人——郑板桥。清代书画家、文学家，居"扬州八怪"之首的郑板桥在《道情》里盛颂钓翁的闲逸生活："老渔翁一钓竿，靠山崖，傍水湾，扁舟往来无牵绊。"充满了诗情画意。

16. 中华垂钓第十六人——吴三桂。吴三桂是明末清初著名政治军事人物，吴周政权建立者。祖籍江南高邮（今江苏高邮），是锦州总兵吴襄之子。明崇祯时为辽东总兵，封平西伯，镇守山海关，后封汉中王、济王。1644 年降清，引清军入关，被封为平西王。1661 年杀南明永历帝，1673 年叛清，发动三藩之乱，并于 1678 年农历八月十七夜病死。据说起兵前，为消除清政府顾虑，终日垂钓，以待时机。

17. 中华垂钓第十七人——袁世凯。袁世凯，河南项城人，是中国近代史上著名的政治人物。1908 年 11 月光绪帝和慈禧太后相继病死，年幼的溥仪继位，改元宣统，其父载沣为摄政王。载沣因为反对袁世凯的很多新政措施，更因为戊戌政变一事（他怀疑袁世凯出卖维新派，致使光绪帝被慈禧太后幽禁至死），对袁世凯非常痛恨，成为摄政王后立即解除袁世凯的官职，袁称疾返回河南，最初隐居辉县，后转至安阳。袁在此期间韬光养晦，暗地里仍关心政事，等待时机复出。被解职的袁世凯回到河南安阳的洹上村，过起了赋闲垂钓的生活，并写了两首诗，名为《自题渔舟写真二首》，其中一首曰："百年心事总悠悠，壮志当时苦未酬。野老胸中负兵甲，钓翁眼底小王侯。思量天下无磐石，叹息神州变缺瓯。散发天涯从此去，烟蓑雨笠一渔舟。"

富贵不忘糟糠之妻与对家庭伦理的坚守

古人云：人有三喜，即洞房花烛、金榜题名和老来得子。而时下却流行"新三喜"，为升官、发财、死老婆。在现代许多成功男士那里，富贵之后就该换老婆了，最好是死了算了，无牵无挂。这是对传统家庭伦理观念的一种背叛。在现代社会，传统意义上的夫妻关系一旦与利益赤裸挂钩，顿时失去了温情，变得冰冷，令人心寒。纵然在古代，男人可以妻妾成群，却不允许不负责任，喜新厌旧是要受到谴责和处罚的，《诗经》中就有因怠慢妻子而被告上法庭的事，还有如《铡美案》中的陈世美，舍弃妻儿，最终被包拯给铡了。在古代中国，我们祖先一直提倡富贵不忘糟糠之妻的美德。

小时候，读过司马相如与卓文君的故事，熟悉那首充满哀怨的《白头吟》和满是凄怨的《诀别书》，还有那首怀着悲痛写下的《怨郎诗》："一别之后，二地相思。只说是三四月，又谁知五六年。七弦琴无心弹，八行书无可传，九曲连环从中折断，十里长亭望眼欲穿。百思想，千系念，万般无奈把君怨。万语千言说不完，百无聊赖十倚栏。重九登高看孤雁，八月仲秋月圆人不圆。七月半，秉烛烧香问苍天。六月伏天人人摇扇我心寒。五月石榴似火红，偏遭阵阵冷雨浇花端。四月枇杷未黄，我欲对镜心意乱。急匆匆，三月桃花随水转；飘零零，二月风筝线儿断。噫，郎呀郎，恨不得下一世，你为女来我做男。"初读时，很感动，觉得男人除了要顶天立地干一番事业外，还要有情有义，有责任感，能担当，特别是富贵了一定不能忘了曾与自己同甘共苦的妻子。

后来读《后汉书·宋弘传》，该传记载说东汉宋弘为官清廉，不徇私情，深得光武帝的信赖。光武帝的姐姐湖阳公主寡居在家，对宋弘产生了爱慕之情，于是光武帝招宋弘进宫，与他交谈，并让湖阳公主在屏风后面倾听。光武帝笑着对宋弘说："人显贵了，就要另交朋友；发财了，就要改娶妻子。这是人之常情啊！"宋弘一听就明白了皇上的用意，他想："自己夫妻感情很好，当初父亲被奸臣迫害致死，妻子与自己一直共患难，同甘苦，怎么能中途抛弃而另觅新欢呢？"于是对光武帝说："我听说，古人有'贫贱之交无相忘，糟糠之妻不下堂'的佳话啊！"光武帝听后便不再提起此事。初读时，十分佩服宋弘，觉得在一个攀龙附凤的世俗社会里，宋弘能独善其身，保持对老婆的忠贞，这是十分难能可贵的。

高中时读《东周列国志》，同上的感受有两段，一是晏婴不弃丑妻。有一天，齐景公至晏婴家，见其妻老且丑，欲将爱女送给晏婴。晏婴道："吾不欲因妻老且丑而抛弃她。"景公叹道："卿不背离妻子，更不会背离君主也。"于是深信晏婴之忠，委以重任。当时，我觉得晏婴贤德堪比黄帝，黄帝对丑妻嫫母十分敬重，始终不离不弃。

不过最让我感动的还是《百里认妻》的故事。百里奚是春秋战国时期的著名政治家，虞国人，少年时给人放牛，地位低微，生活贫困，31 岁时娶妻杜氏，婚后生下一子。百里奚很有才能，有治国平天才的雄才大略，而且弹得一手好古琴。妻子杜氏也非平庸之辈，既知书明理，也能弹会唱。夫妻两人很恩爱。有一年，百里奚在妻子的鼓励下，决定离家远行，去干一番事业。临别，妻子想煮餐好饭为丈夫饯行，可是家徒四壁，只剩下一只母鸡，杜氏毫不犹豫地将鸡杀了。因为家里的柴火烧光了，杜氏又将门闩砍下来当柴烧。百里奚离家后含辛茹苦，颠沛流离，经过多年奋斗，当上了虞国的大夫，可惜好景不长，虞国被晋国灭亡，百里奚当了俘虏。晋献公本想重用他，让他做官，但他坚持爱国气节，不肯答应，宁愿当个普通奴隶。后来，晋国国君将大女儿嫁给秦穆公，竟然把百里奚当作陪嫁的奴仆送与秦国。百里奚认为这是自己的奇耻大辱，途中逃跑了，躲到楚国给人放马。秦穆公十分爱才，知人善任，派人打听到百里奚在楚国后，就按当时一个普通奴隶的市价，用五张羊皮将他赎回秦国。此时的百里奚年事已高，白发苍苍，面容憔悴，简直像个讨饭的，可秦穆公慧眼识宝，看出他满腹韬略，即任命他为国相。百里奚上任后忠心耿耿，殚精竭虑，辅助国君把秦国搞得欣欣向荣，深得秦国老百姓爱戴，名声也四处传扬。他的妻子携儿在外谋生，来到秦国后，听说当今声名显赫的国相是百里奚，将信将疑，便设法进入相府当个洗衣佣人，希望有机会看看真人，弄个明白。一天，相府宴请宾客，门庭若市，又弹又唱，百里奚善于古琴，会上当然也安排古琴节目。杜氏趁众人高兴之机请求上台弹奏一曲，被主持者允许了。她上台从容自若，起奏后感情十分投入，边弹边唱，如泣如诉。她唱道："百里奚，五羊皮，你可记得当年告别无柴烧，劈下门闩炖母鸡？如今荣华又富贵，怎能忘掉儿子弃了妻！"百里奚离家之后，与妻儿一别三十多年，中途虽曾回过一次家，可是妻子已经携儿逃荒去了，音讯杳杳，生死未卜。此时听到这位老妇唱的正是自己悲凉的经历，仔细端详确是自己的发妻，于是激动万分，老泪纵横，夫妻相认，相拥而泣。

感受中华文化之个人篇

中国现存最早的史书《尚书·周书·泰誓上》曰："惟人万物之灵。"现存最早的释字书《说文解字》也云："人，天地之性最贵者也。"《礼记》阐释说："故人者，其天地之德，阴阳之交，鬼神之会，五行之秀气也。"在人类祖先的文化思维里，对人的思考一直有两个出发点，一是人类，一是个人。人之贵在于对人类的认知，人之价值也正在于能够促进人类之发展。由个人小思维转向人类大思维，这是人类最伟大之处，也是人类给自己带来的最大福音。固然个人之于社会是极渺小的，之于历史也是微不足道的，而人类之于社会是极宏大的，之于历史也是蔚为大观的，但我们仰观人类恢宏的历史，依然能够感受到无数个人的光芒，并在与自身的对照中找到镜子，用以照亮现实，也照亮未来。这正是我们研究个人历史的意义。

伏羲为什么姓风

三国时期魏国诗人曹植曾写有《伏羲赞》："木德风姓，八卦创焉；龙瑞名官，法地象天；庖厨祭祀，网罟渔畋；瑟以象时，神德通玄。"诗歌言伏羲"木德风姓"，这是有依据的。据《帝王世纪》记载："太昊帝庖牺氏，风姓也。"①《竹书纪年》也曰："太昊伏羲氏，以木德王，为风姓。"伏羲之后，有世代相传姓风的，称为风氏。有专家认为，伏羲经过长时间的观察和思考，开始"正姓氏，制嫁娶"，实行男女对偶婚。伏羲自定风姓，其他或以所养动物为姓，或以所种植物为姓，或以居所为姓，或以官职为姓等，于是中华姓氏自此起源。如今，中华姓氏虽3000余，如溯流而上，皆可追至太昊伏羲。伏羲时期，为制嫁娶，姓与氏有严格区分，以女子为传承中心的宗族皆称姓，以男子为传承中心的宗族则称氏。氏同姓不同者，婚姻互通；姓同氏不同，婚姻不可通。远古的先民以姓氏制嫁娶，实现了从愚昧向文明的跨越。

问题是伏羲为啥姓风呢？没有谁去解释，伏羲也不可能随意定自己为风姓。既然姓风，那么我们就来思考一下，他为什么要姓风。这需要从"风"字起源说起。今天我们所见"风"的含义都是引申意，与最早的"风"意已有很大变化，内涵更丰富了。最原始的"风"，从构词讲是象形字，可作两解，一指母体体后生殖器，一指男女体后之交配。无论是哪种解释，都指生命之源、万物根本，体现了先民对生殖的崇拜。作为部族领袖，一定把自己看成世界的主宰，即使后来者，也会把他看成祖先的开始。据上古传说，伏羲时代遭遇洪水，人类灭绝，伏羲与妹妹女娲结合，传下华夏后代，以他为风姓，也有姓氏开始的意识。

"风"为什么后来又变成了自然界的"风"了呢？在我们祖先眼里，气是生命之源，人没有气即为死亡。自然界也是如此，世间有阴阳，万物孕于阴阳和五行，阴阳媾和而生万物。金、木、水、火、土是自然界的存在形式，

---

①《帝王世纪·山海经·逸周书》，辽宁教育出版社1997年版，帝王世纪卷，第2页。

如人之血肉，而风是自然之气，有风自然界才有生气，才谓之"活"，有风生物才能生存繁衍，因此把这种决定自然生存的东西叫作风，认为它是自然界鲜活的根本，大千世界的存在本原，如生命之源。

有成语叫"风马牛不相及"，如《左传·僖公四年》曰："君处北海，寡人处南海，唯是风马牛不相及也。"① 如果用今天意思无论如何都解释不清，如用风的原意解释就再清楚不过了，意思是牛与马交配是不能够达到的，这是用最浅显的道理告诉人们，有些事物彼此是毫不相干的。

女娲本意是烧锅做饭的女人

曹植除写了上面那首《伏羲赞》外，还写有《女娲赞》："古之国君，造簧作笙；礼物未就，轩辕纂成；或云二皇，人首蛇形；神华七十，何德之灵。"在《女娲赞》里，曹植热情歌颂了华夏始祖女娲的历史功绩。不仅曹植，由古至今，有关女娲的颂词很多，史书不绝。唯有《封神演义》上说，纣王祭祀女娲时曾写过一首大不敬的诗："凤鸾宝帐景非常，尽是泥金巧样妆，曲曲远山飞翠色，翩翩舞袖映霞裳。梨花带雨争娇艳，芍药笼烟骋媚妆，但得妖娆能举动，取回长乐侍君王。"初读时，觉得纣王太失德，竟然对圣母动起邪念，天理难容，最终导致国破家亡真是活该。但后来觉得这首诗纯属捏造，在殷商那个极重视祭祀的时代，任何人都对神极其敬畏，何况圣母呢？纣王做事再没谱，也不至于到这般无耻的境地。

在上古传说中，女娲（nǚ wā）是中华之神，人首蛇身，为伏羲之妹，风姓。起初以泥土造人，创造人类社会并建立婚姻制度，而后世间天塌地陷，于是熔彩石以补天，斩龟足以撑天。真实的女娲是伏羲之妹，也是伏羲之妻，是中华民族的伟大母亲。传说伏羲时代洪水滔天，毁灭人类，伏羲、女娲为繁衍人类而结合，成为中华民族的始祖。对于女娲，有关她的传说，我觉得多是后人出于景仰而夸大的描述，真实的女娲只是一个再普通不过的女人，

---

① 《左传》，郭丹译，中华书局 2016 年版，第 154 页。

从名字上解读，女娲就是指烧锅做饭的女人。

《说文解字》解释娲曰："娲，古之神圣女，化万物者也。"① 从百度搜索娲字词条，解释说：形声。字从女，从呙（kuā），呙亦声。"呙"为"涡"省。"涡"意为"水流旋转下吸"。"女"和"呙"联合起来表示"漩涡般的女子"。本义：被众多男人围绕转圈的女子、处于男人圈子中心的女子。特指：伏羲正妻女娲。百度的解释是错误的，娲本字为呙（kuā），实为象形字，本意为"锅"，人类早期的锅不是金属物，是陶器，因此没有"金"字旁，先有"呙"后有"涡""窝""蜗"和"锅"，水涡状如"呙"，因此加水旁，命名为"涡"；鸟窝状如"呙"，因此加穴，命名为"窝"；蜗牛形体如"呙"，因此加虫旁，命名为"蜗"。就此而论，"涡"并没有"水流旋转下吸"的意思。娲也不是什么"漩涡般的女子"意思，本义也不是"被众多男人围绕转圈的女子、处于男人圈子中心的女子"，其本意是指在"锅"边做饭的女子。

由娲字解，可以推知女娲可能真有其人，名字可能是丈夫起的，也可能是孩子们起的。民以食为天，吃饭是决定生死的大问题，因此把做饭的妻子或母亲叫娲，这也可能是"妈"字的最早叫法。但从"娲"字也透射出如下信息：一是女娲时代，人类已经走出随机觅食阶段，已由用火烧烤食物进步到用锅做饭；二是男女已有分工，烧锅做饭与繁衍后代成为女人的两大任务；三是那个时代还没有金属物，锅是陶制的；四是中国最早的文字是象形字，仿形造字是最早的造字方法。

《诗经·秦风·蒹葭》 可能是伏羲和女娲的情歌

对于中国诗歌史，有一个十分清晰的发展路径，那就是由《诗经》—《楚辞》—汉赋—汉乐府诗—建安诗歌—魏晋南北朝民歌—唐诗—宋词—元曲—明清诗歌—现代诗。中国人一直坚持把《诗经》看作诗歌的起点，因为

---

①《说文解字》，［汉］许慎撰，中华书局2013年版，第260页。

现存诗歌没有比《诗经》再早的了。但这往往会给我们一个错觉，那就是中国诗歌史源自春秋战国，这是大错特错的，因此《诗经》仅是一部诗歌集子，并不是当时诗歌全部，诗歌也不都是现行的，许多来自夏、商、周时代或更早，其中有首《蒹葭》诗甚至会是女娲时代的情歌，您信吗？我们不妨来考证一下。

据《独异志》记载：昔宇宙初开之时，只有女娲兄妹二人在昆仑山，而天下未有人民，议以为夫妻，又自羞耻。兄即与其妹上昆仑山，兄曰："天若遣我兄妹二人为夫妻而烟悉合；若不使，烟散。"于是烟即合，其妹即来就兄，乃结草为扇，以障其面。这个关于华夏民族劫后重生的传说是美好的，作为华夏民族的伟大母亲，从她在创世和补天等方面的表现可以推知，伏羲和女娲无论是智商还是情商，都是很高的，他们也许会有自己的诗歌创作，纵然没有文字记载下来，也会由他们的子孙传唱下来，只是在经历久远的传唱后，我们已不知道哪首是哪首不是、哪些变了哪些没有变罢了。有没有这种可能呢？我觉得有，因为诗歌源于生活，发自人的心灵，它是人情感的一种自然流露，其他生物尚且有对情、韵、美深切感受和表现，何况人呢？又何况是伏羲和女娲这样高智商和高情商的人呢？因此说，他们表达爱情、歌唱生活，并将之编成歌曲或小曲歌唱的可能性是有的。如果有，那么会是什么歌呢？我认为最有可能是情歌，因为他们结婚时还是青年人，正处在多情的年龄，他们唱的歌很有可能是情歌。音乐的产生源自性，文学也一样，世界文学史上的诗人几乎无一例外处女作都是爱情诗，伏羲、女娲在共同的夫妻生活中，也一定会有爱情产生，爱的幸福会萌生爱的冲动和畅想，也因此会有情歌，中华民族多情特征也能印证这一点。

基于这样的认识，我阅读了中国最早的诗集《诗经》中的每首诗，试图找出可能由伏羲、女娲创作的民歌，最终很有些失望，因为一首首均被排除在外，最后我把目光集中到《秦风·蒹葭》上，觉得它很有可能就是伏羲或女娲的杰作。下面让我们欣赏一下这首诗：

蒹葭苍苍，白露为霜。所谓伊人，在水一方。
溯洄从之，道阻且长。溯游从之，宛在水中央。
蒹葭萋萋，白露未晞。所谓伊人，在水之湄。

溯洄从之，道阻且跻。溯游从之，宛在水中坻。

蒹葭采采，白露未已。所谓伊人，在水之涘。

溯洄从之，道阻且右。溯游从之，宛在水中沚。

这首诗有三点值得注意：第一，它属于秦风，就是秦地传唱的民歌，秦地与传说中伏羲、女娲生活地（甘肃省的天水陇南一带）较近；第二，它反映的自然环境与其他诗歌不同，蒹葭、露、霜、水、道等都是最常见的自然物象，其营造的环境具有上古环境特征，从中找不到世俗社会的信息，非常淳朴自然；第三，这首诗是爱情诗，属于远离人群聚集地方的人写出来或唱出来的，抒发的是男人或女人在河边，面对彼情彼景萌生的对异性的美好情感。这种情景的产生能够发生在春秋战国时期，也有可能发生在上古时期，比如妹妹女娲在河边等候丈夫的时候，也会产生这样的情愫，羞答答唱出这样的歌也不是不可能的。

当然，这仅仅是推测，《秦风·蒹葭》也有可能是女娲后人写出来，从女娲到黄帝共经历了 78 代，其间很多事是说不清楚的，因此有可能是也有可能不是。有人可能会提疑问，认为那时没有文字，怎么创作？这样问是缺乏基本文化常识的，人类是先有语言后有文字的，文字仅是语言的表现符号，可以先有创作后有记录，比如很多上古传说都是靠口头传诵而不是靠文字记载下来的。不过也不排除后来再创作的可能性。在远古时，知识和文字均垄断于王室，直到春秋战国时期才下移至诸侯国，至于民间则是更晚的事，如此工整和优美的爱情诗肯定是后来整理的，但其朴素的情感元素和思维逻辑是不容易被改掉的。

诺亚与伏羲同处一个时代

在东方有"伏羲传世"的传说，在西方《圣经》里有"诺亚方舟"的传说，两个传说竟发生于同一时代，这绝不是偶然和巧合。

据晋朝皇甫谧《帝王世纪》记载："太昊帝庖牺氏，风姓也，燧人之世有巨人迹出于雷泽，华胥以足履之，有娠，生伏羲于成纪姬姓和王姓。"据测算，伏羲生活的时代大约在公元前一万年，这与《圣经》诺亚方舟传说的时代大致相当，距今约一万二千年左右。此外，在近东和中东一带的古文明都有关于大洪水的记载，古巴比伦、希腊及罗马也有类似诺亚一家人获救的故事流传。近年，有科学家根据黑海一带的自然环境推断，当地的确可能发生过毁灭性的大洪水。

科学家推算地球最近一次冰河时期是在一万二千年前达到巅峰，那时全球海平面比现在低很多，而黑海只是一个淡水湖，与地中海间隔着一个天然的堤坝，这个堤坝横跨今天土耳其境内的博斯普鲁斯海峡。随着各地冰河融解消退，全球海平面跟着升高，而地中海与黑海的水位落差逐渐被拉大到500米左右。后来，可能是一场大雨或一场地震，使两者间的堤坝垮掉，地中海的海水以200倍于尼亚加拉大瀑布的水量及冲力涌入黑海。两年后，地中海和黑海的水位才达到平衡。一项最新研究证实，早在8000多年前北大西洋巨大冰盖的融化曾使海平面大幅上升，科学家指出，这一事件可能是《圣经》中记载的诺亚方舟拯救人类故事的起源。

据西班牙《世界报》报道，英国埃克塞特大学和澳大利亚伍伦贡大学的科学家指出，发生在距今8740年至8160年间的北美劳伦太德冰盖融化，造成了近10万年来地球上最大规模的淡水增加，地中海海平面也因此上升了1.4米。

研究指出，海平面的上升导致当时还是一个淡水湖的黑海被咸水淹没，造成黑海海水在大约8200年以前增多变咸。生活在黑海沿岸一带的新石器时代的农业人口受影响最大，他们无法继续耕作。洪水最严重时，有72700平方公里的土地被淹，这一时期持续了约34年。同样的现象还出现在地中海沿岸，大约1120平方公里的土地被水淹没。这一切造成了14.5万农民（以东欧为主）向西迁移，寻找更适合的耕地。他们的到来加速了当地的社会变革，推动了生活方式的改变，这很可能是早期农业向欧洲其他地区传播的过程。研究小组负责人英国教授克里斯·特尼指出，这一事件被代代相传，给人留下的印象是全世界都发生了大洪水，这也可能是诺亚方舟的故事起源。

如果地球曾发生过一场毁灭人类的大洪水，不管它持续多么长的时间，必定会在地质层上留下痕迹，否则神话和传说中的记载就没有确切的证据来证明它的真实性。20 世纪以来，地质学家陆续在各大陆发现了一些确信是大洪水留下的痕迹，这为我们的假设提供了科学证据。

1922 年，英国考古学家伦纳德·伍利爵士，开始对巴格达与波斯湾之间的美索不达米亚沙漠地带进行考察挖掘。结果发现了苏美尔古国吾珥城的遗迹，并发现了该城的五族墓。正是在这个墓穴之下，伍利和他的助手们发现了有整整 2 米多厚的干净黏土积层。在这层沉积层之上是吾珥王族的墓穴，其中有各种陪葬品，如头盔、乐器、刀剑，还有各种工艺品和刻在黏土书板上的历史记载，下面则是原始石器时代的文化层。这层厚达 2 米的干净黏土是哪里来的呢？经过对黏土的分析研究表明，这层干净的黏土层属于洪水沉积后的淤土。由此可以得出这样的结论：在远古时期，这一带曾发生过一场巨大的洪水，这场洪水足以摧毁整个苏美尔文明。

20 世纪 60 年代末到 70 年代初，两条美国海洋考察船对墨西哥湾海底进行钻探考察，从海底钻出了几条细条的沉积泥芯，这等于截取了海底的一些地层剖面，其沉积的形成所代表的时间有 1 亿年。也就是说，在这些沉积剖面中记录了墨西哥湾海底 1 亿年来的沉积情况，由沉积泥芯的特点还可以推测当时海水含盐度和地球气候变化的情况。

当地质学家研究这些沉积泥芯的时候，竟意外发现，在大约距今 1 万多年的沉积层中存在大量孔虫甲壳。孔虫是一种微小的单细胞浮游生物，其甲壳中氧同位素含量的比例可以代表其生活期海水的盐度。科学家通过对这个沉积中的孔虫甲壳的分析，证明其生活期间，墨西哥湾一带海中盐分很低。这说明，当时有大量的淡水涌入墨西哥湾。洪水从何而来呢？科学家们一致认为，这些突如其来的淡水就是洪水。近年，人们在美洲安第斯山脉发现一条千米高的海洋沉积线：它起于秘鲁，经过 600 公里的延伸，在玻利维亚终止。这无疑证明，在地球史的某个时期，这里曾经是一片汪洋，海水比现在高出千米。

不可否认，目前人类在大陆上找到的大洪水的痕迹和证明并不很多，造成这一情况有以下两个原因：一是从历史记载来看，大洪水持续的时间并不长。虽然各民族的神话记载不相同，但可以确定，大洪水大约仅维持了 40 多天，然后退去，整个过程最长不超过 120 天。这样短的时间，虽然对人类来说足够毁灭一次，但对地球地质来讲，还不足以造成很明显的痕迹。二是大洪水距今已有 1 万多年，岁月的流逝已经将本来就不明显的痕迹通通地给抹去了。因此，不可能企盼地质学家、古生物学家、考古学家把一大堆证明材料都摆在你面前。所以，以上来自上古神话和有限的地质考古足够说明问题：在 1 万多年以前，确实发生过一场毁灭人类的大洪水。

各地都发生过大洪水已确定无疑，但有三点值得我们思考：一是大洪水是全球性的，还是区域性的，发生区域性的大洪水，世界上很多国家历史都有记载，至于历史上是否发生过全球范围的大洪水，各国正史都没有记载，需要去考证。纵然我们今天通过考古等途径发现了一万年前全球范围的洪水印记，也不能因此说历史上真的发生过全球范围的大洪水，如果是那样，那么问题是这次全球范围的暴涨洪水去了哪里？二是洪水淹没了什么？无论是诺亚方舟传说还是中国伏羲传说，都告诉我们在洪水到来之前，人类就创造了文明，后来是洪水让人类被迫往高处迁徙。如果传说真实的话，那么在亚拉腊山和昆仑山应当能找到一万多年前人类活动的遗址，或许有一天，我们能在洪水泥沙下面找到被掩盖的文明。三是有关中国人起源于中东的说法是错误的。曾有学者通过对人类早期文化的考证发现中国人祖先的陶器形体、花纹都与中东希伯来人的陶器相近，于是认为中国人可能与犹太人同宗。两个关于洪水的传说告诉我们，早在一万多年前，我们的祖先和希伯来人的祖先一道面对同一问题和灾难，谁更早还不清楚，这种同宗之说显然缺少科学的依据。

最早因自作多情而送掉性命的女人

爱情是美好的，故很多人为追求爱情不惜牺牲生命。翻阅历史，殉情者比比皆是，但背叛爱情者也比比皆是。对于爱情，有青梅竹马者，有一见钟情者，也有一厢情愿、自作多情者。翻阅中华民族的情感史，你会发现，历史上第一个自作多情的女人是上古盐阳酋长的女儿，最终被她的爱人巴人先祖廪君射死。

据《录异记》记载，远古时期，武落的钟离山崩塌，出了一个石坑，一坑红如朱砂，一坑黑如生漆。有人从红色坑中出来，名叫务相，姓巴。有人从黑色坑中出来，共四姓：婤氏、樊氏、柏氏、郑氏。五姓出现后开始争斗，于是务相用矛扎坑壁，说能把矛扎在坑壁上的，就做廪君。结果姓婤、樊、柏、郑的人谁也没扎住，而务相扎在坑壁上的矛上还能挂住剑。又用土做船，在船身上雕刻绘画，然后让船浮在水上，约定说："如果谁的船能浮在水上，就可做廪君。"又独有务相的船能浮在水上，于是就称务相为廪君。务相乘着他的土船，带着他的部众，顺夷水而下，到达盐阳。盐水有个女神（或是盐阳酋长的女儿），聪明美丽，对廪君产生了爱慕之情，便跟廪君说："此地鱼盐都有，土地广大，我愿跟您一块生活，不要再走了。"廪君说："我将成为国君，所以我要寻找能生产粮食的土地，不能停止。"这个痴心的女人，希望用爱情来挽留住自己爱慕的人，于是就在每天晚上悄悄跑来同廪君睡觉，早晨离去变成飞虫，飞舞在天空中。各种神都跟着盐神，它们飞舞起来遮蔽了太阳。廪君带领他的部族想要启程，却被这声势浩大的飞虫拦阻了。盐水女神想用这种方式挽留住廪君。廪君却想杀死盐水女神，但没法分辨，又不知天地和方向，像这种情形持续了十天。廪君就把青线送给盐水女神，说："缠上这个，如果适合你，就与你一块生活；不适合的话，我就要离开你。"盐水女神接过去缠在了身上。廪君到了一块带花纹的石头上，望着飞虫胸上有青线的，跪在石上射它，一下子就射中了盐水女神，盐水女神死了，天也开朗了。廪君又乘上船，下行到夷城。那地方石岸曲折，泉水也弯弯曲曲，远远看去像大坑似的。廪君感叹说："我刚从坑中出来，现在又进了坑，怎么办？"河岸马上就崩溃了，宽有三丈多，而且一个台阶接着一个台阶。廪君登上去，岸上有平坦的石头，长五尺，面积有一丈。廪君在上面休息，拈阄测算，结果都说建城。于是就在石头旁边建立城镇，靠近石头，在这里住了下来。从那以后廪君的种族便繁衍起来。秦统一天下后，就把此地定为黔中郡。

　　这是一段被神化的历史，真实的情节应该是为了事业，廪君杀死了爱他并再三挽留他的女人。这段悲剧性的爱情故事在《世本》《后汉书·南蛮西南夷列传》《水经注》和《晋书李特李流载记》等史籍中均有较详细的记载。

最早发明车的人不是黄帝

按照传统看法，中国最早发明车的人是黄帝，而以笔者考证，第一个发明车的人是骊连氏，而不是黄帝。

过去，人们一直认为中国最早发明车的人是黄帝，主要依据有四：一是史书记载。如魏晋时期史学家谯周所撰《古史考》上说："黄帝作车，引重致远。少昊时加牛，禹时奚仲为车正，加马。"现存较早、较完整的大型类书，由唐高祖李渊下令编修的《艺文类聚》也说："黄帝作车，引重致远，少昊时略加牛，禹时奚仲加马。"二是由黄帝姓氏推断。黄帝号轩辕氏，轩，指古代一种有围棚或帷幕的车。《说文解字》记载："轩，曲輈藩车。""辕，辀也。"① 按曰：大车、柏车、羊车皆左右两木，曰辕，其形直。一牛在辕间；田车、兵车、乘车皆居中。一木穹隆而上，曰辀，其形曲。黄帝因为制作了车故号轩辕氏，这符合上古时以功绩取姓的惯例，因此有其合理性。三是考古发现。现存发现最早的车辆遗迹约在三千多年前，说明夏以前就有了相当成熟的车，由此说黄帝发明了车也有其合理性。但对于严谨的学者而言，决不会因此断定中国历史上最早的车就是黄帝发明的或黄帝时期发明的，未免不够慎重。

笔者以为第一个发明车的人应该是骊连氏，而不是黄帝，为什么这样说呢？根据主要有三：

一是姓氏取名。早期人类常以功绩为姓氏，如确定时序的叫伏羲，发明了锅灶的叫女娲，能钻燧取火的叫燧人氏，能建大房子的叫大庭氏，发明农耕的叫神农氏，学会用葛做衣服的叫葛天氏，等等。其中有一个叫骊连氏的，是十五部盟时代的第五代帝。何谓骊连，甲骨文中的骊，一指黑色的马，二指齐驱并驾的马；连为会意字，从辵（chuò），从车，本义是人拉的车。《说文解字》曰："连，负连也，从辵，从车。"② 段注："连即古文輦也。"《周礼·春官巾车》云："輦车，组辀，有翣，羽盖。"《周礼·乡师》云："与其

①《说文解字》，［汉］许慎撰，中华书局 2016 年版，第 302、303 页。
②《说文解字》，［汉］许慎撰，中华书局 2016 年版，第 35 页。

輂连。"① 也就是说，用《周礼》的解释应该能够说明，骊连氏就是发明车马的人，至少是坐过车的人。

二是黄帝之前就有了车。中国早期的史书多处记载，黄帝生于轩辕之丘，故号轩辕氏。这里说明两个问题：第一，黄帝出生之前已有轩辕之丘，黄帝因轩辕丘得姓氏，而不是轩辕丘因黄帝号轩辕而得名，这说明黄帝之前即有了轩辕，也即有了车。第二，《古史考》上说黄帝作车，但没有说制什么样的车，是第一个制车，还是改进了车，公认的是制造了指南车。《古史考》成书于魏晋，晚于《史记》，更晚于《周礼》，相比之下，《周礼》更可信。《古史考》认为"黄帝作车，引重致远。"笔者以为其臆测的东西较多。

三是《易经》文字佐证。易是古代卜筮书，包括《连山》《归藏》《周易》，合称三易。易相传为伏羲所创，又传黄帝创八卦，现存《易经》又叫《周易》，据说为周文王所创，但《易经》与易应该有相同之处，尤其是《象》解，其中多有载、舆、辐等字，均与车有关。如果《易经》对易有继承，也许会借用之前的易解，也许在黄帝创立八卦时就已经有了这些与车有关的字。

综上所述，我觉得车应该在黄帝之前就有了，很有可能是骊连氏发明了车，促进了人类文明的发展，他因此有了威望，受到人们的推崇，成为部落联盟的首领，为了纪念他，他的后代被称为骊连氏。但可能最初的车很简单，没有后来的车复杂和高级，最初可能是手推车，后来有了牛车、马车等，车轮也不断改进，黄帝是车的巨大改进者，他把制车工艺推进到一个全新的过程。这或许才是历史的真相。

仓颉造字传说存在五大悬疑

先秦时即传说造字者为仓颉。《荀子·解蔽》记载："好书者众矣，而仓颉独传者，一也。"②《吕氏春秋》记载："奚仲作车，仓颉作书。"③《说文解

---

① 《周礼》，中州古籍出版社 2015 年版，第 240 页。
② 见百度《荀子·解蔽》。
③ 《吕氏春秋集释》，许维遹撰，中华书局 2016 年版，第 384 页。

字》记载，仓颉是黄帝时期造字的史官，被尊为"造字圣人"，说"昔者仓颉作书而天雨粟，夜鬼哭"。因此，文字一出，人类从此由蛮荒岁月转向文明生活。几千年来，有关仓颉造字的认识几乎是没有疑义的，但对于历史我们不能不加考证。对于仓颉造字，我觉得有几点悬疑值得商榷。

一是汉字到底是谁造的？历史记载，仓颉是黄帝时期的史官，这就是说文字是黄帝时期造的，可事实并不是这样。先秦史书比较一致的记载说，上古时期，孟津东部有一条河与黄河相接，龙马负图出于此河，伏羲氏依龙马之图画出了乾、兑、离、震、巽、坎、艮、坤为内容的卦图，后人称为伏羲八卦图。伏羲氏仰观象于天，俯察法于地，用阴阳八卦来解释天地万物的演化规律和人伦秩序。又说伏羲氏取火种、正婚姻、教渔猎，结束了人们茹毛饮血的历史。稍有历史知识的人都知道，易是人类最早传世的文化作品之一，早在黄帝前就有了，易中卦如乾、兑、离、震、巽、坎、艮、坤，易中的爻词，易中的数字，易中的阴阳、五行思想等都不是文字吗？卦解就不需要文字表示吗？另一个文化产品中医也早在原始社会就有了，对于生老病死、寒热温凉、经血脉络等概念如何表示、如何传承？我们知道文字产生的一个重要基础就是概念，没有概念就不会有文字，有了概念必然产生文字，一方面是为了交流，另一方面是为了传承。事实也是先有交流后有传承。也就是说文字是与概念并生的，所以早在原始社会，中华大地上就有了文字，近年出土的8000年前的器物上出现类似文字的符号，如"文"字等，说明原始社会已经有了文字，只是简单些，且数量较少罢了。有关仓颉留下"二十八"字的记录，"戊己甲乙，居首共友，所止列世，式气光名，左互×家，受赤水尊，戈矛釜芾"。据史学家们考证，这里记载的是黄帝时的一段历史，用五行八卦说分析：东为甲乙木，中央戊己土，据《史记·五帝本纪》中载，炎帝有圣德，以火德王，黄帝有土德之瑞，土为黄色，所以称为黄帝，居于涿鹿，位于中央位置，所以"戊己"代表黄帝，"甲乙"代表炎帝。"居首共友，所止列世，式气光名"，记述炎黄二帝同为部落首领，他们的所作所为均是天下各个小部落的楷模。"左互×家，受赤水尊，戈矛釜芾"记述了黄帝征服炎帝和平定蚩尤之乱，天下重新恢复安宁，百姓安居乐业，黄帝成为天下部落首领。如果是这样的话，说明语言已经相当成熟，其语言的理性和内在的思维逻辑不是初创文字所能达到的。因此说，仓颉是最早造字的人的说法，肯定是错误的。

二是汉字是什么时候开始造的？文字产生有三个理由：概念、记录、交流，有了认识，还要有表达的欲望，有了这两者还不够，还有表达的环境。如果有关伏羲的传说是真实的，那么早在伏羲时代就有了文字，甚至更早。相传伏羲的母亲华胥氏外出，在雷泽无意中看到一个特大的脚印，好奇的华胥氏用她的足迹丈量了大的足迹，不知不觉感应受孕，怀胎十二年后，伏羲降生了。《春秋世谱》中说："华胥氏生男名伏羲，生女名女娲"。《山海经·内东经·郭注》中说："华胥履大迹生伏羲"，"燧人之世有大迹，华胥履之而生庖羲氏"。又传伏羲给自己取姓风，说明伏羲时代已有了日月星辰、阴晴圆缺、木水火土、风雨雷电等概念，易的创立说明当时已经有了方位、数字、时空等观念，这些都证明伏羲时代就有了文字。试想，如果没有文字，婚嫁制度如何确定，历法如何表述，乐理如何传承，八卦如何演示？如果那样，这是不可想象的。在本人看来，早在伏羲之前就有了简易文字，上古先民才是造字人。

三是最初造的都是些什么字？这些文字就是今天我们能够见到的单字和若干复合字。一为数字，如一、二、三、四、五、六、七、八、九、十、百、千、万，甲、乙、丙、丁、戊、己、庚、辛、壬、癸等。二为自然万物，如日、月、星、辰、山、水，木、火、风、雨、雷、电，牛、马、羊、猪、狗、猴、鸡、鼠、蛇、兔、虎等。三为情状形态，如阴、阳，大、小，雨、晴，好、坏，美、丑，男、女，公、母等。四为人伦秩序，如父、母，兄、弟，姊、妹，夫、妻，子、女等。五为方位和时空，如上、下，高、低，前、后，左、右，东、南、西、北等。六为其他。许慎在《说文解字》中详细阐述了"六书"构造原理：象形、指事、会意、形声、转注、假借。早期的文字主要是象形、指事、会意，更多的是象形字。到了仓颉时，文字已经不仅仅限于这三类，否则黄帝何以姓公孙，居姬水，生轩辕之丘，号轩辕氏，建都有熊，有土德之瑞，号黄帝。这些字反映出当时文字的多样性。

四是仓颉与造字有关吗？有，而且功垂千秋。相传仓颉曾辞官云游天下，遍访录史记事的好办法。三年后他回到故乡白水杨武村，独居深沟"观奎星圜曲之式，察鸟兽蹄爪之迹"，整理得到的各种素材，创造出了代表世间万物的各种符号，他给这些符号起了个名字，叫作字。可见仓颉造的字一个重要来源就是民间造字，至少他造字的一个重要思路是来自民间的启发，仓颉正如孔子收集民间诗而整理编辑《诗经》一样，收集整理了各地民众创造的文字，进行比较整理，取优剔劣，加以规范，再加以统一推广。但并不能因此说仓颉没有造字，而恰恰是仓颉不仅改造了字，包括结构和形体上的改进，还创造了许多新字，这些字就是史书记载的仓颉"观奎星圜曲之式"而造的不方不圆的文字和"察鸟兽蹄爪之迹"创造的"鸟迹字"，所以仓颉造的字来自民间，但也不完全是民间的，更多的是自己的创造，否则他就不会赢得当时人们的推崇和尊重了。史载黄帝感他功绩过人，乃赐以"仓"姓，意为君上一人，人下一君。

五是仓颉造了多少字？对于仓颉造了多少字，历史已无法考证。汉朝许慎《说文解字》收录有9353字，南朝顾野王所撰的《玉篇》收录16917字，在此基础上修订的《大广益会玉篇》据说有22726字。此后收字较多的是宋朝官修的《类篇》，收字31319个。另一部宋朝官修的《集韵》中收字53525个，曾经是收字最多的一部书。另外，有些字典收字也较多，如清朝的《康熙字典》收字47035个；日本的《大汉和字典》收字48902个，另有附录1062个；台湾的《中文大字典》收字49905个；《汉语大字典》收字54678个。20世纪已出版的字数最多的是《中华字海》，收字85000个。从9353字到85000字，其中有七万多字是后来造的，仓颉造的字当不超过许慎的9353字。甲骨文是中国现今发现较早的文字，有单字5000个以上，其中只有1700字能够辨认。所以上古时期的文字数量不及今天的十分之一，仓颉造的字则更少了。

牛郎织女的传说已有一万年

从什么时候起有牛郎织女传说的呢？学习了那首《迢迢牵牛星》之后，以为是在汉朝："迢迢牵牛星，皎皎河汉女。纤纤擢素手，扎扎弄机杼；终日不成章，泣涕零如雨。河汉清且浅，相去复几许？盈盈一水间，脉脉不得语。"因为这首诗歌收集在《乐府诗集》中。后来读了《诗经·小雅·大东》

之后，才知道早在春秋战国时期就有了牛郎织女的传说。

有饛簋飧，有捄棘匕。周道如砥，其直如矢。

君子所履，小人所视。睠言顾之，潸焉出涕。

小东大东，杼柚其空。纠纠葛屦，可以履霜。

佻佻公子，行彼周行。既往既来，使我心疚。

有洌氿泉，无浸获薪。契契寤叹，哀我惮人。

薪是获薪，尚可载也。哀我惮人，亦可息也。

东人之子，职劳不来。西人之子，粲粲衣服。

舟人之子，熊罴是裘。私人之子，百僚是试。

或以其酒，不以其浆。鞙鞙佩璲，不以其长。

维天有汉，监亦有光。跂彼织女，终日七襄。

虽则七襄，不成报章。睆彼牵牛，不以服箱。

东有启明，西有长庚。有捄天毕，载施之行。

维南有箕，不可簸扬。维北有斗，不可挹酒浆。

维南有箕，载翕其舌。维北有斗，西柄之揭。①

不仅如此，本人在研究思想史查阅资料的时候，突然发现早在一万多年前就有了牛郎织女的传说，因为当时已经有了牛郎织女星的命名。

相传距今三万年前，燧人氏首领与弇兹氏首领结合，建立互为婚姻的血缘联盟，始称燧人弇兹氏。弇兹氏的织女是中国历史上最早的一位女首领，后世人追尊她为女帝，又称玄女、玄帝、王素、素女、须女、帝弇兹等。她在距今三万年前就发明了用树皮搓绳的技术。她发明的绳有三种：单股的绳称作"玄"，两股合成的称作"兹"，三股合成的称作"索"（又作素）。当时，燧人弇兹氏在昆仑山（今甘肃祁连山）立挺木牙交，为地之中；上指天穹中宫天极星，为天之中。天极星即天北极，故又称北极星。北极星的首创者是燧人弇兹氏，故又称紫宫、紫微垣。紫是玄的代称，紫宫即玄宫，宫中女主为阴德星，是为弇兹圣母九天玄女。约在距今一万五千年至一万三千年

---

① 《诗经今注》，高亨注，上海古籍出版社1980年版，第309－310页。

时，北极星因夋兹氏织女而命名为织女星。有了命名，但是否就有了牛郎织女的爱情传说？恐怕已不得而知了。

长生追求与正史明确记载羽化成仙的人

在中国神话里，许多神仙都以传说为据，不足信，而唯有安期生，是多部史书明确记载羽化成仙的人，其神秘行踪甚至若隐若现逾千年。

据《史记》记载：安期生游说秦始皇三日三夜，未采其策，仅赐金璧赤玉履，归隐在东海之滨。后来项羽起兵反秦，安期生与好友蒯通跑去向项羽献策，又未被采纳。最终"仕不成则隐"，流落到东海桃花岛隐居。《史记·卦禅书》中说："安期生仙者，通蓬莱中，合则见人，不合则隐。"① 晋·皇甫谧《高士传》记载更为详细："安期生者，琅琊人也，受学河上丈人，卖药海边，老而不仕，时人谓之千岁公。秦始皇东游，请与语三日三夜，赐金璧直数千万。"秦始皇离去后，安期生委弃金宝不顾，留书始皇："后数年求我于蓬莱山。"秦始皇曾三次东巡琅琊，三次到天台山，第一次与安期生长谈三昼夜，第二次到访时已经见不到安期生，于是天天远眺东海，并派徐福出海寻找，可谓望眼欲穿，找不到安期生，便"立祠阜乡亭海边十数处"，同时将天台山中的山谷改名为望仙涧。

《史记·封禅书》中还记载说，临淄方士李少君在汉初深得文帝与武帝之欢心，在二帝面前极力推崇河上公与安期先生。当时，河上公到西安一带隐居，引出了汉文帝晋见河上公的故事，而汉武帝对东海与安期先生更为尊崇。李少君曾对汉武帝说："臣尝游海上，见安期生，安期生食巨枣，大如瓜。"② 齐方士栾大也自称"臣常往来海中，见安期，羡门之属"。于是汉武帝先后七次到琅琊天台山一带寻找安期生，并"遣方士入海求蓬莱安期生之属"。

安期生授徒很多。《史记·乐毅列传》中记载："乐臣公学黄帝、老子，

---

① 《史记全本导读辞典》，周啸天、尤其主编，四川辞书出版社1997年版，第700页。
② 《史记全本导读辞典》，周啸天、尤其主编，四川辞书出版社1997年版，第700页。

其本师号曰河上丈人，不知其所出。河上丈人教安期生，安期生教毛翕公，毛翕公教乐瑕公，乐瑕公教乐臣公，乐臣公教盖公。盖公教于齐高密、胶西，为曹相国师。"① 曹相国即汉初平阳侯曹参。此外，安期生的弟子还有临淄人李少君、马明生、王老等。《列仙传》记载"有王老，与鲁女生、封君达为友，访道名山，于东岳遇一神仙乘白鹿，与侍女约十人，自山中而下，自称安期生，教以胎息存真之诀，言讫升天而去"。南宋谢守灏在《混元圣纪》中说，安期生后以道授马明生，马明生又传于阴长生。《神仙传》记载：马明生，临淄人也，本姓和，字君贤。少为贼所伤，在路遇神人，与药救之，再生。乃师安期先生。因游天下，勤苦备经，遂授予《太清金液丹经》。入山修炼，药成，未乐升天，乃服半剂为地仙。辗转九州五百余年，乃白日升天。

安期生隐居东海桃花岛时是在秦朝还是汉朝？已无从考证。据刘向《列仙传》说，他在东海边买过药。《史记·孝武本纪》说："少君言于上曰：'……臣尝游海上，见安期生，食臣枣，大如瓜。安期生仙者，通蓬莱中，合则见人，不合则隐。'"② 宋《宝庆昌国志》和清光绪《定海厅志》都说安期生在桃花岛炼丹，现尚存"炼丹洞"遗迹。最为后人称道的是宋《乾道四明图经》载，安期生尝以醉墨洒于山石上，遂成桃花纹，奇形异状，宛如天然，人多取之，以为珍玩。

对于安期生，文人骚客自然不会放过。苏轼曾评安期生曰："安期本策士，平日交蒯通。尝干重瞳子，不见隆准公。应如鲁仲连，抵掌吐长虹。难堪踞床洗，宁挹扛鼎雄。事既两大缪，飘然镊遗风。乃知经世士，出世或乘龙。岂比山泽臞，忍饥啖柏松。纵使偶不死，正堪为仆僮。茂陵秋风客，望祖犹蚁蜂。海上如瓜枣，可闻不可逢。"陆游也曾写有评安期生诗："人生不作安期生，醉入东海骑长鲸；犹当出作李西平，手枭逆贼清旧京。金印煌煌未入手，白发种种来无情。成都古寺卧秋晚，落日偏傍僧窗明。岂其马上破贼手，哦诗长作寒螀鸣？兴来买尽市桥酒，大车磊落堆长瓶；哀丝豪竹助剧饮，如钜野受黄河倾。平时一滴不入口，意气顿使千人惊。国仇未报壮士老，匣中宝剑夜有声。何当凯旋宴将士，三更雪压飞狐城！"

①《史记全本导读辞典》，周啸天，尤其主编，四川辞书出版社 1997 年版，第 1290 页。
②《史记全本导读辞典》，周啸天，尤其主编，四川辞书出版社 1997 年版，第 176 页。

对于安期生有没有羽化成仙，这并不重要，重要的是他给了人们一种理想、一种境界、一种追求，如八仙的故事一样，让人们在现世中无法做到和无法实现的梦可以在美好的传说中得以实现。因此，对这类传说无须考证，我们宁其有，不宁其无。

最早的酒鬼和其悲惨的结局

由仰韶文化遗址出土的陶罐、陶杯可以推知，约在六千年前，人工酿酒就开始了。据《神农本草》中记载，酒起源于神农时代。《史记》中也记载，仪狄造"旨酒"以献大禹。中国酿酒的历史源远流长，喝酒的历史也源远流长。喝酒常有贪酒者，过之即为酒鬼。古代虽没有酒后驾驶之事，但如天蓬元帅酒后乱性或酒后误事者大有人在，中国历史有明确记载的此类事件有很多，但第一个酒鬼当是夏朝的天文官羲和，最终因酒误事掉了脑袋。

据《史记·历书》记载："皇帝考定星历。"同书《索隐》引《系本》及《律历志》："黄帝使羲和占日，常仪占月……容成综此六术而著《调历》。"①所谓"占日"是指观测太阳，计算日子，等等。在关于唐尧的传说中，羲和是掌管天文的家庭，有羲仲、羲叔、和仲、和叔四人，被尧派往东、南、西、北四方，去观测星象，参照物候定二分、二至，以确定季节，安排历法。据《尚书·胤征》中记载，"惟仲康肇位四海，胤侯命掌天师。羲和废厥职，酒荒于厥邑，胤后承王命徂征。"② 也就是说，在夏朝仲康王时发生了日食，羲和因沉湎酒色而荒废了天象的观测和推算，没能预测到，引起了恐慌。于是仲康王依据《政典》，命胤侯征伐并处决了羲和。

《尚书》是中国现存最早的史书，其记载的羲和因酒误事被杀事件，当是中国有史可考因酒误事第一例，其结局不是被记过、判刑、劳教，而是被处

① 《史记全本导读辞典》，周啸天，尤其主编，四川辞书出版社，1997年版，第644页。
② 《尚书》，顾迁注译，中州古籍出版社2017年版，第77页。

死，且公布天下，以儆效尤。由此可见，早在三千多年前，仲康王就向贪酒者发出了警告。

夏朝君主季杼：中国最早的武器发明家

武器是决定战争胜负的重要因素，战争的胜负往往决定一个国家、一个民族、一个集团的命运。在当今时代，武器装备方面的优势越来越重要，一战、二战的胜利在很大程度上是武器装备的胜利。今天，武器装备更为重要，南斯拉夫战争、伊拉克战争、利比亚战争，等等，更显武器装备的重要性。而今的军事现代化在很大程度上也是装备的现代化，先进武器的研究和发明是其重要内容。在新中国军事史上，我们有值得自豪的武器研制业绩。其实，翻阅历史，一部中华民族外侵和征伐历史也是武器的发明史。据《山海经·大荒北经》中记载："蚩尤作兵伐黄帝。"[1]《周礼·地官司徒》中说："及大比六乡四郊之吏，平教治，正政事，考夫屋及其众寡、六畜、兵器，以待政令。"《周礼·夏官司马》中也说：司兵"掌五兵、五盾，各辨其物与其等，以待军事。"[2] 可见，我们祖先重视武器和研制武器的历史是很悠久的，其间不乏武器发明家，正史有明确记载最早的武器发明家是夏朝的季杼。

季杼，夏朝君主，少康子。《世本·作篇》中记载："杼作甲（甲兵之甲）。"[3] 杼精明干练，曾协助父亲少康攻灭寒氏势力，中兴夏朝。在位期间，决定完成少康的遗愿，攻打东夷。首攻东夷遭到了顽强的抵抗，杼的军队被东夷长距离武器弓矢抵挡，遭受损失，无法前进。退回国都后，他发明用兽皮制作甲，兵士穿上后，能遮挡敌人的石刀、石箭的砍、射，战斗力大大增强。他同东夷族各部落继续争斗，一直攻到东海边，进一步扩大了夏朝的疆

---

①《帝王世纪·山海经·逸周书》，辽宁教育出版社1997年版，山海经篇第71页。

②《周礼》，吕友仁、李正辉、孙新梅注译，中州古籍出版社2018年版，第113、284页。

③《世本·作篇》，见百度查询。

域，最后降服了东夷族。除了东夷，杼还消灭了海边三寿，打败了以狐为图腾的九只胞族，擒获了他们的首领，使东夷各族进一步融入华夏各族，被夏朝人看成是能够继承大禹事业的一位名王。杼先后迁都到原（今河南省济源县附近）和老丘（今河南省开封市陈留镇附近），在位 17 年后病死。

上古美食家伊尹：五味调和第一人

中华民族有着悠久的饮食文化传统，其核心精神就是五味调和。中华饮食烹饪与烹调手法多样，制作工艺讲究色质味形，在饮食结构和营养搭配上力求互补促进。在饮食滋味的确立上，调味成为饮食优劣成败的重要环节。调味与中医学很有渊源。《黄帝内经》指出，食物有四性五味，即寒热温凉四性，酸苦甘辛咸五味。"辛甘发散为阳，酸苦涌泄为阴，咸味涌泄为阴，淡味渗泄为阳。"把食物的滋味分为阴阳两大类，探索出五味对健康的影响，这是传统中医的独特智慧。中医认为：酸入肝，苦入心，甘入脾，辛入肺，咸入肾。《周礼·天宫》说："五味、五谷、五药养其病"，"以酸养骨，以辛养筋，以咸养脉，以苦养气，以甘养肉"①。在日常生活中，中华饮食强调营养平衡，追求五味调和，以达到减少疾病，促进健康的目的。

提出"五味调和"学说的中华第一人是伊尹。伊尹（约前 1630 年～前 1550 年），商朝著名思想家、政治家、军事家、元圣（第一个圣人）、我国历史上第一个贤能相国、帝王的老师、中华厨祖。据史料记载，伊尹幼年时寄养于庖人之家，得以学习烹饪之术，长大以后成为精通烹饪的大师，并由烹饪而通治国之道，成为商汤心目中的智者贤者，被任用为相，影响较大。以伊尹来比喻技艺高超厨师的词语有不少，如枚乘《七发》"伊尹煎熬"的记载，梁昭明太子《七契》有"伊公调和"的记载，《史记》有"伊尹负鼎"的记载，《汉书》有"伊尹善割烹"的记载等。《鹖冠子·世兵篇》也有"伊尹酒保"的记载，表明伊尹曾在餐馆干过。

---

①《周礼》，吕友仁、李正辉、孙新梅注译，中州古籍出版社 2018 年版，第 61、62 页。

伊尹不仅有烹饪理论，而且有烹饪实践。他去见商汤时曾烹调一份鹄鸟之羹，很受青睐。《吕氏春秋·本味篇》中记载伊尹与汤的一段有关治国与烹饪的精彩对话。伊尹说："凡味之本，水最为始。五味三材，九沸九变，火为之纪。时疾时徐，灭腥去臊除膻，必以其胜，无失其理。调和之事，必以甘酸苦辛咸，先后多少，其齐甚微，皆有自起。鼎中之变，精妙微纤，口弗能言，志不能喻。若射御之微，阴阳之化，四时之数。故久而不弊，熟而不烂，甘而不浓，酸而不酷，咸而不减，辛而不烈，淡而不薄，肥而不腴。"① 由此可见，其烹饪理论水平之高。在这里，伊尹虽是借烹饪之事而言治国之道，但若无对烹饪理论的深入研究和对烹饪实践的深刻体会，是不可能说得那么在行、那么精辟的。

伊尹认为，烹调美味，首先要认识原料的自然性质，烹饪的用火要适度，不得违背用火的道理，调味之事是很微妙的，要特别用心去掌握体会，烹饪的全过程集中于鼎中的变化，而鼎中的变化更是精妙而细微，语言难以表达，心中有数也更应去悉心领悟，经过精心烹饪而成的美味之品，应该达到"久而不弊，熟而不烂，甘而不浓，酸而不酷，咸而不减，辛而不烈，淡而不薄，肥而不腻"的高水平。

在我国几千年烹饪技术发展长河中，曾经出现许多技艺高超的名人，如帝尧时代的彭铿、周代的太公吕望、春秋时代的易牙等。他们都各有专长，而且对烹饪技术的发展都起到过很大的推动作用。但伊尹在烹调技术及其烹饪理论等方面均远胜于他们，因此成为中国烹饪之圣。

几千年过去了，五味调和依然是中华饮食的烹调之道。坚持五味调和，就能做出美味佳肴。深悟五味调和之道，我们也能够通晓生活之道、做人之道和治国之道。学习中华文化，重在体验和传承中华文化精神。中国对外输出文化，也重在输出精神。

---

① 《吕氏春秋集释》，许维遹撰，中华书局 2016 年版，第 271－272 页。

史载迁都次数最多的国君

近年来，网络上曾热炒迁都之事，殊不知首都是一个国家的政治、经济和文化中心，从某种意义上讲，也是一个国家的象征。因此，历朝历代的建国者都十分慎重地选择国都。一旦建都，除非不得已，一般情况下不再迁都。因此，在世界历史上迁都并不多见。对于一位国君而言，一生能迁一次国都很少有，而商朝第十四任国君祖乙一生曾四次迁都，这在世界历史上也是绝无仅有的。

祖乙，姓子名乙，一名滕，商王河亶甲的儿子，在位 19 年。祖乙即位后，迁都于耿（今山西省河津市）。不久，黄河发生大涝，冲毁了都城。当时辅佐朝政的是巫咸的儿子巫贤。司马迁说："帝祖乙立，殷复兴。巫贤任职。"① 巫咸是太戊时的名臣，巫贤则是祖乙的名臣，在复兴商王室的过程中功劳很大。当耿都被大水冲毁后，巫贤建议迁都于邢（今河北省邢台市），祖乙采纳了他的建议。后来又发大水，最后迁到庇。所以《古本竹书纪年》中说："祖乙滕即位，是为中宗，居庇。"与《史记》并不矛盾。庇都靠近大彭国，彭伯忠心于商王室，是商王朝很好的屏障。同时，庇地自然条件优越，物产丰富，有利于农业和畜牧业的发展。所以，迁都后商朝的社会经济得到恢复和发展。祖乙在位时，曾几次出兵平复兰夷、班方等国，解除了东南方的夷族对商的威胁，国运再度中兴。甲骨文中称祖乙为中宗祖乙，和太乙、太甲合称为"三示"（意为三位功勋卓著的祖先）。祖乙病死后，葬于狄泉，其子祖辛即位。

周文王百子传说与中国人的多子多福追求

王族血统关系国家命脉，因此历朝历代，王室都格外重视支脉繁衍，历史上延续最长的王朝，也是王室支脉最为繁盛的王朝，如夏、殷、周、汉、

---

①《史记全本导读辞典》，周啸天，尤其主编，四川辞书出版社1997年版，第30页。

唐等，族旺数百年，许多帝王子女繁多，周文王生百子就是其中最为突出的一例。

周文王有百子的传说最早见于《诗经》。中国古人的观念是孩子越多越好，"子孙满堂"被认为是家族兴旺最主要的表现，"周文王生百子"被认为是祥瑞之兆，所以古代有许多"百子图"流传至今。杨绯桢有《六宫戏婴图》，并配诗曰："百子图开翠屏底，戏弄碰扭未生齿。"宋代辛弃疾也在一首《稼轩词·鹧鸪天·祝良显家牡丹一本百朵》中曰："恰如翠幕高堂上，来看红衫百子图。"

关于周文王有百子的说法，学界多有质疑，原因在于史书没有百子的详细记录，提及的只有十八位，他们分别是长子伯邑考、次子周武王发、三子管叔鲜、四子周文公旦、五子蔡叔度、六子郕叔武、七子霍叔处、八子卫康叔、九子毛叔郑、十子冉季载、十一子郜叔、十二子雍叔（雍）伯、十三子曹叔振铎、十四子滕叔绣、十五子毕公高、十六子原叔、十七子丰叔、十八子郇叔。

对于文王有百子的说法我觉得可信，理由有三：一是此前没有历史记载谁有百子，而今竟有人有了一百个儿子，定被看作是希罕事，加之这事发生在文王身上，在漫长历史中周文王一直被视为圣人，觉得文王有百子不足为奇，于是世代传诵也就"顺理成章"。二是文王有多少妻子？人们不知道，如果有二十个以上房室，生百子就不是什么难事。三是对周文王，生卒年月有确切记录，即前1152年至前1056年，也就是说他活了97岁，他能够生子实际年龄数在80以上，起用姜子牙时他还能拉车，说明他身体好，所以生100个儿子太有可能了。

周文王有百子也并不是什么稀奇事，同类事件在历史上还有很多，比如《吉尼斯世界纪录大全》记录18世纪时俄罗斯妇女瓦西里耶芙，一共分娩27次，其中16胎是双胞胎，7胎为三胞胎，4胎为四胞胎，共生孩子69个，成为人类历史上生育最多的女人。与周文王相似的如摩洛哥国王伊斯迈尔，在位55年（公元1672—1727年），共生育儿子525个和女儿342个，被《吉尼斯世界纪录大全》收录为人类历史上生育最多的男人。距离我们时间较近的生育巨人是沙特阿拉伯开国君主伊本·沙特（公元1932—1953年），结婚300多次，去世时子孙160多人，虽然仅经历了几代人，但他的男性后裔到今天已发展到5000多人，成为世界上最庞大的王室。

中国历史上生子过百者，也不只周文王一人。比如西汉时中山靖王刘胜，生育了120多个儿子（女儿数目不详），蜀汉开国君主刘备就是他的直系后裔。明朝的庆成王朱济炫，是明太祖第三子晋王朱棡的后代，生有儿子约100人，除长子继承王位外，其他全部封为镇国将军，由于儿子太多，彼此之间很多都不认识。周文王百子传说成为佳话，引发了人们对儿孙满堂的向往，历经千年不衰，形成了亘古不变的中华家族文化特有的多子多福情怀和追求。

《诗经》记载的婚姻官司

新中国提倡婚姻自由，夫妻不喜欢对方了，可以离婚。因此窝囊男人被踹是常有的事情，特别是近些年，一些人淡漠了婚姻、家庭意识甚至贞操观念，分分合合司空见惯。其实，早在民国时期，有许多有个性的女人已经这样做了，因此有不少人认为窝囊男人可以被踹是女权运动的结果，是新文化运动的成果，也是人类走向新时代的一个重要标志。

这一认识是错误的，因为男人绝对不能被踹仅限于封建社会。在封建时代，儒家思想占主导地位，儒家注重人伦秩序，强调"五伦"关系，"五伦"是不能随便打破的。对女人来说，只能服从，只能"嫁鸡随鸡，嫁狗随狗"，最终导致只能男人不要女人，万不能女人不要男人，甚至未过门擅自毁约都不行。这是封建卫道士们人为限定的结果。纵然在被人伦禁锢的封建时代，被踹的男人也有不少。但在春秋战国之前，一定是没有这样规定的，男人不好好混，被踹也是可以的。

《诗经·国风·召南·行露》写一个妇人因为她的丈夫家境贫苦，回到娘家就再不回来了。她的丈夫以其有家为理由，要求她回家同居被拒绝，就在官衙告她一状。夫妇同去听审，于是女人唱出这首歌，责骂她的丈夫，诗文如下：

厌浥行露，岂不夙夜，谓行多露。谁谓雀无角？何以穿我屋？谁谓女无家？何以速我狱？虽速我狱，室家不足！谁谓鼠无牙？何以穿我墉？谁谓女无家？何以速我讼？虽速我讼，亦不女从！

诗歌充满了悲愤和委屈，大意是说：厌恶潮湿不愿沐露行走，怎么可能跟你成夜忍受霜露呢，因为害怕多露呀。刚嫁到你家，陷得还不深，我想退出来，不愿再跟你过清苦的日子。谁说麻雀没有嘴呀？它却用嘴啄穿了房子，谁说老鼠没有牙呀？它却用牙咬穿了屋墙。谁说你小子老实？你却知道告我，这么快就让我面对狱讼，好呀，你告吧，就是蹲监狱，也别想让我屈服，我就是不回去，你怎么着吧！可见女人已铁了心，态度非常坚决，回答斩钉截铁，气概凛然。老爷们儿拿她有什么办法？换了我，算了吧，走就走吧，谁让俺没本事呢！

这是中国历史上有文字记载的最早的婚姻官司，这个窝囊男人不知其名，不过他的那点破事却记录在案了，谁读《诗经》谁都知道了。其实，正如马克思说的那样，人类社会越发展，人就越自由，这个自由包括选择的自由。随着社会的发展进步，人们会迎着新的文明之光，走向更加美好幸福的未来，当然其间也会有许多人性的关照和痛苦的选择。

中华医学第一人到底是谁

中国人谈到中国最早的医学家，多以为是战国时期的扁鹊，认为扁鹊开中医之先河，当是中华医学第一人。其实不然，中华医学史源远流长，早在原始社会，就有了医学。史书记载的第一位医学家是巫彭。据《说文解字》载："古者，巫彭初作医。"① 《吕氏春秋通诠·审分览·勿躬》中载："巫彭，传说中的神医名。"该书又云："王冰作服牛，史皇作图，巫彭作医，巫咸作筮。"

其实，巫彭也应该不是最早的医学家，只是史书能够记住的相对较早的医学家。有关上古医学家的记录还有很多，仅黄帝时代就有三个。第一位是俞跗。据说他医道高明，能做一套非常完整的外科手术，他治病不用什么汤药、针石、按摩和药物熨帖等。第二位是雷公。黄帝曾经命他和岐伯两人作过一番有关经脉的学术讨论。雷公曾派一支采药使者出去替他采药。第三位是岐伯。岐伯和雷公是亲密的同事，黄帝曾叫他尝各种草木，辨别用什么草

①《说文解字》，［汉］许慎撰，中华书局2016年版，第314页。

药去治什么疾病，据说后世相传的医书《本草》《素问》等就是岐伯的著作。史书还说他曾经乘绛云车，驾了十二头白鹿，遨游在东海中蓬莱仙山里，大约是奉了黄帝之命到那里去寻求仙人和不死药物吧。以上人物在《史记》《敦煌变文集》《太平御览》《抱朴子》以及《古异传》都有记载。

庄子最早关注七窍功能

七窍是人体的重要部位，古时七窍指人的头面部七个孔窍（眼二、耳二、鼻孔二、口）。古人认为，五脏的精气分别通达于七窍，五脏有病，往往从七窍的变化中反映出来。现代中医学发展了七窍学说，将七窍发展为人的目、鼻、舌、口、肛门、耳、尿道。中国人对于七窍的关注最早记录是在商朝，据《史记》记载，纣王说圣人心有七窍。而最早的文献记载却是《庄子》。庄子在《庄子·应帝王》中说："人皆有七窍，以食、听、视、息。"而更深层次的医学论述见之《灵枢》。《灵枢》是现存最早的中医理论著作，约成书于战国时期。《灵枢·脉度》里说："五脏常内阅于上七窍也。故肺气通于鼻，肺和则鼻能知臭香矣；心气通于舌，心和则舌能知五味矣；肝气通于目，肝和则目能辨五色矣；脾气通于口，脾和则口能知五谷矣；肾气通于耳，肾和则耳能闻五音矣。五脏不和，则七窍不通。"清代徐文弼所著的养生秘籍《寿世传真》也说："耳乃精窍，目乃神窍，口鼻乃气窍。"由以上文字，我们可以体会到七窍对于人的重要性，人的许多病症多源自七窍或与七窍有关，所以我们在日常生活中应格外注意保护好七窍，让自己更加健康。

历史上最早记载忽悠的人

随着赵本山小品的叫响，"忽悠"一词也红遍大江南北，成为人们日常生活中使用最频繁的词语之一。有人说"忽悠"是东北方言，也有人说"忽悠"是北方方言，其实这种说法并不准确。"忽悠"一词早在战国时就有了，源自《庄子》中的一个预言故事。庄子在《庄子·应帝王第七》中说："南海之帝为儵，北海之帝为忽，中央之帝为混沌。儵与忽相遇于混沌之地，混沌待之甚善。儵与忽谋报混沌之德，曰：'人皆有七窍，以视听食息，此独无有，尝试凿之。'"日凿一窍，七日而混沌死。忽和儵以自己的小聪明违反了自然之道，反而弄巧成拙。忽和儵在古时是取其敏捷有为之意，但却违反自然法则。"忽悠"的本质是"不择手段坑蒙拐骗"，但与"诈骗"一词比较起来，好像更温和一些，具有一些调侃玩笑的含义。人们对诈骗犯的态度是痛恨，但对忽悠者的态度往往是一笑了之。

一句玩笑引来杀身之祸

中华文化教育人要求慎言慎行，认为祸从口出。

日常生活中，开玩笑实属正常，但玩笑不能太过，否则就会遭祸。历史上有因玩笑引发兵变和战争者屡见不鲜，引来杀身之祸者更是不乏其人。战国时期的宋闵公与南宫长万开玩笑惨遭杀害就是正史明确记载的一例。

据《东周列国志》记载，周庄王十三年（公元前684年）之春，齐国军队攻打鲁国，鲁国国君听从曹刿之计，以一鼓而胜三鼓，使齐师大败而归。齐桓公当时大怒道："兵出无功，何以服诸侯乎？"鲍叔牙连忙献策："齐鲁皆千乘之国，势不相下，以主客为强弱。昔乾时之战，我为主，是以胜鲁。今长勺之战，鲁为主，是以败于鲁。臣愿以君命乞师于宋，齐宋同兵，可以得志。"齐桓公许之。乃遣使行聘于宋国，请出宋国大军。宋闵公子捷自齐襄公时，两国时常共事，今闻姜小白即位，正欲通好，遂订师期，以夏农历6月初旬，兵至郎城相会。

至期，宋国派遣猛将南宫长万为主将，猛获为副将。齐国则派遣鲍叔牙为主将，仲孙漱为副将。各统大兵，集于郎城。齐军于东北，宋军于东南。鲁庄公问大臣们："鲍叔牙挟忿而来，加以宋助，南宫长万有触山举鼎之力，吾国无其对手，两军并峙，互为犄角，何以御之？"大夫公子偃进曰："容臣自出觇其军。"还报曰："鲍叔牙有戒心，军容甚整。南宫长万自恃其勇，以为无敌，其行伍杂乱。倘自零门窃出，掩其不备，宋可败也。宋败，齐不能独留矣。"鲁庄公说："汝非长万敌也。"公子偃曰："臣请试之。"鲁庄公曰："诺，寡人自为接应。"公子偃乃以虎皮百余，冒于马上，趁月色朦胧，偃旗息鼓，开零门而出。将近宋营，宋兵全然不觉。公子偃命军中举火，一时金鼓喧天，直前冲突。火光之下，遥见一队猛虎咆哮，宋营人马无不股栗，四下惊慌，争先驰奔。南宫长万虽勇，怎奈车徒先散，只得驱车而退。鲁庄公后队已到，合兵一处，连夜追逐。败到乘邱这个地方，南宫长万谓猛获曰："今日必须死战，不然不免。"猛获应声而出，刚遇公子偃，两下对杀。南宫长万也挺着长戟，直撞入鲁国大军丛中，逢人便刺。鲁兵惧其骁勇，无人敢近前。鲁庄公谓戎右歂孙生曰："汝素以力闻，能与长万决一胜负乎？"歂孙生亦挺大戟，径寻南宫长万交锋。鲁庄公登拭望之，见歂孙生战南宫长万不下，还渐渐力疲，便顾左右曰："歂孙生力亏，我助一臂。取我金仆姑来！"——金仆姑者，鲁军府之劲矢也。左右捧矢以进，鲁庄公搭上弓弦，瞄得真切，嗖的一箭，正中南宫长万右肩，深入于骨。南宫长万用手拔箭，歂孙生乘其手慢，复尽力一戟，刺透南宫长万的左股。南宫长万倒撞于地，急欲挣扎，被歂孙生跳下车来，双手紧紧按定，众军一拥上前擒住。猛获见主将被擒，弃车而逃。鲁庄公大获全胜，鸣金收军。歂孙生解南宫长万献功。南宫长万肩股被创，尚能挺立，毫无痛楚之态。鲁庄公爱其骁勇，厚礼待之。鲁庄公把南宫长万囚禁在后宫中，过了几个月后，才把他放回宋国。

鲍叔牙得知宋国军队失利后，遂率全军而返。周庄王十五年（公元前682年），周庄王病逝。太子姬胡齐即位，是为周信王。讣告至宋国，当时宋闵公正与宫人游于蒙泽，使南宫长万掷戟为戏。原来南宫长万有一绝技，能掷戟于空中，高数丈，以手接之，百不失一。宫人欲观其技，所以宋闵公召南宫长万同游。南宫长万奉命要弄了一回，宫人都夸奖不已。宋闵公微有妒恨之意，命内侍取博局与南宫长万决赌，以大金斗盛酒为罚。这博戏却是宋闵公所长。南宫长万连负五局，罚酒五斗，已醉到八九分了，心中不服，再请覆局。宋闵公嘲笑道："囚乃常败之家，安敢复与寡人赌胜？"南宫长万心怀惭愤，嘿嘿无言。忽宫侍报道："周王有使命到。"宋闵公问其来意，乃是报周庄王之丧，且告立新王。宋闵公说："周已更立新王，即当遣使吊贺。"南宫长万奏请："臣未睹王都之盛，愿奉使一往！"宋闵公笑曰："宋国即无人，何至以囚奉使？"周围的宫人皆大笑。南宫长万面颊发赤，羞变成怒，兼乘酒醉，一时性起，不顾君臣之分，大骂曰："无道昏君！汝知囚能杀人乎？"宋闵公亦怒："贼囚！怎敢无礼！"便去抢南宫长万之戟，欲以刺之。南宫长万也不来夺戟，径提博局（赌桌）把宋闵公打倒，再复挥拳而下。呜呼哀哉，宋闵公竟死于南宫长万拳下。

宫人惊散，南宫长万怒气犹勃勃未息，提戟步行，及于朝门，遇见了上大夫仇牧。仇牧问："主公何在？"南宫长万愤而回答："昏君无礼，吾已杀之矣。"仇牧笑道："将军醉耶？"南宫长万正色道："吾非醉，乃实话也。"遂以手中血污示之。仇牧勃然变色，大骂："膴逆之贼，天理不容！"便举剑来击南宫长万。怎当得南宫长万有力如虎，掷戟于地，以手来迎。左手将剑打落，右手一挥，正中其头，头如齑粉，牙齿被打折，南宫长万随手跃去，那些牙齿嵌入门内三寸——真绝力也！仇牧已死，南宫长万乃拾起画戟，缓步登车，旁若无人。宋闵公即位共十年，只因对臣不肖，一句戏言，遂遭逆臣毒手。春秋时期，各诸侯国纷乱，弑君就像宰鸡，可叹！

宋国的太宰华督闻变，挺剑登车，将起兵讨乱。行至东宫之西，正遇见南宫长万。南宫长万并不跟他废话，一戟刺去，华督便坠于车下，又复一戟杀之。之后，南宫长万奉宋闵公之从弟公子游为君，尽逐戴、武、宣、穆、庄之族。群公子出奔萧，公子御说逃奔亳城。南宫长万说："御说文而有才，且君之嫡弟，今在亳，必有变。若杀御说，群公子不足虑也。"乃派其弟南宫牛同猛获率大军包围了亳城。冬农历十月，萧叔大心率戴、武、宣、穆、庄五族之众，又合曹回之师救亳城。公子御说悉起亳人，开城接应。内外夹攻，南宫牛大败被杀。宋兵尽降于公子御说。猛获不敢回宋国，径投卫国去了。戴叔皮献策于公子御说："即用降兵旗号，假称南宫牛等已克亳邑，擒了公子御说，得胜回朝。"先使数人一路传言，南宫长万信之，不做准备。不料群公子兵到，撞开城门，一拥而入，只叫："单要拿逆贼南宫长万一人，余人勿得惊慌。"南宫长万仓忙无计，急奔朝中，欲奉公子游出奔。见满朝俱是甲士填塞，有内侍走出，言："子游已被众军所杀了。"南宫长万长叹一声，思列国中只有陈国与宋国无交，欲待奔陈国，又想家里还有八十多岁老母，叹曰："天伦不可弃也！"复翻身至家，扶母登车，左手挟戟，右手推车而行，至城门破门而出，其行如风，竟无人敢拦阻。宋国至陈国相去有二百六十余里，南宫长万推着车，一日便到。如此神力，古今罕有。

却说群公子既杀了公子游后，遂奉公子御说即位，是为宋桓公。宋桓公拜戴叔皮为大夫，选五族之贤者，为公族大夫。萧叔大心仍归守萧。宋桓公遣使往卫国，请其执猛获。再遣使往陈国，请其执南宫长万。宋桓公之子公子眂当时只有五岁，侍于宋桓公之侧，笑曰："长万不来矣！"宋桓公问道："童子何以知之？"公子眂说："勇力人所敬也，宋之所弃，陈必庇之。空手而行，何爱于我？"宋桓公大悟，乃命使臣多携带贵重宝物以贿赂之。宋国使臣至卫国，卫惠公问于群臣曰："与猛获，与不与孰便？"群臣皆曰："人急而投我，奈何弃之？"而大夫公孙却耳谏曰："天下之恶，一也。宋之恶，犹卫之恶。留一恶人，于卫何益。况卫宋之好日矣，不遣获，未必怒。庇一人之恶，而失一国之欢，非计之善也。"卫侯曰："善。"乃缚猛获押解回宋国。

再说宋使至陈国，以重宝献于陈宣公。陈宣公贪其贿赂，再说当年陈国乃宋国的从属国，不敢得罪上国，便答应送回南宫长万，但又虑南宫长万绝力难制，必须以计困之。陈宣公乃使公子结对南宫长万曰："寡君得吾子，犹获十城。宋人虽百请，犹不从也。寡君恐吾子见疑，使结布腹心。如以陈国偏小，更适大国，亦愿从容数月，为吾子治车乘。"南宫长万回答："陈君能容下我，我又复何求？"公子结乃携酒为欢，与南宫长万结为兄弟。第二天南宫长万亲至公子结之家称谢。公子结复留款，大宴伺候，酒喝到一半，大出婢妾劝酬。南宫长万不知是计，欢饮大醉如泥，卧于座席。公子结赶紧让力士们用犀牛皮将南宫长万包裹起来，再用牛筋束之，并囚其老母，星夜传至于宋国。至半路，南宫长万方醒，奋身挣扎，但革坚缚固，终不能脱。快到宋城时，犀革俱被南宫长万挣破，手足皆露于外，押送军人赶紧以大棍击之，胫骨俱折。

宋桓公命人将南宫长万与猛获一同绑至市曹，剁为肉泥，并使人治为酪（肉饼），遍赐群臣曰："人臣有不能事君者，视此酪矣！"南宫长万之八十岁老母，亦并诛之。髯翁曾有诗叹曰："可惜起起力绝伦，但知母子昧君臣。到头骄戮难追悔，好谕将来造逆人。"

《史记》卷三十八《宋微子世家》对南宫长万的描述是：十年夏，宋伐鲁，战于乘丘，鲁生虏宋南宫万。宋人请万，万归宋。十一年秋，愍公与南宫万猎，因博争行，愍公怒，辱之，曰："始吾敬若；今若，鲁虏也。"万有力，病此言，遂以局杀愍公于蒙泽。大夫仇牧闻之，以兵造公门。万搏牧，牧齿著门阖死。因杀太宰华督，乃更立公子游为君。诸公子奔萧，公子御说奔亳。万弟南宫牛将兵围亳。冬，萧及宋之诸公子共击杀南宫牛，弑宋新君游而立愍公弟御说，是为桓公。宋万奔陈。宋人请以赂陈。陈人使妇人饮之醇酒，以革裹之，归宋。宋人醢万也。

昏聩政客与他的人头尿壶

历史上仇人报仇的方式往往极残忍，比如后羿被寒浞杀害，并煮成肉糜，头颅被做成漆器供其把玩。春秋时晋国执政智伯被赵襄子擒杀，其头也被做成漆器，成为赵襄子泄愤的工具。此外，还有一人头颅被做成了尿壶，天天泡在尿中，此人就是战国时魏国相魏齐。

据《东周列国志》记载，魏人范雎早年家境贫寒，当初想为魏国建立功业，因家贫无法得见魏王，投在中大夫须贾门下当门客，后随其出使齐国。朝堂上见须贾被齐襄王数落得嗫嚅无言以对，范雎挺身而出，仗义执言，替主人须贾解围，并维护了魏国尊严。谁知范雎雄辩之才深得齐王敬重，齐王欲留他任客卿，并赠黄金十斤和牛、酒等物，范雎均谢绝。须贾回国后，不仅不赞扬范雎的高风亮节，反向相国魏齐诬告范雎私受贿赂，出卖情报。范雎受尽相国魏齐摧残，装死后改名张禄，历经磨难，辗转被秦使王稽载入秦。

范雎设法跻身于秦廷后，开始施展他的全部谋略和才干，辅佐秦昭王，并深得赏识和器重，公元前266年出任秦相。周赧王三十九年（公元前276年），魏安釐王封弟无忌为信陵君。当是时，魏王闻知秦昭王用范雎之谋，将要东伐韩魏，急召群臣商议。信陵君无忌力主发兵迎敌，相国魏齐则认为秦强魏弱，主张遣使求和。于是，魏王派中大夫须贾赴秦议和，直奔咸阳，下榻于馆驿。范雎闻知，扮作穷人往见，适逢大雪，须贾怜故人寒冷，赠予绨袍。次日，须贾进见秦相张禄，知是范雎，惊惧万分，范念绨袍之赠，恕须贾之罪。范雎入见秦昭襄王嬴稷，将往事一一禀报，并说魏国惧秦，遣使求和。秦王大喜，遂决意用国家力量为范雎复仇，依范雎言，准魏求和，须贾、魏齐之事任其处理发落。范雎廷辱须贾后，对须贾厉声喝道："秦王虽然许和，但魏齐之仇不可不报，留你一条蚁命归告魏王，速将魏齐人头送来。否则，我将率兵屠戮大梁，那时悔之晚矣。"须贾早吓得魂不附体，诺诺连声而出。须贾归魏，将此事告知魏王。

魏相魏齐闻知十分恐惧，弃了相印，星夜逃往赵国，私藏于邯郸平原君赵胜家中。秦王嬴稷得到了魏齐躲藏的情报后，于是邀请赵胜到秦国首都咸阳访问。等赵胜抵达，立即囚禁。派人告诉赵孝成王说："不砍下魏齐的头，你的叔父（赵胜）就出不了函谷关。"魏齐只好逃出赵胜住所，投奔宰相虞卿。虞卿立即辞职，跟魏齐逃到魏国，打算请王弟魏无忌帮助，再逃向楚王国。魏无忌考虑到国家利益，不敢马上见面。魏齐一气之下自杀。赵丹砍下他的人头，送给秦国。

范雎命将魏齐之头漆制成溺器，道："汝使宾客醉而溺吾，今令汝九泉之下，常食吾溺也！"

历史上被抽筋的国君

人们常会对恨到极点的人说："我想扒你的皮抽你的筋！"但未必真的那么做，而历史上确有被抽筋的人，载入正史的齐闵王就是一位。

齐闵王，本名田地，齐宣王之子，田齐政权第六任国君。公元前 301 年即位，在位十七年。齐闵王即位之初，相邦孟尝君专权。田文对内培植势力，营私舞弊；对外则频繁组织合纵战争。公元前 300 年，韩太子死，齐派兵驱逐公子几瑟，并伙同魏国一起强立公子咎为韩国太子。垂沙之役后，田文又一手策划了伐秦之战。公元前 298—公元前 296 年，齐将匡章率齐魏韩联军围困秦国，最终攻破了函谷关，迫使秦国割地求和。燕国趁齐国空虚之机偷袭，齐军班师回国，大破燕国。齐闵王欲借此机会灭燕，燕国派出间谍苏秦欺骗齐闵王，劝齐国转而伐宋。公元前 295 年，燕派兵助齐攻宋，由于列强阻挠，齐国只能在割取数城之后停止攻宋。

公元前 294 年，齐国发生了"田甲劫王"的严重政治事件，长期把持齐国政权的田婴—田文一派受到打击，孟尝君被迫出走，这位齐国宗室的后半生就是在对付自己祖国中度过的。孟尝君的下台给苏秦进一步施展外交欺骗创造了巨大空间。由于骗取了齐闵王的信任，苏秦一度被任命为齐、赵、燕三国的相邦（所谓六国封相不过是在此事实上的意淫而已），但他却利用这一切有利条件极力挑拨齐、赵关系，而苏秦的筹码正是富裕强盛的宋国（此时宋国已经几乎统一了淮泗之间的全部版图）。齐闵王想用宋国的膏腴之地笼络新兴的赵国，而苏秦则千方百计阻挠。不仅如此，苏秦为了使齐国彻底孤立，还鼓动齐闵王攻打昔日的盟国。

公元前 289 年，齐、赵合军攻韩，至鲁关下。对于苏秦的活动，赵国曾一度非常抵触，但是赵国的日渐强大使秦国也不得不未雨绸缪。公元前 288 年，秦昭王欲自立为帝，又恐齐国反对，于是便尊齐闵王为东帝，自立为西帝，并约定五国伐赵，瓜分赵国。燕昭王恐赵国灭亡后齐国愈强、燕国愈弱，于是便让苏秦阻止了这次军事行动。苏秦骗齐闵王去掉帝号，并于公元前 287 年组织齐、楚、三晋合纵攻秦。但是在对付秦国的同时，齐、赵、魏也在激烈地争夺宋国。秦昭王去帝请服后，各国失去了共同的敌人，于是矛盾公开化。齐国和赵、魏为了夺取宋国的控制权而公然大战。

公元前 286 年，不甘失败的赵国又一次向齐国挑战，挫败赵国之后，齐闵王紧接着第三次伐宋，这一次孤立无援的宋国终于被吞并了，而齐国也彻底失去了楚、三晋等国的支持。公元前 285 年，秦军越过魏、韩两国攻齐，打败了已成强弩之末的齐军，夺取了位于宋地北界的河东九城，不久后赵国也攻陷了齐国在黄河以西的据点灵丘，作为将来进军的基地。

公元前 284 年，乐毅率秦、燕、三晋五国联军大举进攻齐国。齐闵王命伐宋的功臣触子为将。触子欲图利用济水天险和联军对峙，然后等待联军出现破绽再予以打击，但是急于求胜的齐闵王却用恶言逼迫触子出战，触子不得不与联军交锋，临阵时又心生犹豫企图退兵，结果被五国联军趁势大败，触子从此不知其所。齐闵王又命达子率齐军余部迎战，但由于齐闵王赏罚不明，士气低落的齐军再次被痛击。齐闵王此时才发现苏秦的间谍身份，遂将其车裂于临淄市中。

齐闵王辗转逃亡到五都之一的莒。楚国以助齐之名占领了淮北等大片土地，楚将淖齿甚至深入至莒，被齐闵王拜为相邦，大权尽落淖齿之手。淖齿见燕兵势盛，恐救齐不成，于是暗暗与乐毅接头，打算杀了齐闵王。乐毅遂回报淖齿道："将军诛杀无道昏君，其功不可没也。"淖齿遂擒了齐闵王。淖齿数其罪行，先斩了夷维，再将齐闵王抽了筋，悬于屋梁之上。齐闵王三日之后方才气绝。一代枭雄齐闵王就这样结束了生命，落了个可悲的下场。

因忤逆不孝被五马分尸的人

五马分尸是古代的一种酷刑，用五匹马或牛拉以撕裂人的头和四肢，又称"车裂"。明·胡文焕《群音类选·北腔类·王昭君和番》曰："无不盖你亏心汉，今日把你分尸五马，远配千年。"作为一种刑罚，五马分尸早在周朝就有了，历史上被五马分尸的人有不少，但多是对政敌、仇人实施的，很少对一般百姓，但历史上确有因为忤逆不孝而被五马分尸的。

史载前秦建元三年（公元 367 年），有司奏报说，某人偷窃了他母亲的钱财而逃走在外，被官府抓获，打算把他流放到边远地区。太后（苻坚的母亲苟氏）听说此事，气愤地说："罪款三千条，没有比不孝更大的了。应该把这不孝之子在市朝处死，为什么却要把他流放到远方去呢？难道国外能有无父无母的地区吗？"于是苻坚下令将不孝子车裂处死。

还是这一年，池阳（今陕西泾阳西北）有个百姓听信了妻子的挑唆，打算害死自己的母亲，就让母亲坐上车子，说是去看望亲戚，一直拉到南山中。母亲问他："儿呀，去亲戚家怎么走到这里来了呢？"儿子怒斥她说："老丫头，不许多嘴！"就让母亲下了车，领她到溪谷之间。这个不孝子离家的时候，妻子悄悄嘱咐他，一定要把母亲身上穿的内衣带回来，因此他在杀母亲之前必须脱下母亲的内衣。但是，他不好意思亲自动手，就背朝着母亲，厉声命令母亲自己脱衣。母亲哭着说："我生你养你，想不到今天落个这样的下场。你既然听信媳妇的话，把我杀死就算了，不要逼索这件衣裳罢。"儿子又怒斥她不许多嘴，更严厉地命令她快脱。母亲悲愤至极，呼喊道："天神，山神，你们都看见了吧！"话音未落，只见儿子手中的刀，忽然向着他自己的头顶砍下，身体栽倒在岩穴中。母亲见儿子已死，乘车返回，到家时天已经黑了。媳妇以为是丈夫回来了，迎上去问道："我要的那件衣服拿回来了吗？"母亲大声呼唤邻居，人们抓住那位恶妇送到官府。官府把此事奏报朝廷，苻坚下令把恶妇车裂以示严惩。这是见于史籍记载受车裂之刑唯一的一位女性。

评析：行孝乃人之根本，不仅是伦理之要求，也是做人之义务，法律规定之责任。五四运动以来，反对旧道德自有时代意义，但反对旧道德不等于不要道德，也不等于反掉所有道德，比如尊老爱幼、尊师重教等，都是中华民族的传统美德，我们非但不能抛弃，反而要大力弘扬。经历十年"文革"之后，尊师重教成了问题，后来我们解决了，教师得到尊重。随后，尊老爱幼、行孝尽责也成了问题，可是我们却一直没有解决，单靠教育不行，单靠一纸空文的法律也不行。古人在这方面的教育是成功的，一是有严厉的法律，忤逆不孝乃十恶不赦之大罪，具有震慑作用；二是有二十四孝故事和众多著书说教，建立了一整套教育体系，耳濡目染都是孝道；三是对父母长辈有地位和权利保证，不容违逆，同时还有社会监督机制，忤逆者无处藏身。与古代相比，我们今天对孝道的宣传、保障、制裁等等都是历史上最差的时代。如果按古代刑罚，今天有多少人早被五马分尸了。

言语不慎招来杀身之祸

自古言祸从口出，许多麻烦源自言语不慎。历史上有很多人因言语不慎而招杀身之祸，其中包括汉朝的两位小皇帝，一个是汉少帝，一个是汉质帝。

吕后是高祖刘邦的皇后，汉惠帝的皇太后。汉惠帝与皇后无子，吕后就将惠帝与后宫美人所生之子夺来，伪称为惠帝子，这就是历史上的"前少帝"。"前少帝"年稍大，得知自己的生母为吕后所杀，愤愤不平，扬言长大后要为母报仇。吕后得知，即将"前少帝"幽禁起来，说皇帝病重，任何人都不能见。结果，大臣们没有一个人能够见到这位"前少帝"。最后，吕后又废掉"前少帝"，把他杀死，再立刘义为"后少帝"，更名刘弘。

汉质帝刘缵即位时虽不懂事，但这位少年皇帝却天性聪明伶俐，对梁冀的专横跋扈极为不满。某日上朝时，小皇帝竟当着满朝文武大臣，指着梁冀说："此跋扈将军也。"梁冀大为恼怒，担心质帝成年后难以控制，就想将他铲除。公元 146 年闰 6 月甲申，梁冀竟命令内侍把毒药掺进饼中，将汉质帝毒死。此时，质帝在位才一年多，年仅 9 岁。

历史上的第一位汉奸

所谓汉奸，指的是投靠侵略者，通敌卖国的人（原指汉族的叛徒）。"汉奸"一词最早见于《清史稿》，而汉奸却从古代到近代都有，最早的汉奸当是西汉时的中行说。

中行说是西汉文帝时人，原为宫廷太监。当时匈奴著名的冒顿单于病死，其子稽粥立，号老上单于。汉文帝鉴于国内不稳，各路诸侯对帝位虎视眈眈，且国力尚未恢复，无力与强大的匈奴进行一场旷日持久的战争。只好继续与匈奴和亲，文帝下令送宗室女去匈奴，并让太监燕地人中行说作为陪同侍臣一起去。中行说不肯去，被汉廷强行派遣。怨恨之下，他对汉文帝说："我如果到了匈奴就肯定会威胁汉国。"文帝只当他在说气话，也不以为意。没想到中行说一到了匈奴，果然就立刻归降，并深受老上单于欢喜、宠信。

中行说竭力劝说匈奴不要太看中汉朝衣服食物的精美，增加匈奴对自己食物、器械、风俗的自信心，还教给匈奴人记数方法，从此这些蛮族才知道算数。在中行说的鼓动下，老上单于在给文帝回书中口气傲慢，对汉朝使臣也威逼利诱，动不动就索要财物金银，不给就威胁秋熟后大发兵马入汉境中践踏。

中行说在匈奴数十年间先后侍奉老上单于、军臣单于和伊稚斜单于，是名副其实的"三朝元老"。中行说熟知汉国内外事务，并且颇有谋略，着实替匈奴出了不少主意，让汉吃了不少亏。最后汉匈漠北之战前，中行说终于病死，临死前还不忘忠心向伊稚斜单于献计，把病死的牛羊都丢入水源当中，企图使汉军感染瘟疫。所幸汉军事先觉察，做了防范，漠北之战仍以汉军的全胜而告终。但其后不久，汉军杰出的年轻将领霍去病病逝，有人推测正是他在漠北喝了含有病毒的水而感染了疾病去世，虽然没有足够的证据，但这种说法还是流传了下来。

中国佛教史上第一位尼姑

　　金庸武侠小说《倚天屠龙记》曾风靡一时，人们对小说中的老尼姑灭绝师太印象深刻。在现代许多电视剧里，但凡与佛教有关的情节多有尼姑出现。在现实生活中，如果去一些寺庙，也能见到尼姑。

　　尼姑，即比丘尼，是指归入佛门，受具足戒的女子，为五众、七众之一。佛家五众即比丘（受具足戒的男子）、比丘尼（受具足戒的女子）、式叉摩那（就是将受具足戒而先学六法的女子）、沙弥（出家受十戒的男子）、沙弥尼（出家受十戒的女子）。佛家七众即五众再加上优婆塞（在家信佛、行佛道并受了三皈依的男子）、优婆夷（在家信佛的女子）二众。佛教的出家女性，小的叫沙弥尼，大的叫比丘尼，意思是女沙弥及女比丘。在中国，对未嫁的处女称为姑，故将佛教的沙弥尼及比丘尼称为尼姑，所以在传灯录中，佛门大德曾以师姑称尼姑，但在明朝陶宗仪的"辍耕录"中，将尼姑列为三姑六婆之一。历史上杰出的比丘尼有不少，如晋代的道容、慧果、慧耀、妙相，南北朝时期的昙彻、智胜等。此外返俗的比丘尼杰出者也有不少，如武则天等，据说蒋介石的母亲也是。

　　尼姑一词最早出现于南北朝时期。依《大爱道比丘尼经》所载，比丘尼的出家，始于佛陀的姨母摩诃波阇波提（大爱道），她誓守八敬法，而被允许出家受戒，摩诃波阇波提因此成为世界佛教史上第一位比丘尼。而在中国，依《比丘尼传》卷一所述，西晋建兴年间（公元313—317年），尼僧净检从西域沙门智山剃发、受十戒。净检法师是西晋末年彭城人，俗姓钟，名令仪，居洛阳，父曾为武威太守，时沙门僧法始在洛阳城西门说法。净检闻后大悟，几经波折，终受智山法师剃发受十戒，成为沙弥尼，是中国第一受戒的比丘尼。史载升平元年二月（公元357年），请昙摩羯多立比丘尼戒坛，净检等三人共于坛上受具足戒，这是我国比丘尼的开始，净检等三人成为中国佛教界第一批尼姑，也是中国历史上最早的尼姑。

南朝著名诗人沈约传世军歌《贤首山》

贤首山，险而峻。乘岘凭临胡阵。骋奇谋，奋卒徒。断白马，塞飞狐。殪日逐。歼骨都。刃谷蠡，馘林胡。草既润，原亦涂。轮无反，幕有乌。扫残孽，震戎逋。扬凯奏，展欢酺。咏杕杜，旋京吴。

——沈约《贤首山》

提起沈约，凡上过学的人大多都很熟悉。他是南朝时期著名的史学家、文学家、政治家、名相，沈约少时笃志好学，博通群籍，擅长诗文。仕宋齐梁三朝，在宋任记室参军、尚书度支郎；在齐任著作郎、尚书左丞、骠骑司马将军。齐梁之际，萧衍重用他，封建昌县侯，官至尚书左仆射，后迁尚书令，领太子少傅，成为宰相。他一生著述颇丰，从 20 余岁时开始，历时 20 余年，撰成《晋书》120 卷。公元 487 年，奉诏修《宋书》，一年完成。另著有《齐纪》《梁武纪》《迩言》《谥例》《宋文章志》《四声谱》等，不过都丢失了。

作为诗人，沈约是永明体诗人主要代表人物之一，当时甚有名望，诗歌成就较为突出。他的诗歌风格用锺嵘《诗品》中的话说，就是"长于清怨"。这种特征主要表现在他的山水诗和离别哀伤诗之中。他的诗很多，如《登高望春》《古意》《伤春》《秋夜》以及乐府诗《临高台》《有所思》《夜夜曲》等，都对后世产生了很大影响。著名词人李煜词中有"沈腰潘鬓消磨"一句，指的便是沈约。明代诗人夏完淳"酒杯千古思陶令，腰带三围恨沈郎"的诗句中这个细腰男子指的也是沈约。他的那首《别范安成》诗："生平少年日，分手易前期。及尔同衰暮，非复别离时。勿言一樽酒，明日难重持。梦中不识路，何以慰相思？"最为后人称道。

人们对沈约以上的诗词歌赋可能比较熟悉，但对他的另一首《贤首山》却未必了解。这是一首什么诗，写于哪一年，诗中的贤首山在哪里？

首先这是一首军歌，写于公元 495 年，是为了鼓舞军队士气而作。贤首山位于河南省信阳市城南五里，因汉代贤人周磐隐居此地而得名。此山峥嵘如屏，修竹茂林，境幽而曲，蜿蜒十余里。春秋佳日，游人络绎不绝。山中有十景：梁王垒、贤隐洞、飘带岭、莲花峰、仙人床、丈人石、碧乳泉、禅定石、参天柏、罗汉松等，这里是历代文人骚客流连忘返的地方，因此留下了许多诗词歌赋，明朝文坛领袖何景明就生于此，葬于此。

公元 495 年，北魏孝文帝率领三十万军队亲自征讨南朝的齐，沿淮河向东攻打钟离。齐明帝萧鸾派左卫将军崔慧景、宁朔将军裴叔业领兵迎战。听到北魏军队分兵攻打义阳（即今天的信阳）后，又派遣萧衍（后来的梁武帝）和平北将军王广之领兵救援。王广之领兵进到离义阳百里之外时，听说北魏军队人强马壮，于是畏缩不前。萧衍则请求充当先锋，和北魏军队交战。王广之于是派部分军队归萧衍指挥，进兵义阳。为鼓舞士气，萧衍请沈约作了这首鼓吹曲辞《贤首山》，在军中演奏传唱。随后，萧衍带领军队连夜抄小路赶到距离北魏军只有几里地的贤首山，然后命令士兵将旗帜插满了山上山下。等到天一亮，义阳城中的齐军看到后，以为重兵已经赶到给他们解围来了，于是士气大增，马上集合军队出城攻击北魏军，同时顺风放火。这边的萧衍也趁机夹攻北魏军，萧衍亲自上阵，摇旗擂鼓助威，齐军士气高昂，个个奋勇杀敌。北魏军在齐军前后夹击下，溃不成军，只好退却。齐军最终取得了这场战役的胜利。萧衍也因战功而升任太子中庶子，为后来建立梁奠定了基础。

在中国古代，军歌很少，传下来的军歌则更少。军歌，作为军队鼓舞士气，振奋军心的一个重要手段历来为兵家所重视，早在战国时管仲相桓公伐戎狄之际，管仲即作上山歌与下山歌于军中，是为军歌之鼻祖。此外有记载的军歌如诗经中的《秦风·无衣》，三国时期的《魏鼓吹曲》《吴鼓吹曲》，五代后唐庄宗李存勖时能让"人忘其死"的军歌，宋朝岳飞的《满江红》以及清朝的军歌《颂龙旗》等。作为传世不多的军歌，《贤首山》曾名噪一时，而今已不为人所知，倒是《满江红》代代传诵。

需要指出的是，在古代作军歌的人多是政治家和军事家，如管仲、曹操、孙权、李存勖、岳飞、张之洞、毛泽东等，而文人为军作歌恐怕只有沈约了，而且这首曲子一改他的文风，十分豪迈，催人奋进。这在当时文坛是少有的，值得玩味，体现了政治家沈约的境界与热情。这对文史研究很有价值。

"政绩卓著" 却因何遗臭万年

肃肃秋风起，悠悠行万里。万里何所行，横漠筑长城。
岂合小子智，先圣之所营。树兹万世策，安此亿兆生。
诇敢惮焦思，高枕于上京。北河见武节，千里卷戎旌。
山川互出没，原野穷超忽。撞金止行阵，鸣鼓兴士卒。
千乘万旗动，饮马长城窟。秋昏塞外云，雾暗关山月。
缘严驿马上，乘空烽火发。借问长城侯，单于入朝谒。
浊气静天山，晨光照高阙。释兵仍振旅，要荒事万举。
饮至告言旋，功归清庙前。

　　这是隋炀帝杨广的《饮马长城窟行》。据历史记载，公元 609 年（隋大业
五年），隋炀帝率大军从京都长安（今西安）浩浩荡荡出发到甘肃陇西，西上
青海横穿祁连山，经大斗拔谷北上，到达河西走廊的张掖郡。西部自古大漠
边关，自然条件差，环境恶劣，隋炀帝遭遇暴风雪袭击。此峡谷海拔三千多
米，终年温度在零度以下。士兵冻死大半，随行官员也大多失散。隋炀帝狼
狈不堪，在路上吃尽苦头。这次西巡历时半年，隋炀帝远涉至青海和河西走
廊，意义重大。在封建时代，中国皇帝抵达到西北这么远的地方，只有隋炀
帝一人。隋炀帝西巡过程中置西海、河源、鄯善、且末四郡，进一步促成甘
肃、青海、新疆等大西北成为中国不可分割的一部分。

　　隋炀帝到达张掖之后，西域二十七国君主与史臣纷纷前来朝见，表示臣
服。各国商人也都云集张掖进行贸易。隋炀帝亲自打通丝绸之路，这是千古
名君才能有的功绩。为炫耀中华盛世，隋炀帝杨广在古丝绸之路举行万国博
览会，这是举世创举。其间，隋炀帝作有这首诗歌《饮马长城窟行》，成为千
古名篇。后世文人对他的诗歌水平评价极高，其诗文在中国文学、诗歌史都
占有重要的地位。

　　隋炀帝此次西巡开拓疆土，安定西疆，大呈武威，威震各国，开展贸易，
畅通丝路，为一代有作为国君所为。为国家，隋炀帝一生可谓功绩卓著，主

要表现在三个方面：

一是亲自指挥完成祖国统一。公元 589 年，年仅 20 岁的杨广被拜为隋朝兵马都讨大元帅，统领 51 万大军南下向陈朝发动进攻，并最终完成国家统一。隋军在杨广的指挥下，纪律严明，英勇善战，一举突破长江天堑。所到之处，所向披靡，而对百姓则秋毫无犯，对陈朝库府资财一无所取，博得了民众的广泛赞扬，"天下皆称广以为贤"。20 岁的杨广完成了祖国统一大业，结束了上百年的分裂局面，也结束了中国近四百年的战乱，从此中国进入一个和平强盛时代。

二是下令修建完成大运河。隋炀帝下令开挖修建南北"大运河"，将钱塘江、长江、淮河、黄河、海河连接起来。如此浩大的工程，利于千秋万代。大运河对于中国来说远比修建长城更重要。大运河将黄河和长江连接起来，也从而将两大文明连接起来，使黄河流域和长江流域成为一体。修建大运河是凝聚中国之举，将已成为全国经济中心的长江流域同仍是政治中心的北方连接在一起，为后世一千多年的繁荣富强打下牢固坚实的基础。直到清末改漕运为海运，大运河才不再是国家经济大动脉。隋炀帝的这一功绩惠及子孙，千秋不朽，值得颂扬，但他也为此付出了惨痛代价，因劳民伤财而导致亡国。

三是开拓疆土畅通丝绸之路。在西巡张掖之前，隋炀帝曾于公元 605 年（隋大业元年），令韦云起率突厥兵大败契丹，俘虏其男女 4 万余人，阻止了契丹的崛起。公元 608 年（隋大业四年），隋炀帝又派军灭了吐谷浑，开拓疆域数千里，范围东起青海湖东岸，西至塔里木盆地，北起库鲁克塔格山脉，南至昆仑山脉，并实行郡县制度管理，使之归入中国统治。这是以往各朝从未设置过正式行政管理区的地方。西巡张掖之后，隋炀帝又向东南进行了一系列开疆拓土的战争，这些战争的胜利使大隋王朝东南的领土疆域扩大到印度支那的安南、占婆（今越南地区）及台湾等地。这都为以后唐太宗取得一系列胜利打下坚实基础。此外，他还三游江都，表示对南方的重视；三驾辽东，加强对东北的统治，并迫使高丽遣使请降；开发西域，吸引西域商人来朝贸易等。这些都是英明之举。

综观历史，隋炀帝是为数不多的马上皇帝，具有雄才大略，无论是政治、军事还是文采，都是出类拔萃的，在这一点上，可与曹操和毛泽东相比。在中国几千年的封建社会中既能文又能武的开国皇帝有几位，如汉高祖刘邦、唐太宗李世民、三国时曹魏实际开国之君魏武帝曹操、文采稍逊但气度不凡的宋太祖赵匡胤以及太平天国天王洪秀全等。但当政之君更以文皇帝居多，他们常常遇事多胸无一策，如南唐后主李煜、宋朝皇帝赵佶等，一生徒有文采，没有多少建树，最终成为亡国之君，不值一提。

隋炀帝本应该成为千古不朽的君主，但最终却"遗臭万年"。究其原因并不在于他亡了国。千古亡国者很多，但挨骂的人却不是很多，世代挨骂的人则更少。除夏桀、商纣外，就数隋炀帝了。据说他们都是暴君，都好色，但唯有隋炀帝最厉害，甚至超出了正常的思维，到了乱伦无以复加的程度。中国人最恨残暴荒淫者，因此对他恨之入骨。但事实是否真的如此，我们不得而知，但有一点可以确信，那就是后来的当政者都曾是他的敌人。

不过古今败亡者有一个共同的特征，大多荒淫无度，道德败坏。凡政治上"翻船"的女政治家也多如此。比如，武则天、太平公主、慈禧等，风流韵事也不少，是真实还是污蔑，值得细加考证。

唐贞顺皇后的荣与辱

陕西唐贞顺皇后陵石椁被盗墓分子百万美金贩卖至境外后消失。后来该石椁在外漂泊 6 年后，被公安机关成功从美国追回，移交给陕西历史博物馆，将长期存藏于该馆免费供人参观。该石椁在历经千余年后，将再次呈现在世人面前。

据报道，这件石椁按唐代皇后礼仪制作，由 31 块石雕构建拼装而成，体量、装饰工艺比较少见，彩绘、线刻保存较好。石椁为面阔三间、进深两间的仿宫殿造型，整体结构由 5 块椁顶、10 块廊柱、10 块椁板、6 块基座共 31 块石材组成，高约 2.45 米、宽约 2.58 米、长约 3.99 米。石椁装饰采用彩绘、线刻的技法，雕刻出侍女、花卉等，内容丰富，彩绘基本完好，具有极高的科学、历史、艺术价值，是一件难得的唐代文物珍品。

贞顺皇后生前是个阴险毒辣的人，干了不少坏事，但唐玄宗很喜欢她，死后还给了她皇后的礼遇和尊荣。

贞顺皇后又称武惠妃，父恒安王武攸止，母杨氏。武惠妃遗传了姑祖母武则天的聪慧、阴狠，差一点把高宗立武后的故事来个翻版。因为武攸止早死，其女自小养在宫中。李隆基即位后，对武氏相当宠爱。开元十二年玄宗废正室王皇后，封武氏为惠妃，宫中对她的礼节等同皇后。其母杨氏封为郑国夫人，弟弟武忠与武信分别官至国子祭酒与秘书监。贞顺皇后生了不少孩子，起初生悼王李一、怀哀王李敏与上仙公主，不过这三个孩子都夭折了，玄宗感到十分哀伤。后来惠妃生寿王李瑁，因为害怕孩子夭折，玄宗命其兄宁王李宪抱养李瑁，并由宁王妃元氏亲自哺乳。后来不但李瑁顺利成长，而且惠妃又相继生下盛王李琦、咸宜公主、太华公主。玄宗对惠妃宠爱始终不衰，并且想立她为皇后。御史潘好礼上疏表示武惠妃的远房叔公武三思与远房叔父武延秀都是干纪乱常之人，世人所共恶之，而且当时玄宗立的太子李瑛不是惠妃所生，但惠妃自己也有儿子，一旦以惠妃为皇后，恐怕她会基于私心而使太子的地位不安。于是玄宗听从此话，没有立惠妃为皇后。

玄宗在宠幸武惠妃以前，曾经宠幸赵丽妃、皇甫德仪与刘才人，她们分别生太子李瑛、鄂王李瑶、光王李琚。后来因武惠妃得到隆宠，这三个妃子也相继失宠。于是李瑛、李瑶与李琚兄弟常为母亲不得宠而不乐，多有怨言。惠妃之女咸宜公主的驸马杨洄揣摩惠妃的心意，便每天观察李瑛有何短处，并向惠妃报告毁谤。惠妃向玄宗哭诉太子结党营私，想要谋害他们母子。玄宗震怒，想要废太子。中书张九龄以骊姬、江充、贾南风与独孤皇后等故事劝谏玄宗不能废太子，此事遂作罢。不久，张九龄罢官，以李林甫取代其位。李林甫揣摩惠妃的心意，时常对她说寿王的好话，惠妃便对他相当敬重。开元二十五年四月，杨洄再次向惠妃构陷三位亲王，说他们三个与太子妃薛氏之兄薛锈共谋异事。惠妃便设计派人去召三王入宫，说是宫中有贼，想请他们帮忙，而他们也答应了。惠妃接着又告诉玄宗："太子跟另外两个王爷要谋反了！他们穿铁甲进宫了！"玄宗派人察看，果真如此，便找宰相李林甫商议。李林甫说："这是陛下的家务事，不是臣等应该干预的。"玄宗便下定决心，废三王为庶人，赐薛锈死。不久，三位庶人皆遇害，天下人都为他们感到冤枉。

自从陷害三亲王以后，武惠妃的一名宫女值守夜班时突然大声惊叫并昏厥，醒来时说看到三个男鬼，武惠妃自然联想到三亲王，为掩人耳目，以宣扬歪邪之风为由，杀死该宫女，却因此害怕成疾，大病不起。请巫师在夜里作法、为他们改葬，甚至用处死的人来陪葬，都没有用。最后惠妃因此而死，年三十八。她过世后，鬼魂作祟的事也自然消失了。

玄宗对武惠妃是相当偏心的。虽然由于闹鬼事件，他多少知道了武惠妃的亏心事，但是他仍然对她的死表现得极其伤感。他颁下了这样一道诏书："存有懿范，没有宠章，岂独被于朝班，故乃施于亚政，可以垂裕，斯为通典。故惠妃武氏，少而婉顺，长而贤明，行合礼经，言应图史。承戚里之华胄，升后庭之峻秩，贵而不恃，谦而益光。以道饬躬，以和逮下，四德粲其兼备，六宫咨而是则。法度在己，靡资珩佩；躬俭化人，率先。凤有奇表，将加正位，前后固让，辞而不受，奄至沦殁，载深感悼，遂使玉衣之庆，不及于生前；象服之荣，徒增于身后。可赠贞顺皇后，宜令所司择日册命。"武惠妃就这样以"贞顺皇后"的名分和尊荣入葬敬陵了。

梅妃香消玉殒为全贞

曾看过《杨贵妃秘史》，演的是杨贵妃与梅妃争斗的戏，一正一反，编剧态度明显，同情杨妃而贬梅妃，其实历史并非如此，戏终究是戏，不是历史，真实的梅妃要远比戏中的梅妃要清新可爱许多。编者胡乱篡改历史，中国人最终将不知道历史。随意丑化祖先，也是对先祖们的大不敬。对于杨梅之争，不妨让我们走进历史，感受真实的梅妃。

一、梅妃其人

据宋代传奇小说《梅妃传》中记载，梅妃，名江采苹，生于福建莆田江东村，父亲江仲逊是个满腹经纶的秀才，也是悬壶济世的医生。江采苹是独生女，聪慧灵秀，能诗能文，9 岁就能背诵许多诗歌名篇，15 岁时即已写得一手好文章，所写的八篇赋文，曾在地方传诵一时，是当时有名的才女，被誉为福建第一个女诗人。多才多艺的江采苹，不仅长于诗文，还通乐器，善歌舞，而且娇俏美丽，气质不凡，是位才貌双全的奇女子。

二、入宫受宠

公元 737 年，深受玄宗宠爱的武惠妃不幸离开人世。唐玄宗极重夫妻之情，虽有后宫佳丽数千人，却对武惠妃情有独钟。武惠妃的卒亡使唐玄宗不胜悲痛，日见憔悴。唐玄宗在万分思念下，很想找到另一份寄托。其近侍宦官高力士，看到唐玄宗悲伤的样子，忧心忡忡，担心玄宗从此一蹶不振。于是，他力劝玄宗征选天下绝色多情美女，来改变悲伤心境，重新振作起来，玄宗采纳了他的建议。高力士奉旨挑选秀女，亲自出使闽粤，发现了刚刚及笄的江采苹，他疑其为天人，如获至宝。随即把她带进了宫中，侍候玄宗皇帝。当时江采苹虽是淡妆轻描，仍难掩如花容颜，她温柔文雅的言语、优美大方的举止，是一杯清香醇郁的茶，霎时就虏获了玄宗皇帝的心，玄宗对她疼爱有加，将当时众多的后宫佳丽视为尘土，专宠江采苹一人。

梅妃比杨贵妃进宫早19年，她纤丽秀雅的风格令玄宗由衷敬佩，为之倾倒。恬静娴雅、端庄明秀的江采苹，从小就喜爱和她一样淡雅的梅花，玄宗皇帝因此封她为"梅妃"，并在她居住的宫中，种植了各式各样的梅树，每当梅花盛开，便与梅妃流连花下，赏花赋诗，其乐融融。

三、杨梅争宠

当丰满、冶艳、浑身散发矫情媚态的杨贵妃出现之后，玄宗开始目眩神迷。杨贵妃与梅妃成了并立于玄宗后宫的两株奇葩。梅妃像一株梅花，清雅高洁；杨玉环如一株牡丹，丰腴娇艳。这俩人一瘦一肥，一雅一媚，一静一动，形成了鲜明的对比，此时已过花甲之年的唐玄宗，心目中已经分出杨玉环和梅妃的高低。十几年他面对孤芳自赏、清雅高洁的梅妃，现在已经审美疲劳了，不免有些意兴大减。而突然出现的杨贵妃，不但丰满的体态充满了性感，楚楚动人，还有她那媚人的神情、活泼的性格，就像一团炽热的烈火撩拨着已近暮年又不甘衰老的唐玄宗。这样，杨贵妃与梅妃自然展开了明争暗斗。一个要死守"阵地"，一个要占领"阵地"，战斗异常激烈。

她们的争斗开始表现出来的是一篇篇有感而发的诗文。梅妃写诗道："撇却巫山下楚云，南宫一夜玉楼春；冰肌月貌谁能似，锦绣江天半为君。"诗歌表面上赞叹杨贵妃的美貌，而实际上是讽刺她原来是唐玄宗的儿媳，不顾人伦，从寿王府转入皇宫，竟然钻进了公公的被窝，还迷惑皇帝，耽误朝政，并讥嘲她如月般的痴肥。杨贵妃读罢，立即反击道："美艳何曾减却春，梅花雪里减清真；总教借得春风草，不与凡花斗色新。"诗中的含义是说梅妃瘦弱不堪，而且也受宠得过头了，哪能与新春的鲜花争奇斗艳呢！唐玄宗没有为梅妃的诗鼓掌，却为杨贵妃的诗叫好。杨贵妃的美，是另一种不同的风情，媚惑了唐玄宗，他把所有的心思都转移到了杨贵妃身上，渐渐冷落了梅妃。

梅妃的爱情也从此陷入了困境。在受到冷落的同时，还要承受杨贵妃时时在玄宗面前的数落和诬告。后来，梅妃终于被迫迁入上阳东宫，过着和冷宫一样的凄清生活。而这时的杨贵妃，把她的大姐韩国夫人、三姐虢国夫人以及八姐秦国夫人全都招来了。她们四个就像四株香花，团团环绕在唐玄宗四周，粉白黛绿，奇幻万千，使得垂垂老矣的玄宗青春焕发。她们又像四只蜜蜂，在唐玄宗的身上像采花粉一样，吸取唐玄宗的"精华"。唐玄宗终日与她们周旋嬉闹，无暇顾及朝政，更把上阳东宫的梅妃忘到了九霄云外。

四、帝王的眷顾

唐玄宗过度香艳之后，不由思念淡雅。一段时间后，唐玄宗不曾与梅妃见面，心里就时不时想起梅妃，想起梅妃的样子。一个梅花绽放的季节，唐玄宗漫步梅园，睹花思人，泛起一股似水柔情与刻骨相思，心中暗生一丝悲凉，一种愧疚，一种和梅妃相见的欲望。一天晚上，唐玄宗怕杨贵妃知道，借口身体不适，没去杨贵妃宫中，独宿在翠华西阁，密遣一贴身小太监，用马把梅妃驮来叙旧。"既然是陛下宠召，为何要深夜暗中而来？""堂堂一国之君，为何如此怕那个肥婆？"梅妃虽然心中觉得窝囊，却不忍让玄宗久等，还是乘马来到了翠华西阁。一双旧日鸳鸯又相拥在一处，说不尽的缠绵，道不尽的悱恻。

这事还是被杨贵妃知道了。杨贵妃不待宣召，到翠华西阁推门而入，劈头问玄宗："你把梅精藏在何处？"玄宗假装若无其事地回答："不是在上阳东宫吗？"杨贵妃见唐玄宗赖账，话题一转，说："何不宣来，我们一同到骊山温泉享乐一番！"说得玄宗支支吾吾，不知所措。杨贵妃装出一副正经的样子说："这里乱七八糟，床下有妇人金钗，枕边留有余香，这夜是何人为陛下侍寝。为何欢睡到日出还不上朝，陛下可去面见群臣？"她竟然说，妾要留在这里，等唐玄宗上朝回来。唐玄宗恼羞成怒，脸色已经铁青，但他却不大嚷大叫，就以蒙头大睡的方式反抗。杨贵妃毕竟聪明，也怕事情闹僵，无法收拾。她拿出看家本领，装痴卖娇，哭闹了一番，然后愤愤而去，回娘家去了。杨贵妃回娘家不久，唐玄宗不堪思念，派侍使把她接回宫中，据说接了三次才接回来。当然，唐玄宗有时旧情难忘，常怀着一种怜悯和补偿的心理对待梅妃。有次唐玄宗尝荔枝时，又忆起梅妃，就派人送去一串珍珠，梅妃见珍珠，触景生情，无限伤感，即写了一首诗，夹在珍珠里退还给玄宗。诗云："柳叶双眉久不描，残妆和泪污红绡。长门自是无梳洗，何必珍珠慰寂寥。"此诗人称《一斛珠》。

五、最后的奢望险些丧了性命

流光易逝，青春不再，梅妃已经度过了 10 年寂寞岁月。她不知道玄宗的心目中是否还有她梅妃的一丝影迹。她想，如果皇帝旧情不忘，梅妃就有一线希望。于是，她写成一篇《楼东赋》，来陈述心中的许多感慨。据说，这首诗写了她在上阳东宫的凄惨心情，抒发了她对玄宗、对贵妃的不满和对新生活的向往。然而，不但于事无补，还差点被杀。如果不是触动了玄宗的爱怜之心，恐怕她当时就在杨贵妃的挑唆下，命归黄泉。这场爱情的争夺战中，杨贵妃那一方是人多势众，风头正盛，而梅妃这边则人单势薄，已经彻底败下阵来。

六、香消玉殒为全贞

"安史之乱"爆发了，唐玄宗偕杨贵妃逃往西南，后来杨贵妃被逼死在马嵬坡。而梅妃为了不让叛贼污辱，也为负心于她的玄宗保住清白之身，用白布将自己层层包裹，跳下古井而香消玉殒。两妃争斗，最终都以悲剧收场。

1000 多年过去了，家乡的人们仍然怀念她，称为"祖姑皇妃"，并修宫造像以供祭，宫名就叫"浦口宫"。该宫雄伟壮观，八根大石柱支撑着巨大的顶棚斗拱结构，神龛护栏镂空木雕，极为精美，吸引了不少游人前往瞻仰。旧时兴化府衙门口的对联写道："荔枝甲天下，梅妃是部民。"

女人以德与四位同姓皇后的得与失

很多人都看过电视剧《朱元璋》，电视剧里的马皇后，以其贤德给观众留下了深刻印象。其实，历史上姓马的皇后不止一人，共有四位，且都有美名。

第一位，东汉明德皇后

明德皇后马氏（公元 38—公元 79 年），汉明帝刘庄唯一的皇后，伏波将军马援的三女儿。闺名已经失传，她的谥号为明德皇后，是一位令人敬服的皇后。永平三年，皇太后阴丽华下旨，说马贵人德冠后宫，宜立为后，于是马贵人成为正宫皇后，养子刘炟也成为皇太子。马皇后生活节俭，有美德，明帝十分敬重。马皇后虽然无子，但与明帝始终夫妻恩爱，皇后之位坐得稳稳当当的。永平十八年，明帝驾崩，太子刘炟即位，是为汉章帝，养母马皇后被尊为皇太后，而生母贾贵人毫无尊封。不仅如此，章帝仅仅只对马氏家族封以侯爵，对贾氏家族毫无封赏。建初四年（公元 79 年）六月癸丑，42 岁的马太后病逝于长乐宫，谥曰明德皇后。同年七月壬戌，她与明帝合葬于显节陵。

第二位，南汉高祖刘龑皇后

马氏（？—934 年），父马殷为楚武穆王。公元 916 年，马氏与刘龑成婚。公园 917 年刘龑称帝，国号大越，国都广州。翌年改国号为汉，史称南汉。公元 919 年封马氏为皇后。公元 934 年马氏卒。

第三位，明孝慈皇后

马皇后（公元 1331—公元 1382）安徽宿州人，早年丧母，被郭子兴夫妇收养为义女。郭子兴作农民起义军元帅时，马氏嫁给了英勇善战的朱元璋。在朱元璋平定天下、创建帝业的岁月里，马皇后和他患难与共。朱元璋当了皇帝后，对马皇后一直非常尊重和感激，对她的建议也往往能认真听取和采纳。1382 年（洪武十五年）五十二岁的马皇后病逝。临终嘱咐朱元璋"求贤纳谏，慎终如始"，并愿"子孙皆贤，臣民得所"。朱元璋常将马皇后的贤德与长孙皇后相提并论，她们的确可以先后媲美。《明史》赞扬马皇后"母仪天下，慈德昭彰"。

第四位，明朝惠帝朱允炆皇后

这位马皇后是明惠帝朱允炆嫡妻，光禄少卿马全之女。洪武二十八年，明太祖朱元璋亲册为皇太孙妃，惠帝即位，于建文元年二月，册立为皇后。生二子，和简太子朱文奎，润怀王朱文圭。建文四年六月十三日，燕王朱棣从金川门攻入京师应天府，惠帝在宫中举火，马皇后自焚。

历史上能听懂鸟兽语的人

近年来，看文艺节目，常能见到口技者模仿鸟语，能模仿得惟妙惟肖，但那仍然是人语，而不是真正的鸟语，对于口技者未必能听懂鸟语。

听懂鸟兽语一直是人们的一种愿望，能听懂鸟兽语也是不可想象的。但史书确实记载有人懂鸟兽语，最有名的传说就是孔子的学生公冶长了。其实历史上还有很多，载入史书的有好几位。

第一位是介葛卢。史书记载，介葛卢是春秋初期一个小国的国君，从他的国家跑去朝见鲁僖公，听见廓下牛叫声，便向鲁僖公说："那牛说，它生了三个儿子，都用来做牺牲了。"鲁僖公命人一查问，情况果然如介葛卢所说。

第二位是东汉时期的扬翁仲，广汉人，能懂鸟语。有一天，他驾了一匹跛足马到野外去，看见田野那边也有一匹马正在吃草。两匹马遇见了，就隔着几块田，扬着脖子萧萧嘶鸣起来，扬翁仲便告诉他的御者说："这马骂我们这边驾车的马是跛足马，这马也骂那边吃草的马是独眼马。"御者不信，亲自跑过去看，那边的那匹马果然是独眼马。

第三位是三国时代魏国的管辂，听了喜鹊告急的鸣声就知道村子东北有一个恶妇亲手把她的丈夫杀害了。

第四位是唐代的李龟年，能辨"九天禽语、九地兽言"，听了鸟雀叫，知道城西民家粮食里有余粟落在地上；听见厩里马嘶，知道槽中饲料发了热不能吃。

历史记载死得最惨的君主

古往今来，王朝更迭不断，改朝换代的方式不外四种：一是弑君篡位；二是行废立；三是政变；四是天下反。对于前朝帝君的处理方式主要有三种：一是处死；二是流放；三是颐养天年。处死的方式包括赐死、毒杀、砍杀、溺亡等。在中华王朝史上帝君数百人，加上历代诸侯王不知有多少，在这些君主中被杀者比比皆是，其中死得最惨的有四人：后羿、智伯、齐桓公和宋徽宗。

后羿被寒浞与老婆玄妻杀死，尸体被做成肉糜，让他儿子吃，儿子不吃也被杀

后羿是夏朝第六任君主。据《左传·襄公四年》中记载："昔有夏之方衰也，后羿自鉏迁于穷石，因夏民以代夏政。恃其射也，不修民事，而淫于原兽。弃武罗、伯困、熊髡、龙圉，而用寒浞。寒浞，伯明氏之谗子弟也。伯明后寒弃之，夷羿收之，信而使之，以为己相。浞行媚于内，而施赂于外，愚弄其民，而虞羿于田。树之诈慝，以取其国家，外内咸服。羿犹不悛，将归自田，家众杀而烹之，以食其子。其子不忍食诸，死于穷门。靡奔有鬲氏。浞因羿室，生浇及豷，恃其谗慝诈伪，而不德于民。"[1]

这段话说夏朝德衰，后羿自鉏迁于穷石，并在穷石灭了夏朝，夺取了夏的国家政权。但是后羿自恃善射，不理政事，不用贤人，而用寒浞为相。寒浞利用羿田猎刚回家的机会，杀了羿。羿死后，尸体被抬回王宫丢在鼎里煮成肉糜，然后把这肉糜送给从王宫搜捕出的后羿正妻的儿子吃，儿子不吃，于是把他绑到国都门外杀了。寒浞做了王，娶玄妻做王后，生了两个儿子，浇和豷。后羿之死可谓惨到了极点。

智伯被杀，头颅被赵襄子涂上油漆，作为饮器

春秋末期，范氏、中行氏两家被灭，晋国只剩下智、赵、韩、魏四家卿大夫，其中以智氏最强。专擅晋国国政的智伯瑶恃强向韩康子、魏桓子索得土地，在向赵襄子索地遭拒后，于周贞定王十四年（公元前 455 年）攻打赵氏，并胁迫韩、魏两家出兵。赵襄子退居晋阳固守。智伯围困晋阳两年而不能下，引晋水淹灌晋阳城。危急中，赵襄子派张孟谈说服韩、魏两家倒戈，放水倒灌智伯军营，大破智伯军，擒杀智伯瑶。尽灭智氏之族。智氏合族仅有一门因改为辅氏而得以保全。

《资治通鉴·周纪·威烈王二十三年》说："三家分智氏之田。赵襄子漆智伯之头，以为饮器。"[2] 也就是说，赵、魏、韩三家瓜分了智氏的领地。赵

---

[1]《左转》，郭丹译，中华书局 2016 年版，第 528 页。

[2]《资治通鉴》，［宋］司马光编著，中华书局 2018 年版，第 4 页。

襄子对智伯怨毒最深，把智伯的头颅涂上油漆，做成饮器用。曾经不可一世的智伯不但身首异处，而且连头还被处理用来作为生活用具，下场可谓凄惨无比。

齐桓公死于政变，被禁闭在寝殿里活活饿死，死后数十天，直到腐尸上的蛆爬出室外，才被人发现

据史记载，桓公四十一年（公元前 645 年），管仲重病，桓公问他："群臣中谁可以代你为相？"管仲说："了解臣下没有人比得上君主。"桓公说："易牙如何？"管仲回答："杀掉孩子来讨好君主，不合人情，不可以。"桓公说："开方如何？"管仲回答："背弃亲人来讨好君主，不合人情，难以亲近。"桓公说："竖刁如何？"管仲回答："自己阉割来讨好君主，不合人情，难以亲爱。"管仲死后，齐桓公不听管仲的话，重用三人，三人专权。桓公四十二年（公元前 644 年），戎攻打周朝，周告急于齐，齐令各国诸侯发兵救周。桓公四十三年（公元前 643 年），齐桓公重病，五公子（公子无亏、公子昭、公子潘、公子元、公子商人）各率党羽争位。冬十月七日，桓公被竖刁、易牙、开方三个奸贼禁闭在寝殿里活活饿死。五公子互相攻打对方，齐国一片混乱。桓公尸体在床上放了六十七天，直到腐尸上的蛆爬出室外，才被人发现。十二月十四日，新立的齐君无亏才把桓公收殓。

宋徽宗受百般凌辱而死，死后尸体像狗一样被拖来拖去，最后用火烧焦，胡乱埋葬，钦宗见之不忍，悲恸欲绝，欲与同死

历史记载，公元 1126 年闰 11 月底，金兵南下。12 月 15 日攻陷汴京，金帝废宋徽宗与子赵桓为庶人。公元 1127 年 3 月底，金帝将徽、钦二帝连同后妃、宗室、百官数千人，以及教坊乐工、技艺工匠、法驾、仪仗、冠服、礼器、天文仪器、珍宝玩物、天下州府地图等押送北方，汴京中公私积蓄被掳掠一空，北宋灭亡。因此事发生在靖康年间，史称"靖康之耻"。在被押送的途中，宋徽宗受尽了凌辱。先是爱妃王婉容等被金将强行索去。接着，到金国都城后，被命令与赵桓一起穿着丧服，去谒见金太祖阿骨打的庙宇，意为金帝向祖先献俘。尔后，宋徽宗被金帝辱封为昏德侯，关押于韩州（今辽宁省昌图县），后又被迁到五国城（今黑龙江省依兰县）囚禁。囚禁期间，宋徽宗受尽精神折磨，写下许多悔恨、哀怨，凄凉的诗句。

公元 1127 年 7 月，宋徽宗派臣子曹勋从金偷偷逃到南宋，行前交给他一件自己穿的背心，背心上写着"你（宋高宗）快来援救父母。"宋徽宗将这几个字出示给周围的臣子看，群臣都悲泣不已。宋徽宗哭着叮咛曹勋，切记要转告高宗"不要忘了我北行的痛苦"，说着取出白纱手帕拭泪，尔后将手帕也交给曹勋说："让皇上（高宗）深知我思念故国而哀痛泪下的情景。"宋徽宗被囚禁 9 年，于公元 1135 年 4 月甲子日，因不堪精神折磨而死于五国城。据传宋徽宗与自己的儿子赵桓曾被令脱光在炭火上"跳舞"，目睹妻女受辱，晚年生不如死，因为受不了金人的折磨，将衣服剪成条，结成绳准备悬梁自尽，被钦宗抱下来，父子俩抱头痛哭。后金人又将二帝移往均州，此时徽宗已病得很厉害，不久就死在土炕上了，钦宗发现时，尸体都僵硬了。徽宗的尸体被架到一个石坑上焚烧，烧到半焦烂时，用水浇灭火，将尸体扔到坑中。据说，这样做可以使坑里的水做灯油。钦宗悲伤至极，也要跳入坑中，但被人拉住，说活人跳入坑中后坑中的水就不能做灯油用了，所以不准钦宗跳入坑中。徽宗死时 54 岁。徽宗死后，钦宗继续遭受折磨，最后也惨死在北方。一代昏君，误国也坑了他自己。直到公元 1142 年 8 月乙酉日，宋金根据协议，才将他的遗骸运回临安（今浙江省杭州市），由宋高宗葬之于永佑陵。

后　记

中华文化博大精深，值得我们深入研究。浩如烟海的文化典籍和考古发现记录着中华民族生生不息的历史和代代传承的精神。我热爱这个伟大民族，我也热爱其辉煌灿烂的文化，因此无数次地走近它，聆听千年的回声，感受先辈的思考、视野、境界和情怀。因受阅历、能力、文献等局限，撰写的文章理论水平有限，认识多失偏颇，值得商榷。我的父亲丁少锋先生在高校任教，长期从事中华文化研究，从我读高中时起便滔滔不绝地向我讲授中华文化史、民族精神发展史，喜欢用创新思维去解读文化历史和文化现象，培养了我对中华文化学习研究的兴趣。于是，在进入大学后，我即开启了文化学习之旅，尤其在韩国学习期间，从中韩文化比较研究中感悟颇多，先后撰写100余篇文章，在父亲建议下决定结集出版。在出版过程中，父亲帮我做了大量文字修改和观点考证工作，部分观点甚至直接借鉴了他曾撰写的史考文章。在这里特别要感谢信阳师范大学杨云善教授、唐国战教授、吕东亮教授和我在青州大学的导师鱼一善教授，他们为拙作的出版给予了大力支持。同时，感谢信阳师范大学图书馆各位老师，为我查阅资料提供了诸多方便。此外，还要感谢出版社的业务人员，他们对本书的精心编校，最终使该书如期出版。